教育部国别和区域研究系列丛书
北京语言大学国别和区域研究院
丛书主编：罗 林

太平洋岛国国情研究
STUDIES ON PACIFIC ISLAND COUNTRIES

吴 平 岳晶晶 孙昊宇◎主 编

时事出版社
北京

图书在版编目（CIP）数据

太平洋岛国国情研究/吴平，岳晶晶，孙昊宇主编. —北京：时事出版社，2019.10
ISBN 978-7-5195-0331-4

Ⅰ.①太… Ⅱ.①吴…②岳…③孙… Ⅲ.①太平洋岛屿—国家—研究 Ⅳ.①K96-53

中国版本图书馆 CIP 数据核字（2019）第 152465 号

出 版 发 行：时事出版社
地　　　　址：北京市海淀区万寿寺甲 2 号
邮　　　编：100081
发 行 热 线：（010）88547590　88547591
读者服务部：（010）88547595
传　　　真：（010）88547592
电 子 邮 箱：shishichubanshe@sina.com
网　　　址：www.shishishe.com
印　　　刷：北京旺都印务有限公司

开本：787×1092　1/16　印张：14.75　字数：230 千字
2019 年 10 月第 1 版　2019 年 10 月第 1 次印刷
定价：98.00 元

（如有印装质量问题，请与本社发行部联系调换）

本成果受北京语言大学院级项目（太平洋岛国国情研究，项目编号为19YJ020020）资助

本成果是2019年度教育部国别和区域研究中心（基地）美大地区重点研究项目的阶段性成果

前　　言

很长时间以来，我们对太平洋岛国并不熟悉，这些遥远而神秘的岛国带给我们的印象大都是水清沙白的海岛风景。今天，随着全球化的深入，经贸、文化等领域合作与交流的多样化开展，太平洋岛国逐渐进入我们的视野。这些散落在太平洋上、似粒粒珠宝的国家不仅拥有丰富的海洋资源，自身也是独具特点的个体，长久的殖民历史又造就了它们多元文化交融的状况。

我们有必要为这些岛国绘制详细的图像，以便逐个了解它们的特质。同时，以这些岛国为主要组成部分的太平洋地区因汇合了多种力量，也蕴涵着广阔的发展前景，更是我们亟需进行详实研究的区域。

关于太平洋岛国

太平洋岛国地处广袤的太平洋，主要国家包括巴布亚新几内亚、斐济、基里巴斯、库克群岛、马绍尔群岛、密克罗尼西亚联邦、瑙鲁、纽埃、帕劳、萨摩亚、所罗门群岛、汤加、图瓦卢和瓦努阿图等。目前与中国建立了外交关系的太平洋岛国有八个，分别是巴布亚新几内亚、萨摩亚、纽埃、斐济、密克罗尼西亚联邦、库克群岛、汤加和瓦努阿图。太平洋岛国大多面积小、国力弱，2018年联合国开发计划署人类发展指数显示，这些岛国在189个国家中排名大多中等偏后，如斐济第92位，汤加第98位，萨摩亚第104位，密克罗尼西亚联邦第131位，瓦努阿图第138位，巴布亚新几内亚第153位等。

由于太平洋长期属于战略要道，这些国家多年来都与传统发达国家和国际组织保持着不同层次的关系，澳大利亚、美国、新西兰、欧盟、日本、亚洲开发银行、世界银行、联合国开发计划署、世界粮农组织、世界卫生组织等或对其提供经济和项目上的援助，或给予军事等方面的保护，如新西兰对库克群岛和纽埃开放移民，帕劳、密克罗尼西亚联邦和马绍尔群岛则从美国获取移民优惠和援助。

这些联系也与太平洋岛国的殖民历史密不可分。这些国家独立时间较晚，历史上曾长期被英国、美国、新西兰、澳大利亚等国殖民或管辖，有的虽然已经获得独立，但是依然强烈依赖外部援助。这些岛国的原住民文化与殖民文化相互有着不同程度的融合与发展，并表现在语言、宗教、民俗等不同方面。英语在这些国家基本上是官方语言或者官方语言的一种，基督教的分布范围也比较广泛。

太平洋岛国中面积最大的是巴布亚新几内亚，人口约800万，93%为基督教徒，官方语言为英语，地方语言820余种，早年受澳大利亚管辖，1975年独立，资源丰富，经济发展不平衡。

斐济人口88.5万，早年为英国殖民地，1970年独立，是太平洋岛国中经济实力较强、经济发展较好的国家，人均国内生产总值（2017年）5761美元，渔业、森林资源丰富，有金、银、铜、铝土等矿藏，制糖业、旅游业是国民经济支柱。

库克群岛人口1.74万，均持新西兰护照，69%信奉基督教新教，15%信奉罗马天主教，早年为新西兰属地，享有完全的立法权和行政权，同新西兰保持自由联系，防务和外交由新西兰协助。

密克罗尼西亚联邦人口 10.55 万，天主教徒占 50%，新教徒占 47%，早年由美国托管，1982 年与美国签订《自由联系条约》，1986 年条约生效后，其享有内政、外交自主权，安全防务由美国负责。密海域是世界著名的金枪鱼产地。蟹、贝类、龙虾以及淡水鳗、虾等资源有待开发。

纽埃人口 1618 人，另有约 1.2 万人居住在新西兰，75% 的居民信奉埃克利西亚纽埃教，10% 信奉摩门教，5% 信奉罗马天主教，1900 年成为英国"保护地"，1901 年作为库克群岛的一部分归属新西兰，1974 年实行内部自治，同新西兰保持自由联系。纽埃政府享有完全的行政权和立法权，新西兰政府可协助处理防务和外交事务。

萨摩亚人口 19.7 万，多数居民信奉基督教，现在的萨摩亚独立国从西萨摩亚独立国更名而来。西萨摩亚早年是德国殖民地，后在一战中被新西兰占领，1962 年独立；东萨摩亚由美国统治，即美属萨摩亚。萨摩亚专属经济区水域达 12 万平方公里，盛产金枪鱼。

汤加人口 10.8 万，居民多信奉基督教，早年是英国保护国，1970 年独立。

瓦努阿图人口 28.2 万，84% 的人信奉基督教，早年是英法共管殖民地，1980 年独立，渔业资源丰富，盛产金枪鱼。[①]

关于太平洋区域

太平洋区域是指除太平洋岛国之外再加上澳大利亚和新西兰两个大国，澳、新是岛国主要的援助国，在扶持岛国经济发展、安全稳定的同时维护着自身在区域的主要影响力。从太平洋岛国的国力来看，一部分国家确实无法完全依靠自身实现独立发展，但也有部分岛国在依托该区域资源的同时，开始积极寻求区域外国家的支持，拓展多种发展路径。

---

① 以上数据参考外交部网站，https://www.fmprc.gov.cn/web/gjhdq_676201/gj_676203/dyz_681240/。

太平洋岛国是两大区域组织的主要成员：太平洋岛国论坛和太平洋共同体。太平洋岛国论坛由澳大利亚和新西兰作为主导国家，旨在加强论坛成员间在贸易、经济发展、航空、海运、电讯、能源、旅游、教育等领域及其他共同关心问题上的合作与协调。近年来，论坛加强了在政治、安全等领域的对外政策协调与区域合作。太平洋共同体的主导国家有澳大利亚、美国、法国和新西兰，旨在促进南太平洋各国（地区）的经济发展、社会福利和进步，并与其他国际组织合作，向南太平洋岛国提供经济技术援助。

太平洋岛国最关心的切身问题除了经济发展之外，还有气候变暖问题。对于这些由数个岛屿构成的国家而言，气候变暖所带来的海平面上升和加剧的自然灾害是致命的，因此这些国家在减灾、环境和气候变化、可持续发展及海洋安全方面面临着共同的诉求。目前，区域主要依赖的澳大利亚和美国在气候变化方面所做的努力无法让这些岛国全然满意，因此这些国家在寻求更多的外部力量督促碳排放量大国做出更加负责任的决定，如在太平洋岛国论坛与日本领导人会议上设立"太平洋环境共同体"，旨在促进气候变化、可持续发展、海洋保护等方面的合作。

中国对太平洋岛国事务的关注较西方国家晚，但近年来与这些国家的经贸往来增长迅速，对其各类援助也不断增加。除帮助这些国家兴建机场、公路、学校、水电站、海堤等基础设施之外，中国也通过提供奖学金以及派遣医疗队、汉语教师等促进与当地的人文交流，同时加强疟疾等传染病的防治。

太平洋区域，特别是南太平洋是"21世纪海上丝绸之路"的南向延伸地区，依据2017年发布的《"一带一路"建设海上合作设想》，我们与太平洋岛国开展的"一带一路"建设海上合作，是共建中国—大洋洲—太平洋蓝色经济通道的重要途径。"一带一路"倡议得到太平洋岛国的积极响应，目前八个建交的太平洋岛国已全部与中国签订共建"一带一路"合作文件。"一带一路"所倡导的互联互通，即政策沟通、设施联通、贸易畅通、资金融通、民心相通和产业合作，符合这些国家的发展需求。中国政府支持小岛屿国家应对全球气候变化，愿意在应对海洋灾害、海平面上升、海岸侵蚀、海洋生态系统退化等方面提供技术援助，响应岛国民众关切。

关于本书

本书汇集了北京语言大学太平洋岛国研究中心（教育部备案中心）及相关领域的专家学者关于太平洋岛国的研究成果，展现了对该地区生动、详实的介绍、记录与思考。区域研究方面，太平洋地区的政治生态、对外关系、教育体系、语言政策等在本书中都有详细阐述。国别研究方面，本书包含八个与中国建交的太平洋岛国的国情综述，涉及政治、经济、文化、教育、旅游等多个方面，其中既有对点的深入挖掘，也有对面的全局概览。尤为值得一提的是，中国前驻瓦努阿图大使谢波华、中国前驻密克罗尼西亚联邦大使张卫东分别为本书撰写了有关瓦努阿图和密克罗尼西亚联邦的国家概况。此外，聊城大学太平洋岛国研究中心、菏泽学院南太平洋岛国语言研究所以及遵义医科大学太平洋岛国研究中心的多位学者为本书贡献了各自的研究成果。本书的写作过程始终得到北京语言大学教育部国别和区域研究中心秘书处的关心与指导。本书的付梓也离不开时事出版社专业与高效的服务。

通过本书，广大读者可以对太平洋岛国有较为深入的了解，无论是想在"一带一路"框架内拓宽投资、发展途径的政商人士，还是对该区域的政治、经济和文化有浓厚兴趣的研究人员，抑或是想为自己的下一次旅行寻找目的地的海岛游爱好者，都可以通过本书所打开的蔚蓝色世界，开启自己的探索之旅。

目录 Contents

上篇 区 域

地区主义与人类命运共同体：多元力量对南太平洋岛国发展的影响 / 吴 平 陈丹菁

一、传统西方强国与太平洋地区主义 / 4

二、中国与太平洋地区主义 / 12

南太平洋岛国语言政策与国际汉语传播 / 刘林军

一、南太平洋岛国的语言生态和语言政策综观 / 21

二、汉语在南太平洋岛国的推广 / 27

南太平洋岛国的英语教育政策研究 / 孙昊宇

一、南太平洋岛国语言的基本情况 / 40

二、南太平洋岛国的双语教育政策 / 44

三、南太平洋岛国的母语教育政策 / 47

四、南太平洋岛国的大众传媒趋势 / 49

五、南太平洋地区语言政策未来调整的方向 / 50

下篇　国　别

瓦努阿图的历史与现实 / 谢波华　张　鹏

一、历史 / 57

二、独立后的政治与经济 / 65

三、中瓦关系的回顾与展望 / 72

浅谈密克罗尼西亚联邦的主要特点 / 张卫东

一、岛屿众多，海洋专属经济区广阔 / 82

二、历史悠久，崇尚政治独立 / 84

三、文化独特，民风淳朴善良 / 86

四、人民勤劳，努力探索经济发展之路 / 89

五、热爱和平，寻求国际合作 / 91

六、对华友好，中密关系稳定发展 / 93

汤加教育的历史与现状 / 孙洪波　马艳颖

一、汤加教育的发展历程 / 99

二、汤加的学校 / 102

三、学校的发展 / 108

四、南太平洋文化对汤加教育的影响 / 110

五、汤加王国珠算教育的发展历史 / 115

六、汤加教育文化变革与教育理念 / 117

目 录

纽埃概览 / 刘风山

一、纽埃国土、国民与国情 / 120

二、纽埃政治、政党与政府 / 127

三、纽埃经济 / 130

四、纽埃国防、社会安全与外交 / 135

"萨摩亚方式"与当代萨摩亚社会观念的变化趋势 / 梁国杰　杨 茜

一、萨摩亚概况 / 141

二、萨摩亚人的文化观念 / 143

三、"萨摩亚方式"（Fa'a Sāmoa）/ 144

四、关于当代萨摩亚社会观念的几种视角 / 159

五、当代萨摩亚社会观念变化的几个影响因素 / 163

斐济：中国与太平洋岛国旅游合作的桥头堡 / 岳晶晶

一、斐济的旅游资源 / 169

二、斐济旅游业的发展进程 / 172

三、斐济旅游业管理体制及有关最新政策 / 173

四、斐济旅游业重视开拓和发展中国市场 / 175

五、斐济与中国在旅游业发展进程中的合作及前景展望 / 177

六、斐济在中国发展与太平洋岛国旅游合作过程中的龙头作用 / 179

巴布亚新几内亚语言政策演变研究 / 李志刚

一、国情概况 / 183

二、语言状况简述 / 184

三、语言政策演变 / 188

四、影响语言政策变化的因素 / 198

加强公共外交，筑牢南太"朋友圈"
——试论中国与库克群岛的友好交往及未来的发展与合作 / 粟向军　谭占海　张程越
  一、南太平洋岛国概况 / 206
  二、中国与南太平洋岛国的交往 / 208
  三、库克群岛简况及中库两国的友好往来 / 213
  四、中库两国未来的合作前景 / 217

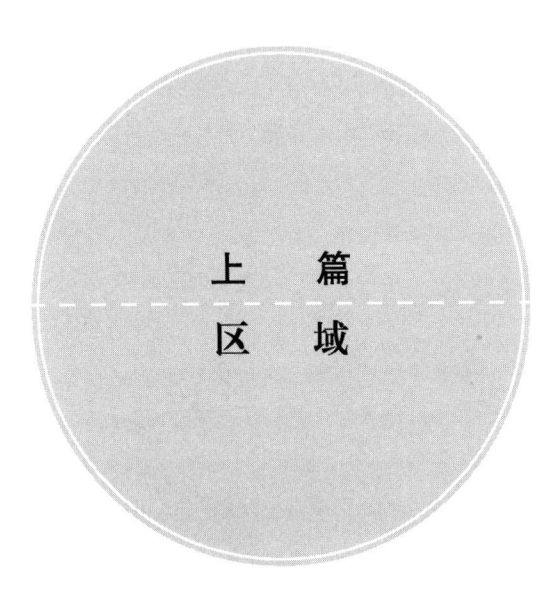

上篇 区域

地区主义与人类命运共同体：多元力量对南太平洋岛国发展的影响

吴 平[*] 陈丹菁[**]

地区主义有其吸引人的一面，不同的国家会因地缘和历史等因素而决定"抱团取暖"，优势互补。如此一来，在国际社会的舞台上，原本孤立的声音有了和声，彼此之间贸易往来更加便利，安全防御更加周全。对于地处南太平洋的众多岛国而言，这种模式的吸引力自然不容小视。

二战结束后，部分南太平洋岛国陆续摆脱殖民主义，成为主权独立国家。但这些国家大多国力较弱，远离世界政治和经济中心，且被大洋所隔绝，单靠自身力量发展经济举步维艰。以此为契机，1971年，由斐济、澳大利亚、新西兰、库克群岛、汤加和萨摩亚等几个国家发起成立的南太平洋论坛从真正意义上拉开了太平洋地区主义的序幕。2000年，论坛改名为太平洋岛国论坛，规模日渐扩大，目前已有18个成员国家和地区，包括澳大利亚、库克群岛、密克罗尼西亚联邦、斐济、法属波利尼西亚、基里巴斯、瑙鲁、法属新喀里多尼亚、新西兰、纽埃、帕劳、巴布亚新几内亚、

---

[*] 吴平，北京语言大学英语学院教授。
[**] 陈丹菁，目前在经济日报社从事外事工作，北京语言大学英语语言文学硕士。

马绍尔群岛、萨摩亚、所罗门群岛、汤加、图瓦卢和瓦努阿图。① 太平洋岛国论坛是太平洋地区主义的运行主体，经过数十载的发展，南太平洋岛国在经济、政治和环境治理一体化方面已经取得不少傲人的成绩。

太平洋地区主义走到今天，一些南太平洋岛国对自身利益的考量和自我意识的觉醒逐渐凸显，使地区主义这个概念变成带有流动性意味的动态模式。全球化的深度发展使世界有了多极化走向，在原有的美国、日本等老牌援助国家的基础上，新兴国家如中国也加入到对该地区的援助和贸易交往中来。南太平洋岛国中一部分具有资源和人口优势的国家开始依据自身发展需求，主动寻求发展伙伴，不再被动接受援助、等待"被发展"。这种打破原有地区主义平衡模式，更加注重岛国自我意识的需求，并与多元外来力量进行相对平等的沟通对话的模式，是太平洋地区主义的发展趋势之所在。另外，还有相当一部分南太平洋岛国因人口稀少、面积狭小，可能尚无法依靠自身力量发展稳定的经济。

在面对南太平洋岛国这样本身含有复杂地区主义概念，又不可避免地与全球化浪潮相融合的国家群体时，我们需要用人类命运共同体的理念，以平等的人类可持续发展为目标，协调多元力量，追求共同发展。

一、传统西方强国与太平洋地区主义

澳大利亚、美国、日本等是对南太平洋岛国关注较为长久的发达国家，虽然这几个国家各自关注的目的和程度有所不同，但在很大程度上决定了太平洋地区主义的外部政治环境和内部政策走向。论坛中的南太平洋岛国从论坛建成之初面临摆脱殖民统治、走向独立的困扰，到慢慢有了自身的发展模式，这一切皆有赖于地区主义的成效和全球化进程潜移默化的

---

① http://www.forumsec.org/pages.cfm/about-us/.

影响。如今，这些国家越来越意识到，西方几大捐助国出于自身利益考量进行决策，容易使它们陷入被动甚至沦为棋子的处境。

（一）澳大利亚主导地位与太平洋岛国论坛的话语权

澳大利亚历来是太平洋地区主义的引导者，对于促进南太平洋地区经贸、政治等一体化起着主导作用。但近年来，太平洋岛国论坛不再是大家共同发出一个声音的平台，南太平洋岛国对于澳大利亚这个论坛中的"巨人"的一些行为开始有了怨言。

1. 澳大利亚在太平洋地区主义中承担的角色

1947年，英国、美国、法国、荷兰、澳大利亚和新西兰六个在南太平洋地区有殖民利益的国家签订了《堪培拉协定》，宣布成立南太平洋委员会，即后来的太平洋共同体，其成为有关国家在南太平洋地区就经济和其他社会事务进行合作的平台，也是太平洋地区主义最初的萌芽。澳大利亚作为身处南太平洋地区的大国，很早就对管理该地区的事务产生了兴趣。1971年，澳大利亚和新西兰连同几个新近获得独立的南太平洋岛国共同发起成立南太平洋论坛，使得澳大利亚从单纯的赞助人和与西方大国协商者的身份，转变为南太平洋国家组织体本身的一员，并参与到具体的经济和政治事务的合作讨论中。该论坛的成立也标志着太平洋地区主义有了实质性的开始。

在很长时间里，澳大利亚作为太平洋地区主义的倡导者和参与者，针对南太平洋岛国的经济和政治一体化，提出并实施了诸多成效显著的举措。20世纪80年代，澳新两国通过《南太平洋地区贸易与经济合作协定》，对来自岛国的商品实行免税。2001年，论坛首脑会议通过《太平洋紧密经济关系协定》，其后南太平洋首个自由贸易区开始运作。航运方面，太平洋航空和太平洋论坛航运公司的成立，使得岛国之间的人员、物资往来更加便利。近年来，澳大利亚又提出"太平洋计划"，通过地区组织

（如太平洋岛国论坛）共同建立机构或公司，汇集专业领域的力量和技术进行发展，其成果由各国共享。同时，澳大利亚又凭借其强大的军事力量，承担着该地区主要的军事和救援任务。

澳大利亚的这些举措，在南太平洋岛国获得独立的早期无疑能够极大地推动这些国家经济的起步和发展，为其提供稳定和安全的国际环境。但不可否认是，南太平洋岛国的安定与和平，以及在重大经济事务中依托澳大利亚引领的局面，对澳本身也有益处。澳大利亚作为海洋国家，在地缘政治上不能仅依靠盟友新西兰来建立稳定的周边政治环境，太平洋岛国虽然国土面积狭小，但却四散在太平洋中，更不乏地处太平洋与印度洋之间战略要道的岛屿，形成了天然的网络屏障，澳大利亚依托自身地理和国力优势率先将它们划入自己的主导范围，有利于为自身打造一个安全的周边环境和有利的地区秩序。

2. 太平洋岛国论坛的话语权

近年来，对于澳大利亚在太平洋地区主义中近乎"霸主"的地位，一些国家开始有所不满。太平洋岛国记者兼研究者尼克·麦克莱伦在《改变地域架构：太平洋岛国的新参与者和挑战》一文中指出："尽管它们是论坛的主要捐助方，但是澳大利亚和新西兰越来越多的政策偏离了岛国的利益，达成地区性的共识变得很难。"[1] 虽然大部分南太平洋岛国的国力依旧排在世界下游，但这些年来，部分国家也开始重视自身的话语权，它们不甘心在论坛中时常得不到平等对待。这些国家对于澳大利亚（和新西兰）在太平洋岛国论坛中的一些做法产生了异议，而且希望论坛可以成为太平洋岛国完全讨论符合自己切身利益事务的平台，不再过多地受到大国的牵制和影响。

关于论坛的话语权之争，各岛国之间也存在分歧。斐济在2009年至2014年间因国内政局不稳定而退出了论坛，虽然其在2015年又恢复了会

---

[1] Nic Maclellan, "Transforming the Regional Architecture: New Players and Challenges for the Pacific Islands", Analysis from the East-West Center, No.118, Aug., 2015.

员资格，但该国总理姆拜尼拉马拉曾在发言中明确表示："在澳大利亚和新西兰施加过多影响，大家意见尚未达成一致之前，我不会参加任何太平洋岛国论坛的领导人会议。"① 斐济对于独立的、"以岛国为中心的"太平洋地区主义的坚持并非个例，新喀里多尼亚卡纳克独立运动领导人罗克·瓦米也指出："整个地区都有这个想法，特别是美拉尼西亚、波利尼西亚和密克罗尼西亚也是如此。大家都希望拥有一定的自主权，不想一直生活在殖民主义国家的影响下，甚至包括澳大利亚和新西兰的影响。我们想要找一个地方能够讨论自己的事情，而不是每次都要考虑大国的意见，它们都有各自的利益所在。"② 与此相反，巴布亚新几内亚和萨摩亚则公开支持澳大利亚和新西兰一直保持论坛主导者地位。当然，也有较为中立的观点，斐济前外长卡利奥帕蒂·塔沃拉曾建议澳大利亚和新西兰作为论坛成员国存在，但以论坛中的发达国家身份加以对待，保持不同的政策倾向性。

澳大利亚与南太平洋岛国的分歧主要体现在应对气候变化和贸易问题等方面。气候变化问题更是关乎所有南太平洋岛国生存的问题，但澳大利亚与其他工业大国一同在进行气候问题谈判时，对小岛屿国家联盟③提出的应对全球气候变暖方面的提议进行阻挠。作为世界主要的煤出口国，澳大利亚也与日本、韩国等在国际会议讨论限制煤炭产业发展问题时发表反对意见，这些表现也被解读为这些国家重视煤炭企业的利益高于担忧气候变化的影响。④ 在南太平洋岛国看来，至少在气候变暖问题上，澳大利亚

---

① Prime Minister Josaia Voreqe Bainimarama, "Building an Inclusive and Independent Institution for Pacific Islanders", Speech at Meeting on Agreement to Institutionalize PIDF, 5 May 2015.

② Interview with Rock Wamytan, Member of the Melanesian Spearhead Group Eminent Persons Group, August 2013.

③ 小岛屿国家联盟是一个低海岸国家与小岛屿国家的政府间组织，成立于1990年，其宗旨是加强小岛屿发展中国家在应对气候变化中的声音。南太平洋岛国中的库克群岛、斐济、帕劳、巴布亚新几内亚、萨摩亚、汤加、图瓦卢和瓦努阿图等都是该组织的成员。

④ "Under the Rug-how Governments and International Institutions Are Hiding Billions in Support the Coal Industry", WWF, NRDC, and ODI, June 2015.

并没有完全站在它们的角度。气候变暖已经危及部分岛国的存亡,在生存面前,经济发展并不是首要考虑的方面。贸易方面的分歧也类似,澳大利亚和新西兰作为发达国家,深谙自由开放贸易的规则,但对于不少南太平洋岛国而言,优惠贸易更符合其经济发展状况,有的国家进行开放贸易,却不如预期那样获得足够多的境外投资,而且它们在开放自由贸易的过程中也遭遇发达国家出于自身利益考虑而进行的限制和阻拦。

可以说,太平洋地区主义发展到今天,利益的分歧让曾经的统一体有了多样化的声音。南太平洋岛国希望在太平洋岛国论坛中拥有更多的话语权,从而使这个区域组织继续倡导符合自己利益的政策。除了向澳大利亚和新西兰提出异议外,一些岛国也开始重视与老牌西方国家和新兴经济体的互动,并依据自身情况加入到更多样化的国际组织中,借外部力量来平衡地区主义内话语权,特别是斐济,其退出太平洋岛国论坛的那几年在国际社会表现得非常活跃,如在联合国积极发声,并增强与中国的交往等。

(二) 美国、日本在太平洋地区主义中的策略变化

1. 美国"亚太再平衡"战略及未来

二战后,南太平洋岛国在地缘战略方面一度不被世界大国所重视,除却20世纪80年代冷战时期其短暂地吸引了苏联和利比亚的注意外,整个20世纪90年代和21世纪的头几年,该地区重点关注的都是如何发展经济及应对一系列国内安全危机。

"9·11"事件(2001年)后,美国的战略重心更多地位于中东地区,但是进入21世纪后,亚洲新兴经济体的崛起令美国觉察到未来世界的战略挑战会来自亚太地区。从2007年小布什政府宣布对该地区进行"再接触",到奥巴马政府"亚太再平衡"战略,随着越来越多国家进入南太平洋地区,这里又成为世界地缘战略角逐的平台。

2011年10月11日,美国国务卿希拉里·克林顿在《外交政策》上发

表文章《美国的太平洋世纪》,其中指出:"由于独特的地理位置,美国既是大西洋国家,也是太平洋国家。我们现在的挑战在于构建一个遍布太平洋的网状合作伙伴关系和机构,这与美国在大西洋地区构建的关系网的利益和价值相一致。"文章同时指出:"我们也将建立新的合作伙伴来帮助解决共同的问题。我们将合作范围延伸到中国、印度、印尼、新加坡、新西兰、马来西亚、蒙古国、越南、缅甸以及太平洋岛国,这都是为更加全面实践美国战略,并为参与该地区事务做出的更全方位的努力。"[1]"亚太再平衡"战略是对当时局势的判断,因为美国认为在一段时间内自身的安全和经济发展将很大程度上由亚太地区的发展状况决定。当然,该战略在提出之初,更多是出于对亚洲新兴经济体如中国、印度等的顾虑。在南太平洋岛国的战略重要性逐渐凸显后,"亚太再平衡"战略中太平洋的比重才开始加大。

美国将南太平洋岛国视为"亚太再平衡"战略的第二战线,而美国与原本在亚太地区的盟友如日本、韩国、菲律宾等建立的则是其"亚太再平衡"战略的第一战线,第二战线在拥有盟友澳大利亚的基础上又加入南太平洋岛国,将对第一战线起到直接的支持和防护作用。2011—2017年间,美国对于南太平洋岛国的援助、交流与合作涉及安全合作、经济援助、文化交流、气候变化、环境保护等领域。美国政府也在近些年非常重视参与太平洋岛国论坛,从2011年美国副国务卿托马斯·奈兹率团参加,到2012年国务卿希拉里·克林顿率官员参加,再到2017年东亚和太平洋事务助理国务卿苏珊·桑顿参加该论坛对话伙伴会议,美国政府对于太平洋岛国论坛作为太平洋地区事务协商机制的持续重视可见一斑。

在2016年,美国对太平洋岛国的资金投入达3.5亿美元,涵盖工程项目、援助、直接惠及当地900万居民的项目款。未来,美国将在经济发展,特别是扶持当地旅游业达到中等专业化水平方面加大力度,其他合作还包括安全、法律执行的合作,信息共享的支持(西部联合跨部特遣部队与太

---

[1] Hilary Clinton, "America's Pacific Century", *Foreign Policy*, Oct. 11, 2011.

平洋岛国执法机构太平洋跨国犯罪网络之间的合作），打击信息犯罪，公共健康方面如药物的安全使用等问题，渔业和海洋的可持续发展，扼制海洋酸化，解决海洋污染和垃圾，打击非法捕鱼，促进人员往来（包括支持第五届青年太平洋领袖会议）等。

2017年，随着特朗普政府的上台，美国的外交政策又发生了变化。2017年初，东亚和太平洋事务助理国务卿苏珊·桑顿在新闻发布会上提到"亚太再平衡"战略，她指出："再平衡是上届政府对亚洲政策的表述，在本届政府任期里你大概会听到新的提法，虽然现在我们尚不清楚这种提法的细节，或者到底会不会有这种提法。"《外交家》副主编安吉特·潘达在《来自美国国务院的直接消息：重返亚洲已经结束》一文中表示，这种来自高层的表态表明"再平衡"战略已经正式宣告终结，从2014年俄罗斯吞并克里米亚到中东特别是叙利亚每况愈下的战争局势，"亚太再平衡"战略就已经开始缺乏其实际执行力了。[①] 特朗普上台之后单边退出了《跨太平洋伙伴关系协定》，似与他的竞选理念"美国第一"相呼应。但是，无论特朗普政府如何制定未来的外交政策，在当前国际形势下，亚太地区都是不可忽视的，也许在特朗普任期内，亚太并不会单独被拿出来作为外交重点，但他应该也不会重蹈之前忽视其的覆辙。从上文也可以看出，近期美国对太平洋岛国的各类项目援助和人员交往并没有衰减的趋势，反而更加细化和深入。

2. 日本对太平洋岛国的持续关注

由于本国资源匮乏，日本自20世纪70年代起就开始寻求资源外交，太平洋部分岛国丰富的矿产、林木、渔业等资源自然是其不会忽视的。1987年，日本外务大臣仓成正访问南太平洋岛国，将日本政府对南太平洋岛国的政策做了阐述（后来被概括为"仓成主义"），即尊重南太平洋岛国

---

① Ankit Panda, "Straight from the US State Department: The 'Pivot' to Asia is Over", *The Diplomat*, Mar. 14, 2017.

的独立与自主，支持南太平洋区域合作，维护南太平洋地区政治稳定，为南太平洋地区的经济繁荣提供援助，促进日本与南太平洋岛国间的人员交流。

1996年，南太平洋岛国论坛与日本政府在东京建立"太平洋岛国中心"，以期推动日本与南太平洋岛国间贸易、投资和旅游业的发展。1997年，日本开始主办日本与太平洋岛国首脑峰会，将与南太平洋岛国的双边关系机制化。该会议每三年举办一次，主要讨论日本与南太平洋岛国间的经贸投资、可再生资源、渔业、环境保护、气候变化、可持续发展、医疗卫生、教育及人力资源培训交流等话题。

澳大利亚智库罗伊国际政策研究所学者詹尼·海沃德—琼斯和菲利帕·布兰特在《日本的太平洋岛国战略扼制崛起的中国》一文中指出，近年来中国在太平洋岛国日益活跃，但日本并没有相应大幅增加援助金额，是希望表明其不想像中国那样在南太平洋岛国开展"金元外交"，并希望成为南太平洋岛国民众在面对关键问题，如气候变化和自然灾害时所选择的伙伴。就在澳大利亚应对气候变化问题在国际社会有矛盾表现时，日本将应对气候变化作为重点援助项目意图明显。[①]

由上不难看出，日本十分注重自己的行为在南太平洋岛国和国际社会的反响，作为美国的盟友、其太平洋第一战线的主力军，日本与南太平洋岛国近二十年来稳定的双边关系不仅稳步提升了其海洋大国的地位，争取到这些国家支持其成为联合国常任理事国的珍贵票数，同时也遏制了中国在南太平洋迅速增长的影响力。日本作为中间力量，既不像美国那样有称霸全球的战略，也不像澳大利亚那样因身处该地区之中而时常面临两难的境地。它可以一方面以雄厚的财力援助南太平洋岛国应对最为关心的气候变暖和灾害防治问题，另一方面利用南太平洋的自然资源弥补国内的短缺，并赢得政治上的支持。当然，日本在渔业、林业、矿产等资源的获取

---

① Jenny Hayward-Jones and Philippa Brant, "Japan's Pacific Islands Strategy Counters a Rising China", *The Interpreter*, May 26, 2015.

上，也与南太平洋岛国有过摩擦。在气候变化和贸易等问题上，虽然日本历来站在西方国家的阵营，但因其是中间力量，而且也确实为南太平洋岛国提供了资金、人员和技术上的支持，所以在这些方面并没有单方面遭遇南太平洋岛国的不满。

二、中国与太平洋地区主义

（一）中国在南太平洋地区的活动与发达国家的反应

近年来，中国在南太平洋地区表现日渐活跃，这引起西方舆论的兴趣，目前主要有两种观点。一种观点有"中国威胁论"的意味，新加坡国立大学政治学客座副教授保罗·G. 布坎南在《中国进入太平洋力量的真空》一文中指出，近二十年来，中国对南太平洋地区产生兴趣的原因来自两方面，即中国本身的"野心"以及美国在冷战后对该地区投入的减少。而中国在南太平洋岛国的"布局"主要出于三方面的考虑：抗衡台湾地区在该地区的"影响力"，更好地实现"一个中国"原则；向南太平洋岛国传达其关于渔业、捕鲸、海上钻探、海底开采和贸易方面的政策；为将来的军事部署提供潜在的基础，与实施"三大岛链"战略相呼应。[1] 而另一种观点则认为中国在南太平洋的存在尚构不成对原有力量的威胁。詹尼·海沃德—琼斯在另一篇文章《对我们来说都够大了：太平洋岛国的地缘战略竞争》中认为，目前中国在该地区主要寻求商业利益和南南合作，即使中国还有其他方面的"野心"要来撼动澳大利亚和美国在该地区建立起来的主要地位，其能力也是十分有限的。[2]

纵观中国在南太平洋地区的活动历史，2008 年之前，中国对南太平洋

---

[1] Paul G. Buchanan, "China Steps into Pacific Power Vacuum", *Samoa Observer*, Sept. 17, 2009.
[2] Jenny Hayward-Jones, "Big Enough for All of Us: Geo-strategic Competition in the Pacific Islands", https://www.lowyinstitute.org/publications/big-enough-all-us-geo-strategic-competition-pacific-islands.

的兴趣主要在于同台湾地区竞争与几个小国的"外交"关系，这被许多西方评论家称为"金元外交"。2008年台湾地区领导人马英九建议双方在"外交"方面"休战"，不再企图说服目前已经与一方"建交"的国家转而认同另一方。自此，中国在南太平洋地区的活动主要表现为扩大贸易、投资和援助。而截至目前，中国无论是在贸易、援助还是战略布局上的地位，都远远不及澳大利亚，在军事方面也远远不如美国部署得那么周密。因而，中国意图在南太平洋地区与美国、澳大利亚等争夺霸主地位一说，在目前看来尚无足够的事实证据做支撑。但是，这些国家已经在不同场合暗示了它们将在南太平洋地区遇到一个"对手"。2011年，美国国务卿希拉里·克林顿向美参议院外交关系委员会表示，美国与中国在太平洋地区是竞争关系。2013年，澳大利亚国防白皮书上有这样的表述："澳大利亚将保证没有哪个'怀有恶意'的强国可以在我们的周边建立军事基地，也不允许它们从这里建立'对抗'我们的'武力'。"尽管白皮书上没有明示这样的亚洲国家是谁，但从其语句中不难猜出澳大利亚的担忧是针对中国的。

目前，中国在南太平洋的援助主要在基建方面，很少由政府相应援助机构出面进行直接援助，主要通过一些国有企业在太平洋岛国兴建项目，提供资金、无息贷款和人员等。中国政府并没有将此类发展视作传统的援助模式，而是将其视作"南南合作"的方式，因为双方均为发展中国家，在经济技术等领域开展合作，双方共享知识和技术，共同促进发展，可以说是双赢的举措。中国在南太平洋的投资则经历了从早先主要布局零售业，到现在大范围地进行基础设施建设和矿产开发的过程。

中国与太平洋岛国的合作也面临一些问题：中国给岛国的无息贷款使汤加等国面临巨额债务问题；中国企业因矿产开发而引发环境污染等问题，被部分岛国责令限制开采；中国在某些国家的零售业几乎占垄断地位，由于本地零售业竞争力薄弱，本地经济受到较大影响，如瓦努阿图和马绍尔群岛等国就在讨论如何采取限制措施保住本地零售业；中国企业在岛国投资基建后，更倾向于带来中国的员工和技术人员参与实际的建设，所以在汤加、所罗门群岛、巴布亚新几内亚等国，当地民众都进行了抗议，希望当地就业能够在中国的项目中得到解决。不过，有些情况正在慢慢得到改善，如 2013 年中国与萨摩亚合作在当地建了太阳能发电厂，这个项目的资金来自合资公司和中方的支持，并不需要当地的资金，同时中方工程师只在项目初期负责复杂的方面和员工的培训，其后的运营主要交给当地的员工。[①] 中国企业作为外来力量新到一个地方进行开发，必然要经历与当地政治、自然和人文环境进行磨合的过程，一旦遇到问题，双方若能开诚布公地进行沟通，将有助于矛盾的弱化和实现共赢。

（二）"人类命运共同体"理念在太平洋地区主义中的阐释

"人类命运共同体"这个概念是在 2012 年中共十八大报告中首次提出的，其后多次由国家领导人在国际场合得到反复阐述，是中国向世界传达的新的和平外交理念。中共十九大则进一步明确，构建人类命运共同体，就是要建设持久和平、普遍安全、共同繁荣、开放包容、清洁美丽的世界，并表明要从政治、安全、经济、文化、生态等五个方面加以推动。

1. "一带一路"和亚投行

近年来，在实践人类命运共同体的过程中，中国政府提出"一带一路"倡议，并发起创办了亚洲基础设施投资银行，这些项目得到部分太平洋岛国的积极响应。上文指出，在区域组织太平洋岛国论坛发展遇到瓶颈和话语权纷争的时候，一些岛国将眼光投向了论坛之外的非传统合作伙伴。而中国在经济崛起后，除了主动到太平洋岛国开展援助和项目建设外，也愿意将太平洋岛国纳入到由中国引导创立的国际合作平台上来。对太平洋岛国来说，跟随中国高速发展的列车发展自身经济，并在更大的平台上与更多的国际力量进行对话，是十分有利的选择。

---

① "New Joint Solar Power Venture Being Set-up in Samoa", Tupuola Terry Tavita: http://www.pireport.org/articles/2013/05/23/new-joint-solar-power-venture-being-set-samoa.

除新西兰与澳大利亚外，斐济、萨摩亚、汤加等国相继加入亚投行，成为其成员国家。在2017年5月"一带一路"国际合作高峰论坛召开之际，瓦努阿图总理议会秘书、资深议员约翰尼·科纳波在《瓦努阿图日报》上发表了文章《瓦努阿图能从与中国交往中获得益处》。① 他在文章中指出，目前针对中国在太平洋地区的活动，国际社会中批评的声音多过对其正面价值的肯定。但是他认为，在太平洋地区，中国的援助范围更加广泛，起到了补充的作用，为岛国提供了发展机会，使它们不必过度依赖澳大利亚和新西兰两大传统伙伴。他在文章中指出，人们很容易批评中国在太平洋的行为，并怀疑这种行为只会让太平洋国家陷入依赖状态，却没有正视其为太平洋国家带来的发展机遇，这是十分西方思维的论点。现在中国提出"一带一路"倡议，瓦努阿图希望能够参与其中，并希望做好法律和政策上的准备来抓住中国发展的机遇。他希望中国政府能够调整发展的重心，基建固然重要，但同时也希望有政策能够发展制造业。其后，他在《人民日报》上也刊发表了类似文章，② 表达了瓦努阿图希望参与到中国的"一带一路"倡议中的愿望。同样参加此次峰会的斐济总理姆拜尼马拉马也表示："我所理解的'一带一路'建设，是有关地区间的合作。我希望能从中学到很多知识，在地区间合作方面得到支持，并将这些支持带回南太平洋岛国地区，特别是斐济。"③

正如人类命运共同体所要求的那样，迈向共同繁荣，唯有推动经济全球化朝着更加开放、包容、普惠、平衡、共赢的方向发展。作为新时代打着中国烙印的发展平台，太平洋岛国的加入将使平台所涵盖的文明更加多样，而岛国本身也能获取有别于先前大国引领的地区主义的新机会。

---

① Johnny Koanapo Rasou, "Vanuatu Can Take Advantage of Opportunities for Engagement with China", *Vanuatu Daily Post*, May 16, 2017.
② 约翰尼·科纳波："'一带一路'，太平洋岛国新机遇"，《人民日报》2017年5月27日。
③ 章念生等："29国领导人满怀希冀 丝路朋友圈人气爆棚"，《人民日报》2017年5月15日。

2. 中国与发达国家合力促进太平洋岛国发展

国际社会也需认识到,就太平洋岛国而言,除却少数几个国家如斐济、巴布亚新几内亚、瓦努阿图、汤加等尚有可能凭借自身的能力在国际合作中走上自立的道路,大部分太平洋岛国因其地理、人口和文化的限制,还不可能依靠自身的能力发展成独立的经济体。

南太平洋岛国学者弗朗西斯·黑泽在《太平洋岛国:经济可行性》一文中建议国际社会应该接纳特殊情况下关于"援助"的新观念。文章写道:尽管各方都在努力,但大部分南太平洋岛国仍然需要持续的外国援助才能获得发展,而国际社会需要适应这种外界援助的概念。外国援助将不能仅仅被视作用于经济发展的投资,也不能被视作政府有能力建立一套适合自身的税收体制之前用来维持其运作的缓助。这套新的外国援助机制类似于对本国居民责任的延伸,就像大部分国家会对本国赤贫的人口进行援助一样,整个世界也可以以这种态度对待世界范围内欠发达的地区。[①] 这个观点与"人类命运共同体"的理念不谋而合,面对一些一直处于弱势地位的国家,世界各国需要以平等的态度对待它们,进行的援助也不能极具功利性并希望短期内看到明显的效果,一些持续的、经济和人文上的关怀与互动对部分太平洋岛国人民来说是极为需要的。

在人类命运共同体的框架下,中国与传统发达国家也应一道为太平洋岛国的发展出力,要摒弃冷战思维和强权政治,不能将南太平洋地区作为几个大国互相角逐本国海外势力的战场。同时,各国也应发挥自身的优势,全方位地促进该地区的发展。同为发展中国家,中国在过去几十年中令数亿人口摆脱赤贫的经验是援助南太平洋岛国的其他发达国家所不具备的,中国可以在这方面与一些岛国进行有效的经验交流,以期对这些国家产生积极的影响。南太平洋岛国十分容易受到自然灾害侵袭,而中国在不

---

① Francis X. Hezel, SJ, "Pacific Island Nations: How Viable Are Their Economies?", *Pacific Islands Policy*, No. 7, 2012.

少国家拥有搞基础建设的工地，因此当灾难来临时，中国除了与几大国一样出资救援外，还可以在灾后基础设施重建方面与其他国家进行合作，以帮助南太平洋岛国居民尽快恢复正常的生活。

太平洋岛国论坛在2009年制定了致力于加强太平洋地区发展协调的凯恩斯协约，意在对各国提供的发展资源进行统筹与协调，以促进资源的更有效利用。南太平洋岛国的几个传统援助国家曾对中国不愿详细公开援助项目及目的，以及不愿加入凯恩斯协约的行为表示猜疑，认为中国可能藏有某些"不可告人"的"意图"。为此，中国需要在更多场合传达"人类命运共同体"的理念，增进中国与传统发达国家之间的相互了解，消除猜忌，建立彼此认可的透明度，并在关系南太平洋岛国民生的问题上进行合作，如扶贫、灾害防御、灾后重建、应对气候变化等，以期通过不同的途径，达到共同的目的。在关系岛国人民生存的问题面前，其他国家对于自身国家战略利益的考量应做出适当妥协，倘若中国与几个传统大国在这些领域能够将岛国的生命利益放在第一位进行合作，就可在合作过程中增进彼此的认知和信任，产生多赢的局面。

总的来说，纵观太平洋地区主义几十年的发展，太平洋岛国论坛的建立可以说为南太平洋地区众岛国创建了政治、经济、安全一体化的平台。南太平洋地区虽然远离国际热点，但近年来也颇受世界大国的关注，澳大利亚作为太平洋岛国论坛的一员，在其中起着绝对的引领作用。作为长期援助国，美国在近几年将战略重心回归亚太，并将南太平洋地区作为其"亚太再平衡"战略的第二战线进行布局。日本作为美国"亚太再平衡"战略中第一战线的重要一员，同样重视南太平洋对其海洋战略的平衡，并与太平洋岛国论坛的各国建立了长期合作机制。

但随着部分太平洋岛国在发展模式上自主意识的觉醒，它们意识到太平洋岛国论坛已经成为国际力量博弈的平台，岛国自己的利益和声音受到的关注日益减少。因而，有部分太平洋岛国将视线转向新兴经济体，如中国等，并积极加入中国倡导的"一带一路"倡议和亚投行。中国在南太平洋的活动令传统发达国家产生担忧，它们害怕自己构建起来的国际秩序被破坏。

面对来自传统发达国家的疑虑以及与太平洋岛国在经济合作中产生的种种矛盾，我们需要实践人类命运共同体理念：一方面，与发达国家加强沟通，增进彼此的了解，减少猜疑，以南太平洋岛国民众的福祉作为出发点来协调对当地的援助和项目投资、合作；另一方面，需要多聆听太平洋岛国的声音，关注岛国的需求，这些国家感觉自己的声音在太平洋岛国论坛内部受到忽视，我们更需要本着平等的理念，重视每个声音背后的生命个体。

如果说太平洋地区主义曾经是南太平洋各岛国在经济贫瘠时抱团取的"暖"，那么笔者希望在人类命运共同体理念的启发下，地区主义将成为全球化下太平洋岛国与世界各个民族和国家进行沟通的起点，这种沟通归根结底也是为了地区主义中每个个体能够获得符合自身需求的发展模式和表达诉求的途径，也就是说，不论国力如何，彼此平等，彼此聆听。

参考文献

[1] http: //www. forumsec. org/pages. cfm/about-us/.

[2] Nic Maclellan, "Transforming the Regional Architecture: New Players and Challenges for the Pacific Islands", Analysis from the East-West Center, No. 118, Aug., 2015.

[3] Prime Minister Josaia Voreqe Bainimarama, "Building an Inclusive and Independent Institution for Pacific Islanders", Speech at Meeting on Agreement to Institutionalize PIDF, 5 May 2015.

[4] Interview with Rock Wamytan, Member of the Melanesian Spearhead Group Eminent Persons Group, August 2013.

[5] "Under the Rug-how Governments and International Institutions Are Hiding Billions in Support the Coal Industry", WWF, NRDC, and ODI, June 2015.

[6] Hilary Clinton, "America's Pacific Century", *Foreign Policy*, Oct. 11, 2011.

［7］Ankit Panda, "Straight from the US State Department: The 'Pivot' to Asia is Over", *The Diplomat*, Mar. 14, 2017.

［8］Jenny Hayward-Jones and Philippa Brant, "Japan's Pacific Islands Strategy Counters a Rising China", *The Interpreter*, May 26, 2015.

［9］Paul G. Buchanan, "China Steps into Pacific Power Vacuum", *Samoa Observer*, Sept, 17, 2009.

［10］Jenny Hayward-Jones, "Big Enough for All of Us: Geo-strategic Competition in the Pacific Islands", https://www.lowyinstitute.org/publications/big-enough-all-us-geo-strategic-competition-pacific-islands.

［11］"New Joint Solar Power Venture Being Set-up in Samoa", Tupuola Terry Tavita: http://www.pireport.org/articles/2013/05/23/new-joint-solar-power-venture-being-set-samoa.

［12］Johnny Koanapo Rasou, "Vanuatu Can Take Advantage of Opportunities for Engagement With China", *Vanuatu Daily Post*, May 16, 2017.

［13］约翰尼·科纳波："'一带一路',太平洋岛国新机遇",《人民日报》2017年5月27日。

［14］章念生等:"29国领导人满怀希冀 丝路朋友圈人气爆棚",《人民日报》2017年5月15日。

［15］Francis X. Hezel, SJ, "Pacific Island Nations: How Viable Are Their Economies?", *Pacific Islands Policy*, No. 7, 2012.

南太平洋岛国语言政策与国际汉语传播

刘林军*

南太平洋岛国包括新西兰、斐济、汤加、瑙鲁、图瓦卢、基里巴斯、马绍尔群岛、密克罗尼西亚、帕劳、萨摩亚、所罗门群岛和瓦努阿图等。[①]这些国家地理位置优越,在国际政治、经济、文化交流的舞台上有着不可忽视的重要地位。它们同属于太平洋岛国论坛的成员,在国际事务中力求凝成合力,共同发声,在区域问题研究方面是非常值得关注的研究对象。2018年11月,亚洲太平洋经济合作组织(APEC)会议第一次由太平洋岛国巴布亚新几内亚举办,就是该地区重要性的体现。

自中国政府提出"一带一路"倡议以来,南太平洋地区成为"21世纪海上丝绸之路"的自然延伸,中国和南太平洋岛国迎来新的发展机遇。还是以2018年巴新主办的APEC会议为例,中国国家主席习近平是第一个表态出席会议的国家领导人,并借此良机首次对巴新进行了国事访问,同时巴新也是第一个同中国签署共建"一带一路"合作协议的太平洋岛国。

---

* 刘林军,北京语言大学英语学院教授。
① 受限于所获取的材料,本文把讨论范围主要限定在这12国。

2014年11月21日,习近平对另一南太平洋岛国斐济进行过国事访问,并在《斐济时报》和《斐济太阳报》发表了题为《永远做太平洋岛国人民的真诚朋友》的署名文章,其中写道:"我们愿同岛国不断扩大文化、教育、卫生、体育、青年、地方等领域交流合作,加深双方人民相互了解和友谊,让双方友好事业能够世代相传,更加兴旺发达。"

要达成上述目的,语言保障不可或缺,而上升到国家层面,必然关涉语言政策问题。语言政策是语言冲突和矛盾的产物,表明了一个国家对自身多元化语言形态的态度和规划。语言政策可以成为弥合社会矛盾的黏合剂,也可以成为激化社会冲突的导火索。语言政策国别和区域研究不仅具有理论意义,而且具有重要的现实指导意义。尽管大多数南太平洋岛国国土面积小,但人口组成复杂,语言形态丰富,语言政策受到方方面面因素的制约,对其进行梳理,有助于增强我们对这些岛国的认知,为"一带一路"倡议的语言保障提供参考,同时也可反观我们自己的语言政策,这对于促进汉语的国际传播和华文国际教育,都具有重要意义。

一、南太平洋岛国的语言生态和语言政策综观

如前所述,南太平洋岛国大多国土面积较小,但因水域阻隔等原因,语言资源丰富,其中一些语言使用人数很少,目前还缺少语言学的研究,如瓦努阿图的一些语言便是如此。[1] 与此同时,这些岛国都有比较长的西方殖民或托管历史,因此殖民语言(主要是欧洲语言)对这些岛国的语言生态有着深刻的影响,其中又以英语的影响为甚。作为世界经济

---

[1] Crowley, T. The Language Situation in Vanuatu, in Baldauf, Jr and Kaplan (eds.), *Language Planning and Policy in the Pacific, Vol. 1: Fiji, the Philippines and Vanuatu*, Clevedon: Multilingual Matters, 2006, 154–239.

语言及通用语，英语在全球化大背景下的影响力是独一无二的。

此外，南太平洋岛国大多是比较新近才独立的，因此其具体语言政策的政治背景和语言形态的形成时间也比较短，许多都是第二次世界大战和殖民主义结束后才出现的。[①] 这一时期的国家建设需要作为政体的南太平洋诸岛国制定语言政策，特别是确定国家语言和用于更广泛交际的语言。表2—1比较全面地展现了这些岛国语言生态的主要特征。

表2—1 南太平洋岛国语言生态的主要特征

政体	面积（平方公里）	人口（2009年估计值）	语言	英语地位	估计使用人数
斐济	18274	944720	英语、斐济语及斐济印地语	官方语言	第一语言—6000 第二语言—170000
基里巴斯	832	112850	英语、基里巴斯语	官方语言	第二语言—23000
马绍尔群岛	81	64522	马绍尔语、英语	官方语言	第二语言—60000
密克罗尼西亚联邦	720	111000	英语、特鲁克语、波纳佩语、雅浦语、科斯雷语	官方语言	第一语言—4000 第二语言—60000
瑙鲁	21	14019	英语、瑙鲁语	官方语言	第一语言—900 第二语言—10700
新西兰	270534	4213418	英语、毛利语、新西兰手语、太平洋语言、移民语言	官方语言	第一语言—3700000 第二语言—150000

---

① Pennycook, A. *English and the Discourses of Colonialism*, London and New York: Routledge, 1998.

续表

政体	面积（平方公里）	人口（2009年估计值）	语言	英语地位	估计使用人数
帕劳群岛	491	20796	（一种或几种）官方语言：英语、帕劳语 区域认可的语言：日语、昂奥尔（昂奥尔）、松索罗尔语（松索罗尔）、托比恩语（哈托博海伊）	官方语言	第一语言—500 第二语言—18000
萨摩亚	2785	219998	萨摩亚语、英语	官方语言	第一语言—1000 第二语言—93000
所罗门群岛	28400	595613	64种所罗门群岛语言、英语、皮钦语	官方语言	第一语言—10000 第二语言—165000
汤加	651	120989	汤加语、英语	官方语言	第二语言—30000
图瓦卢	26	12373	图瓦卢语、英语	官方语言	第二语言—800
瓦努阿图	12190	218519	比斯拉马语、英语、法语	官方语言	第一语言—60000 第二语言—120000

资料来源：Baldauf, R. B. & Nguyen, H. T. M. Language Policy in Asia and the Pacific. In Spolsky B. (ed.) *The Cambridge Handbook of Language Policy*, Cambridge: CUP, 2012, p.628.

如表2—1所示，该地区语言资源丰富，英语是上述所有政体的官方语言，而且与过去相比，英语的地位更加显著。有些国家的本土多语现象正在减少，当然也有一些政体（如瓦努阿图）的本土多语现象较为稳定。[1]

---

[1] Crowley, T. The Language Situation in Vanuatu, in Baldauf, Jr and Kaplan (eds.), *Language Planning and Policy in the Pacific*, Vol.1: *Fiji, the Philippines and Vanuatu*, Clevedon: Multilingual Matters, 2006, 154-239.

在新西兰，学习语言的兴趣还呈现出日益增加的态势。①

尽管如此，大部分地区语言规划的重点都是英语语言的发展。在这些国家独立之初，学者们进行了一些经典的语言政策与规划研究，由于大部分语言政策工作都有国家建设的特点，所以很多现有的文献都涉及教育语言政策和规划，并且随着全球化的到来，教育中的英语规划和教学已经成为一个突出的主题。这一选择表明，历史和社会认同是决定语言选择的有利因素，在一个全球化的、以英语为主导的世界里尤其如此。

皮钦语也是太平洋地区语言现状的一个重要组成元素。② Mühlhäusler曾经假设，皮钦语可以起到一种缓冲作用，有助于保持美拉尼西亚丰富的当地语言多样性，因为皮钦语并不会破坏当地语言的作用或文化资本。③ 然而，随着皮钦语克里奥尔化且不断赢得使用者，就如美拉尼西亚的巴布亚皮钦语（Tok Pisin）和比斯拉马语（Bislama）等变体那样，皮钦语和其他通用语一道成为当地语言的另一个竞争对手，并对当地语言构成威胁。

需要注意的是，波利尼西亚的语言种类比较少。例如在斐济，斐济语（Fijian）、印度斯坦语（Hindustani）和英语是主要语言，其中斐济语和印度斯坦语还有许多变体，因此语言规划者需要解决的是应该偏重哪个变体的问题。斐济没有一致的语言政策，白话的读写能力也一直在下降，使得部分当地居民无法获得重要文本，而英语的读写能力也没有普及。④ 因此，在一些政体中，有人呼吁要承认白话语言满足社群需求的作用。这种对白

---

① Spence, G. P. The practice of policy in New Zealand, Current Issues in Language Policy, 2004, 5 (4): 389 – 4.

② Mühlhäusler, P. *Linguistic Ecology: Language Change and Linguistic Imperialism in the Pacific Region*, London and New York: Routledge, 1996.

③ Mühlhäusler, P. Layer upon Layer of Languages, *Journal of Pidgin and Creole Languages,* 1998, 13: 151 – 8.

④ Mangubhai, F. & Mugler, F. The language situation in Fiji, in R. B. Baldauf, Jr & R. B. Kaplan (eds.), *Language Planning and Policy in the Pacific, Vol. 1: Fiji, the Philippines and Vanuatu*, Clevedon: Multilingual Matters, 2006, 22 – 113.

话读写能力下降的担心并不鲜见,因为 Spolsky, Englebrecht & Ortiz 近四十年前就曾讨论过汤加的这些问题。①

与其他岛国稍有不同的是萨摩亚,作为美国属地,它遵循的是美国的语言政策。也许正是因为这个原因,其语言规划文献比较少,而且非常陈旧,有关语言规划讨论的一个主要问题就是当地语言,以及如何规划语言教育来为当地语言注入新的活力。萨摩亚曾于20世纪70年代通过电视技术来提高语言教育水平,并将重点放在英语上,② 后来又在其课程安排中更多地侧重萨摩亚语。③

由此看来,由于过去的殖民统治、传教活动及冷战所形成的地缘政治,英语在该地区成为占主导地位的外语或第二语言,而全球化和世界经济体系已经使英语成为该地区的通用语言,并日益成为许多政体实际上的第二语言。相应地,这些国家政体讨论的不是"是否要学习英语"的问题,而是什么人为了什么目的要学习"哪一种或几种英语",以及还需要掌握哪些第二外语的问题。该地区许多政体中有越来越多的语言政策规定,学校要尽早开始英语学习。④ 例如,斐济要求从小学一年级起把英语作为课程科目,从四年级起就要作为教学语言了,而且英语还是公共体制、管理机构、法院和议会所选择使用的语言。这一规定无疑会影响其他语言的学习,比如英语以外的欧洲语言在该地区不能很好地

---

① Spolsky, B., Englebrecht, G. & Ortiz, L. Religious, Political and Educational Factors in the Development of Biliteracy in the Kingdom of Tonga, *Journal of Multilingual and Multicultural Development*, 1983, 4 (6): 459–69.

② Schramm, W., Nelson, L. M. & BEtham, M. *Bold Experiment: The Story of Educational Television in American Samoa*, Stanford University Press, 1981.

③ Baldauf, R. B. Education and Language Planning in the Samoas, in Baldauf, Jr. & Luke (eds.), *Language Planning and Education in Australasia and the South Pacific*, Clevedon: Multilingual Matters, 1990, 259–76.

④ Baldauf, R. B. Jr, Kaplan, R. B. and Kamwangamalu, N. (eds.) Language Planning in Primary Schools in Asia, *Current Issues in Language Planning* 12 (2) [Special Issue], 2011.

站稳脚跟。① 但同时，有越来越多的证据表明出现了另一种现象，那就是亚洲人也在相互学习对方的语言作为外语，包括汉语在内的亚洲语言在学校里日益普及。② 这一现象的出现与语言传播的动因有关，详情将在下文讨论。

该地区语言生态还有一个越来越普遍的现象，即英语的各种变体发展成一个渐变群，即从一端的"标准"英语到另一端的各基层变体，而这些基层变体本身已经演变成一种语言，如巴布亚新几内亚的皮钦语和瓦努阿图的比斯拉马语等。③ 这些变体既说明英语已经本土化了，又说明英语的使用已经成为一种身份标志，而且在许多情况下，个体根本意识不到自己所使用的变体与标准变体之间的差异。

考虑到南太平洋岛国的总体发展水平，它们在语言规划方面似乎还面临一个共性问题——资源问题。有效的语言规划是一件既耗时间又耗财力的事情，而语言教学同样是一种资源密集型活动，很多政体都没有足够的资源来满足语言教学的要求。出于这个原因，很多第二语言的教学都依赖于有兴趣的外国捐助者的资助。英国文化委员会（British Council）发起了一项重大计划，名为"学习英语"（Access English），旨在支持亚洲各个地区的英语教学和培训项目。④⑤ 然而，正如 Hamid 在讨论孟加拉国情况时所指出的，从政策的角度来看，这样的计划并不一定符合成本效益的原则，也未能有效地改变某一特定政体实施良好外语教学所需要的大环境。要有效改善大环境，必须在整个政体范围内采取一种具有广泛影响的本土

---

① Kimura, G. C. & Yoshida, N. (eds.) *Towards Equitable Language Policy in Asia: Proceedings of the 5th Nitobe Symposium*, Tokyo: European Institute, Sophia University, 2008.

② Chua, S. K. C. Singapore's Language Policy and Its Globalised Concept of Bi (tri) linguistics, *Current Issues in Language Planning* 11 (4), 2010.

③ Mühlhäusler, P. *Linguistic Ecology: Language Change and Linguistic Imperialism in the Pacific Region*, London and New York: Routledge, 1996.

④ British Council, *Access English: EBE Symposium: A Collection of Papers*, Jakarta, www.britishcouncil.org [CD ROM version], 2009.

⑤ Johnstone, R. (ed.) *Learning Through English: Policies, Challenges and Prospects: Insights from East Asia*, Malaysia: British Council, www.Britishcouncil.org/accessenglish, 2010.

解决方案。因为南太平洋诸岛国缺乏资源，外语教学不可能显著增加，除非有其他的社会或经济原因。[①]

综上所述，南太的大部分地区一直在使用多种语言，目前语言学习的根本策略已转变为懂英语的双语能力，而且这种双语机制已成为这些多语言社会的根本价值。显然，英语已经成为这些国家的通用语，而且正在被本土化和用于本地的跨文化交际。同样，这些全球化的压力也给少数民族语言及其可使用的教学资源造成压力。

二、汉语在南太平洋岛国的推广

上文提到，南太平洋岛国出现了一种现象，那就是它们开始关注亚洲语言的学习，其中就包括汉语学习。事实上，随着中国成为全球第二大经济体及其国际影响力与日俱增，全球已然掀起汉语学习的热潮，南太平洋岛国自然也不例外，特别是作为"一带一路"的自然延伸，其与中国的合作必然越来越密切。但如上所述，南太平洋诸岛国在语言规划方面面临着资源问题，既然资源问题不是一时可以解决的，那么如何在这种背景下实现有效的语言对接，恐怕就是个值得研究的问题。下面将从考察英语在全球传播的动因分析入手，为汉语在南太平洋岛国的推广提出建议。

（一）英语在全球传播的动因分析

英语在全球传播而形成所谓的全球英语，在 Crystal[②] 和 Graddol 等人

[①] Hamid, M. O. Globalisation, English for Everyone and English Teacher Capacity: Language Policy Discourses and Realities in Bangladesh, *Current Issues in Language Planning*, 2010, 11 (4): 289–310.

[②] Crystal, D. *English as a Global Language*, 2nd edn, Cambridge: CUP, 2003.

看来，是有其适当的历史条件的，那就是20世纪下半叶的英国殖民帝国与美国经济、军事和政治优越性的双重作用。① 此外，当今世界的全球化构成另外一个重要因素。②③

全球化的核心在经济层面最明显的表现就是跨国公司的影响越来越大和资本的自由流动。当然，这种相互联系也扩展到政治领域（包括外交），因为政府间的协调行动往往是管理经济事务和解决全球性问题所必需的。全球化的影响也体现在个人层面，那就是流动性在不断增加，这是全球化的一个标志。

这些发展与英语传播之间的关系比较简单直接。在经济领域，跨国公司为把各个附属部门联系起来，都选择英语作为工作语言，包括那些总部设在美国以外国家的公司，如戴姆勒—奔驰、日产—雷诺、壳牌、诺基亚等。政治领域仍以美国为主导，许多国际组织都发现把英语作为工作语言是一个方便的选择。在科学界、旅游界和学术界，英语因为与美国这一强大经济体和国家的联系，似乎也成为最便利的选择。英语在这些领域的主导地位，提高了英语技能在劳动力市场上的价值。这一点，再加上文化方面的吸引力，④ 有助于解释为什么有那么多人都在努力获得英语语言能力。

上述宏观层面的这种因果关系可能很直观、很清晰，但如果具体到习得英语的实际决定和推广英语的特定机构，可能就没有那么简单直接了，其中有许多相互矛盾的解释。

Phillipson 认为，英语的扩散一直是通过美国和英国的机构（即英国文

---

① Graddol, D. *The Future of English?*, London: The British Council, 1997.
② Bamgbose, A. A Recurring Decimal: English in Language Policy and Planning, in Kachru, Kachru and Nelson (eds.), *The Handbook of World Englishes*, Oxford: Wiley-Blackwell, 2006.
③ Yano, Y. The Future of English: Beyond the Kachruvian Three Circle Model?, in K. Murara and J. Jenkins (eds.), *Global Englishes in Asian Contexts*, Basingstoke: Palgrave, 2009.
④ Erling, E. Local Identities, Global Connections: Affinities to English among Students at the Freie Universitat Berlin, *World Englishes*, 2007 (2).

化协会和美国新闻署等）自上而下进行的，而且现在仍然如此。[①] 但 Ferguson 认为这种观点似乎不是很合理，因为语言推广并不等于语言吸收。[②] 在 Ferguson 看来，美国和英国的机构在世界各地推广英语学习，这样做符合它们的商业利益和外交利益，这一点毋庸置疑，也在意料之中，但其他许多大国，如德国、法国、日本、西班牙也在这么做，因而他认为出口国家语言的想法并不仅限于主要英语国家。但是，并非每种语言的推广都获得了成功，其中也不乏比较失败的案例，如苏联在前东欧集团国家灌输俄语就不是很成功。因此，要使语言被成功地接纳吸收，需要内部因素和外部因素共同作用，单纯用霸权主义观念来解释英语的蔓延是有问题的，因为它弱化了学习者的能动性，而且低估了影响个人做出学习英语决定的物质条件。

Fishman 等人对英语在前英国和美国殖民地渗透的调查大体支持 Ferguson 的这一观点。[③] Fishman 等人认为，在当今世界上的大多数国家，"英语传播背后的社会经济因素都是本土性的，是当地人日常生活和社会分层不可缺少的一部分"。更为有趣的是 Brutt-Griffler 及 Evans 等人所做的档案研究，他们发现的是一种完全不同于人们一般认知的情况：英国殖民当局根本没有试图去传播英语，而是尽量把英语语言教育限制在一小部分精英范围内，同时努力推动针对大众的白话教育——虽然有时大众会就此提出

---

① Philipson, R. English in the New World Order: Variations on a theme of linguistic imperialism and 'World's English', in T. Ricento (ed.), *Ideology, Politics and Language Policies: Focus on English*, Amsterdam: John Benjamins, 2000. Philipson, R. *English-only Europe? Challenging Language Policy*, London and New York: Routledge, 2003. Philipson, R. Imperialism and Colonialism, in B. Spolsky (ed.), *The Cambridge Handbook of Language Policy*, Cambridge: CUP, 2012. Philipson, R. *Linguistic Imperialism*, Oxford: OUP, 1992. Philipson, R. Realities and Myths of Linguistic Imperialism, *Journal of Multilingual and Multicultural Development* 1997 (3).

② Ferguson, G. English in Language Policy and Management, in B. Spolsky (ed.), *The Cambridge Handbook of Language Policy*, Cambridge: CUP, 2012.

③ Fishman, J. A. Summary and interpretation: Post-imperial English 1940–1990, in Fishman, Conrad and Rubal-Lopez (eds.), *Post-imperial English: Status Change in Former British and American Colonies, 1940–1990*, Berlin: Mouton de Gruyter, 1996.

抗议。英国殖民主义者的利益在于利润、原材料和市场，而不是语言。[1][2]由此看来，英国前殖民地的土著精英之所以会学习英语，不是因为他们被迫这样做，而是因为他们发现学会英语可以获取一些社会经济优势。

de Swaan 的解释框架也与 Phillipson 的不同，他突出的是选择和自下而上的过程。这一框架包括三个关键要素：全球语言系统等级，其中英语这一世界"超中心"（hypercentral）语言位于这个等级结构的顶端；Q 值概念——特定语言系列中的语言交际价值指标；最后就是超集体性（hyper-collectivity）的经济观，即使用者越多，潜在参加交谈的人越多，学习语言的动机也就越大。[3] de Swaan 这一研究的优点在于提出个人能动性，并通过超集体性的概念说明个人决定是如何相互加强的，这样英语作为通用语传播就具有了一种自我推进的倾向。与此同时，个人的选择虽然不是确定的，但却受到现有社会经济环境的制约，而现有的社会经济环境又是由英国的殖民统治、20 世纪美国的主导地位及当代全球化的趋势共同构建的。

在 Ferguson 看来，这三个要素为英语的传播提供了一种简洁的解释：因果关系复杂，能动性分散。[4] 从语言政策的角度来看，能动性分散意味着语言政策本身能力有限，无法阻止像英语这样的通用语的传播。[5] 下面，本文将在这一框架下讨论汉语在南太平洋岛国传播的动因和可行性。

---

[1] Brutt-Griffler, J. *World English: A Study of its Development*, Clevedon: Multilingual Matters, 2002.

[2] Evans, S. Macaulay's Minute Revisited: Colonial Language Policy in Nineteenth-century India, *Journal of Multilingual and Multicultural Development* 2002, 23 (4): 260 – 81.

[3] de Swan, A. A political sociology of the world language system (I): The dynamics of language spread, *Language Problems and Language Planning,* 1998 (1). de Swan, A. *Words of the World: The Global Language System*, Cambridge: Polity Press, 2001.

[4] Ferguson, G. English in Language Policy and Management, in B. Spolsky (ed.), *The Cambridge Handbook of Language Policy*, Cambridge: CUP, 2012.

[5] Wright, S. *Language Policy and Language Planning: From Nationalism to Globalization*, Basingstoke: Palgrave, 2004.

（二）汉语在南太平洋岛国传播的动因和可行性分析

1. 动因分析

如前所述，在全球语言系统中，位于第一层级"超中心"语言的只有英语一种，汉语则位于紧接下来的第二层级，属于核心语言（super-central language），汉语的交际价值决定了语言本身的价值、渴望度和吸引力。[①] 根据李宇明的观点，"汉语能够吸引很多外国人的学习兴趣，主要在于'现代中国'对他们的吸引力，学习者通过学习汉语能够了解现代中国，进而获取经济红利和文化红利"。[②] 随着中国经济体量的增加，汉语已发展成"第二大商务用语"，[③] 其经济价值自是无需多言；文化方面，汉语承载着中华文明五千年的积淀，在多元化的世界，其吸引力也是不言自明的。这样，经济、文化方面的吸引力，加之语言本身的地位和价值，共同构成汉语在全球传播的宏观和微观推动因素。需要注意的是，汉语的传播无关殖民或霸权，[④] 这也是其与英语在全球传播方面一个显著的差别。

从全球层面来看，目前汉语在非洲的推广可能是最成功的。汉语普通话已作为中小学和大学的一门外语引入了非洲，可以说汉语正在非洲的社会语言格局中发挥突出作用，即便是在所谓的精英学校，也体现出这一变化。究其原因，也不外乎上述几个方面。首先，汉语引入非洲要从其对非洲的经济作用来理解。中国在非洲的经济活动日益广泛，从安哥拉、加蓬、赤道几内亚、尼日利亚和苏丹等国家进口石油和矿产，从

[①] de Swan, A. *Words of the World: The Global Language System*, Cambridge: Polity Press, 2001.
[②] 李宇明："提升国家语言能力的若干思考"，《南开语言学刊》2011 年第 1 期。
[③] 李宇明："中国语言生活的时代特征"，《中国语文》2012 年第 4 期。
[④] Philipson, R. Imperialism and Colonialism, in B. Spolsky (ed.), *The Cambridge Handbook of Language Policy*, Cambridge: CUP, 2012.

苏丹的穆格莱德地区进口石油。其次是政治方面，中国已经与48个非洲国家建立了外交关系。这里值得注意的是，所有非洲国家在法律上都没有针对中国语言和文化教学的国家政策，这表明包括汉语在内的正式语言政策的制定，很可能是中国与有关国家之间双边关系的一部分。①

与汉语在非洲的快速传播相对应的是英语、法语和葡萄牙语等传统殖民语言出现式微的趋势。其原因在于，这些欧洲语言能够提供的正规就业机会已变得比较有限，因而其社会价值迅速降低。此外，由于对西方的幻想破灭，大多数非洲国家政府都制定了"向东方看的政策"，这也给了引进汉语普通话良好的契机。孔子学院数量的增加表明，对汉语的兴趣和汉语的价值在非洲似已可以与英语和其他欧洲语言相媲美，这刚好构成汉语在非洲传播的微观动因。2019年伊始，沙特将汉语正式纳入中小学课程体系，动因也大抵如此。

以上分析表明，汉语在全球的传播，特别是在非洲的成功，是由全球化大背景下的社会经济环境促成的。与英语作为通用语在全球的传播所不同的是，英语全球传播的社会经济环境是由英国的殖民统治、20世纪美国的主导地位构建而成的，而汉语当下的传播更多是源于中国经济的崛起。此外还有一点值得注意，那就是在一些国家，学习汉语的个人能动性还体现在身份认同上。比如在津巴布韦，已有当地华裔社区的幼儿参加了汉语语言课程，如果说大多数非洲人学习汉语是出于工具性目的，那么非洲的华裔学生学习汉语则是为了提高自我认同意识，他们是在利用可用的语言资源玩转自己的多重身份。

---

① Makoni, M., B. Makoni, A. Abdelhay and P. Mashri, Colonial and Post-colonial Language Policies in Africa: Historical and Emerging Landscapes, in B. Spolsky (ed.), *The Cambridge Handbook of Language Policy*, Cambridge: CUP, 2012.

2. 可行性分析

有人认为，南太平洋可以用一个词简单概括，那就是"海广人稀"。该地区长期远离欧亚大陆等人口聚集的地区，因此较难进行现代化建设。

南太平洋国家在二战前长期处于列强殖民之下。二战之后，英国、日本等殖民者因各种原因而离开，留下了权力真空，美国作为当时的头号大国，便"顺理成章"地接手了该地区。当时许多太平洋岛屿直接沦为美国属地或其盟友澳大利亚和新西兰的属地，直到20世纪70年代，这些岛屿才逐渐独立。时至今日，该地区的不少国家，包括马绍尔群岛、密克罗尼西亚联邦、帕劳等，都没有严格意义上的军事力量，而是直接与美国签订军事联盟条约。战后的日本虽然失去了军事影响力，但其仍存在强大的经济和文化影响力，比如帕劳作为南太平洋地区靠北的岛国，仍认可日语作为其地区性语言之一。2018年11月巴新主办APEC峰会，欢迎各国领导人的军乐队也是完全由日本陆上自卫队组织成立和训练的。

反观中国与南太平洋岛国的关系，则是比较新近才开始发展的。2013年底，习近平总书记提出"一带一路"倡议，随后中央政府出台的规划文件正式将南太平洋地区纳入"21世纪海上丝绸之路"的蓝图中。"一带一路"旨在积极发展与共建国家的经济合作伙伴关系，从而为双方在经济、政治等诸领域的互动与合作开启了方便之门。而近些年来，主要受金融危机以及岛国内生问题等环境因素的影响，南太平洋各岛国经济运行起伏较大，具体表现为经济规模小、经济增长持续疲软、三大产业结构不合理、旅游收入成为国家主要收入、在对外贸易中进口远大于出口等。未来南太平洋岛国经济难以在短时间有大增长，加快区域经济一体化进程、加强与区外国家的合作成为其走出困局的主要措施。这样，中国和南太平洋岛国都有加强互动和合作的愿望，因而形成很强的"拉"力，吸引着南太平洋岛国的民众学习汉语。

此外，南太平洋岛国环境优美，拥有得天独厚的旅游资源。海天一色的自然风光、独具特色的热带风情吸引着世界各地的游客，旅游业在各岛国的国民收入中都占据相当比例。随着中国人均收入水平的提高，越来越多的中国人会选择出境游，南太平洋岛国也自然会成为热点目的地。这样，旅游业颇为可期的前景也会"拉"动很多南太平洋岛国民众学习汉语。

中国与南太平洋岛国有着源远流长的文化交流，早在明朝末年，南太平洋地区就有了中国人的足迹。150年前，华人移民开始进入南太平洋地区，今天在袖珍岛国法属波利尼西亚就有多达上万名华人，斐济人口中也有大约6000名华人，更遑论其他比较大的岛国。随着中国国力的增强，这些华人移民对祖国的认同感必然会提升，而出于身份认同和对中国文化的热爱，上述学习汉语的"拉"力也会进一步加强。

如动因分析部分所述，要有效地传播一种语言，需要有"推"和"拉"两种作用力。上面分析了汉语在南太平洋岛国传播的"拉"力，主要包括经济合作触发的互动愿望和身份认同两个方面，那么"推"力可能就要更多地依赖语言推广机构了。已有的大量文献认为，这些机构具有强大的"推"力。①②像英语这样广泛使用的语言，已经通过英国文化协会和美国新闻署等机构形成巨大的产业，到处生产和销售与语言相关的材料。如前所述，受限于发展水平，南太平洋岛国在语言规划方面面临资源不足的问题，其中就包括教学所需的材料，而语言推广机构刚好可以在某种程度上满足当地的需求。汉办是中国的语言推广机构，而且已把孔子学院开到世界各地，其中也包括一些南太平洋岛国，那么如何开发适合当地的教学材料，充分发挥"推"力，就需要有关部门仔细考量了。

综上所述，本文从南太平洋岛国的语言生态和语言政策入手，结合语言传播的动因分析，明确了汉语在南太平洋岛国传播的乐观前景。中国推广汉语普通话的国际语言政策固然与其经济和政治考虑有关，但有一点不容忽视，那就是汉语在21世纪的传播和英语在20世纪的传播所遵从的深层动因

---

① Philipson, R. *Linguistic Imperialism*, Oxford: OUP, 1992.
② Clayton, T. The Problem of "Choice" and the Construction of the Demand for English in Cambodia, *Language Policy*, 2008 (2).

大体相似。然而，西方世界似乎对这一点认识不足，经常对我们的汉语推广持焦虑和怀疑的态度。事实上，汉语虽然是全球语言系统中的核心语言，有着世界上最多的使用人口，同时也是联合国的工作语言，但其国际影响力还十分有限。[1] 这与汉语使用对象的局限性不无关系，放眼望去，把汉语作为第二语言学习的人数远远不及英语，也不及德语、法语等其他核心语言。因此，我们不妨以"一带一路"建设为契机，在"推"和"拉"两种力量都存在的共建国家传播汉语和中国文化，提升汉语的国际影响力。

参考文献

［1］Baldauf, R. B. & Nguyen, H. T. M. Language Policy in Asia and the Pacific. In Spolsky B. (ed.) *The Cambridge Handbook of Language Policy*. Cambridge: CUP, 2012.

［2］Baldauf, R. B. Education and Language Planning in the Samoas, in Baldauf, Jr. & Luke (eds.), *Language Planning and Education in Australasia and the South Pacific*, Clevedon: Multilingual Matters, 1990.

［3］Baldauf, R. B. Jr, Kaplan, R. B. and Kamwangamalu, N. (eds.) Language Planning in Primary Schools in Asia, *Current Issues in Language Planning* 12 (2)［Special Issue］, 2011.

［4］Bamgbose, A. A Recurring Decimal: English in Language Policy and Planning, in Kachru, Kachru and Nelson (eds.), *The Handbook of World Englishes*, Oxford: Wiley-Blackwell, 2006.

［5］British Council, *Access English: EBE Symposium: A Collection of Papers*, Jakarta, www.britishcouncil.org ［CD ROM version］, 2009.

［6］Brutt-Griffler, J. *World English: A Study of Its Development*, Clevedon: Multilingual Matters, 2002.

---

① de Vareness, F. Language Policy at the Supranational Level, in B. Spolsky (ed.), *The Cambridge Handbook of Language Policy*, Cambridge: CUP, 2012.

[7] Chua, S. K. C. Singapore's Language Policy and Its Globalised Concept of Bi (tri) linguistics, *Current Issues in Language Planning* 11 (4), 2010.

[8] Clayton, T. The Problem of "Choice" and the Construction of the Demand for English in Cambodia, *Language Policy*, 2008 (2).

[9] Crowley, T. The Language Situation in Vanuatu, in Baldauf, Jr and Kaplan (eds.), *Language Planning and Policy in the Pacific, Vol. 1: Fiji, the Philippines and Vanuatu*, Clevedon: Multilingual Matters, 2006.

[10] Crystal, D. *English as a Global Language*, 2nd edn, Cambridge: CUP, 2003.

[11] de Swan, A. A Political Sociology of the World Language System (I): The Dynamics of Language Spread, *Language Problems and Language Planning*, 1998 (1).

[12] de Swan, A. *Words of the World: The Global Language System*, Cambridge: Polity Press, 2001.

[13] de Vareness, F. Language Policy at the Supranational Level, in B. Spolsky (ed.), *The Cambridge Handbook of Language Policy*, Cambridge: CUP, 2012.

[14] Erling, E. Local Identities, Global Connections: Affinities to English among Students at the Freie Universitat Berlin, *World Englishes*, 2007 (2).

[15] Evans, S. Macaulay's Minute Revisited: Colonial Language Policy in Nineteenth-century India, *Journal of Multilingual and Multicultural Development* 2002, 23 (4).

[16] Ferguson, G. English in Language Policy and Management, in B. Spolsky (ed.), *The Cambridge Handbook of Language Policy*, Cambridge: CUP, 2012.

[17] Fishman, J. A. Summary and Interpretation: Post-imperial English 1940 – 1990, in Fishman, Conrad and Rubal-Lopez (eds.), *Post-imperial English: Status Change in Former British and American Colonies, 1940 – 1990*,

Berlin: Mouton de Gruyter, 1996.

［18］ Graddol, D. *The Future of English?*, London: The British Council, 1997.

［19］ Hamid, M. O. Globalisation, English for everyone and English Teacher Capacity: Language Policy Discourses and Realities in Bangladesh, *Current Issues in Language Planning*, 2010, 11 (4).

［20］ Johnstone, R. (ed.) *Learning Through English: Policies, Challenges and Prospects: Insights from East Asia*, Malaysia: British Council, www.Britishcouncil.org/accessenglish, 2010.

［21］ Kimura, G. C. & Yoshida, N. (eds.) *Towards Equitable Language Policy in Asia: Proceedings of the 5th Nitobe Symposium*, Tokyo: European Institute, Sophia University, 2008.

［22］ Makoni, M., B. Makoni, Abdelhay and Mashri, Colonial and Postcolonial Language Policies in Africa: Historical and Emerging Landscapes, in B. Spolsky (ed.), *The Cambridge Handbook of Language Policy*, Cambridge: CUP, 2012.

［23］ Mangubhai, F. & Mugler, The Language Situation in Fiji, in R. B. Baldauf, Jr & R. B. Kaplan (eds.), *Language Planning and Policy in the Pacific, Vol. 1: Fiji, the Philippines and Vanuatu*, Clevedon: Multilingual Matters, 2006.

［24］ Mühlhäusler, P. *Linguistic Ecology: Language Change and Linguistic Imperialism in the Pacific Region*, London and New York: Routledge, 1996.

［25］ Mühlhäusler, P. Layer upon Layer of Languages, *Journal of Pidgin and Creole Languages* 1998, 13.

［26］ Pennycook, A. *English and the Discourses of Colonialism*, London and New York: Routledge, 1998.

［27］ Philipson, R. English in the New World Order: Variations on a Theme of Linguistic Imperialism and "World's English", in T. Ricento (ed.), *Ideology, Politics and Language Policies: Focus on English*, Amsterdam: John

Benjamins, 2000.

［28］Philipson, R. *English-only Europe? Challenging Language Policy*, London and New York: Routledge, 2003.

［29］Philipson, R. Imperialism and Colonialism, in B. Spolsky (ed.), *The Cambridge Handbook of Language Policy*, Cambridge: CUP, 2012.

［30］Philipson, R. *Linguistic Imperialism*, Oxford: OUP, 1992.

［31］Philipson, R. Realities and Myths of Linguistic Imperialism, *Journal of Multilingual and Multicultural Development* 1997 (3).

［32］Prah, K. K. *Afro-Chinese Relations, Cape Town*, SA: Center for the Advanced Studies of African Societies, 2008.

［33］Schramm, W., Nelson, L. M. & B Etham, *Bold Experiment: The Story of Educational Television in American Samoa*, Stanford University Press, 1981.

［34］Spence, G. P. The Practice of Policy in New Zealand, Current Issues in Language Policy, 2004, 5 (4).

［35］Spolsky, B. (ed.), *The Cambridge Handbook of Language Policy*, Cambridge: CUP, 2012.

［36］Spolsky, B., Englebrecht, G. & Ortiz, Religious, Political and Educational Factors in the Development of Biliteracy in the Kingdom of Tonga, *Journal of Multilingual and Multicultural Development*, 1983, 4 (6).

［37］Wright, S. *Language Policy and Language Planning: From Nationalism to Globalization*, Basingstoke: Palgrave, 2004.

［38］Yano, Y. The Future of English: Beyond the Kachruvian Three Circle Model?, in K. Murara and J. Jenkins (eds.), *Global Englishes in Asian Contexts*, Basingstoke: Palgrave, 2009.

［39］李宇明："提升国家语言能力的若干思考"，《南开语言学刊》2011年第1期。

［40］李宇明："中国语言生活的时代特征"，《中国语文》2012年第4期。

南太平洋岛国的英语教育政策研究

孙昊宇*

南太平洋岛国包括新西兰、斐济群岛、瑙鲁、图瓦卢、基里巴斯、瓦努阿图、马绍尔群岛、密克罗尼西亚联邦、帕劳、萨摩亚、汤加、所罗门群岛、巴布亚新几内亚等国。

南太平洋地区按文化和地理特征可以划分为三大群岛，分别为密克罗尼西亚、美拉尼西亚和波利尼西亚。密克罗尼西亚的意思为"小岛群岛"，在赤道以北自西向东延伸，南半球的密克罗尼西亚国家在语言上非常同质化。美拉尼西亚的意思为"黑人群岛"，位于西南太平洋，在赤道以南自西北向东南延伸，是地球上语言最多的地区。[①] 波利尼西亚的意思为"多岛群岛"，位于北太平洋和南太平洋的中部与东部地区，使用单一语言或少数区域分布的语言。

---

* 孙昊宇，北京语言大学英语学院讲师。

① Crowley, T. and Lynch, *Language Development in Melanesia* (Report on the UNESCO-sponsored regional workshop held in Vila, Vanuatu, 2 – 6 December, 1985). University of the South Pacific/ University of Papua New Guinea.

一、南太平洋岛国语言的基本情况

南太平洋地区被普遍认为是世界上语言最复杂的地区，人口不到1000万，却有着将近1000种本土语言，占世界语言总数的1/5，[①] 其中大多数分布在美拉尼西亚。该地区语言的使用情况非常复杂，不仅因为语言数量众多，而且因为皮钦语和克里奥语之类接触语言的发展。

其中，巴布亚新几内亚有800多种语言，所罗门群岛有约65种语言，瓦努阿图有约105种语言。基于该地区的地理特点，每一种语言的使用人口都不多，在5000人至6000人之间。使用人口最多的白话语言有斐济语、萨摩亚语和恩加语，人数分别为30万、25万和20万。而与之相对的是，有约170种语言的使用人数不足200人，主要分布在西南太平洋群岛，例如瓦努阿图有两种语言现在只有两个人使用。由此可见，在太平洋岛国，多语言现象是一种常态。

除了丰富多彩的本土语言外，还有很多来自欧洲的传教士、商人和殖民者来此定居，随之也带来了英语、法语、西班牙语、德语、日语、中文、印度语、菲律宾语、韩语等，其中一些语言已经成为太平洋岛国的通用语言，例如英语。英语是迄今为止最重要的外来语，已经成为大多数太平洋岛国和区域组织的官方语言。

太平洋岛国正式的语言和文化教育始于19世纪初，当时英国传教士来到波利尼西亚东部，意图将岛国人民转化为基督徒。传教士在福音传道的过程中介绍了狭隘的方言使用方法，关注阅读技能多于写作技能。在19世纪上半叶，他们在太平洋向西移动，沿路传播了基于传教的教育传统和教

[①] Mugler, France and John Lynch (eds.), *Pacific Languages in Education*: Institute of Pacific Studies and Department of Literature and Language, The University of the South Pacific, Suva; Pacific Languages Unit, The University of the South Pacific, Vanuatu, 1996.

学方法，有些还沿用至今。

在19世纪和20世纪，教育是由教堂掌控的。19世纪后期的殖民政府主要关注的是自己的孩子在精英学校接受的教育。20世纪，由于呼吁更公平的教育，太平洋岛国从澳大利亚和新西兰等国进口了课程，并辅以外国教师、教学材料、考试及随之而来的文化假设。太平洋岛国的教育政策也一直在沿用已经建立好的殖民模式与保护太平洋文化和语言的迫切需求中摇摆不定。

欧洲传教士以及欧洲和新世界的政治势力带来的文化、社会和政治入侵，在教育方面产生了很大的影响。整个南太平洋地区的教育主要以殖民地语言作为教学语言，大多数国家为英语，个别殖民地主要为法语。

早期的太平洋岛国本土语言和英语交相融合而形成皮钦语，其中有些成为美拉尼西亚各国的通用语，有些则演变成克里奥语（某些太平洋岛国最早也是唯一的语言）。美拉尼西亚皮钦语是该地区使用人数最多的语言，有约50万人把它作为第一语言，200万人把它作为第二语言。双语和多语已经成了太平洋岛国人民的标配，而学校和家里使用的语言则不尽相同。

因为该地区语言使用情况复杂，各个太平洋岛国一直在尝试用不同方式解决不同人群应该在何种教育背景和目的下使用何种语言的问题。为了达到特定目的而选择某种语言，通常是出于多方因素的考量，包括政治、经济、社会、文化、教育因素，以及语言本身的特征及其在文化社会中起到的作用，特别是在社会化和认知系统发展过程中的作用。

（一）政治因素

一个国家决定使用某些语言作为官方或教育语言，从政治层面来看，主要是为了国家统一和现代化发展。多民族、多文化和多语言的国家往往缺乏全国统一的民族和文化身份，而语言可以作为一种打造国民身份的国家符号，超越现有的民族文化差异，建立一种独特的国家身份，使全国人民团结一致。

政府持续高效的运转也需要相应的语言政策。现代化的治理以效率为先，语言政策的主要目的是在各异的社会、语言、民族和文化共存的社会中实现凝聚力和高效治理。要想维持政府的运作，并在治理者和被治理者之间建立紧密的联系，从而促进国家的现代化发展，语言政策在其中扮演着不可或缺的角色。

（二）经济因素

国家的现代化发展和经济发展密不可分。语言决策的做出更多是"出于经济的考量（至少是务实的动机）"，① 决定采用如英语、法语等更广泛沟通的语言，是基于语言的实用性、沟通的高效性、社会的移动性以及经济的发展。语言可以被看作一种可以通过操纵改变人行为的资源和产品，因此某个群体的语言行为也被视为国家的资源，是实现目标的重要工具。个人和社区基于"机会概念"② 选择使用哪种语言，因此语言也可以作为一种人力资本应用于生产消费活动中。语言的选择通常和一个群体的社会经济权利相关，人们使用某种语言并不是因为这种语言是他们的母语或定义了他们的民族身份，而是因为他们能够从使用这种语言中获利，即选择学习某种语言所获收益需要能够和所付出的成本相平衡，甚至高于成本。

（三）社会文化因素

在社会文化层面，语言是实现包括个人和群体身份认同等各种关键社交功能的工具。个人通过语言被社会化为特定群体的成员。从这层意义上来说，母语是表达国籍身份最重要的符号之一，也是最显而易见的群体身

---

① Edwards, *Language, Society and Identity*, Basil Blackwell with Andre Deuts Chapter, Oxford, 1985.
② Rubin, Joan and Bjorn H. Jernudd (eds). *Can Language Be Planned: Sociolinguistic Theory and Practice for Developing Nations*, University Press, Hawaii, Honolulu.

份象征。没有母语，个人身份和国籍都无从谈起。因此，各国都十分关注语言的复兴和保护。为了保持民族认同的真实性和独特性，语言的"纯洁性"也广受关注。因为语言同时具有"交际"和"象征"的功能，因此只有那些在特定语言环境内成长的人才能完全理解交流中的历史和文化内涵。态度和动机也是很重要的社会文化因素，决定了个人语言的选择。

（四）教育因素

教育和语言是一个国家在实现内部凝聚力和现代化过程中最常用的工具。教育体系中的何种等级应该使用何种语言，通常要综合考虑政治、经济和社会文化因素的影响，而非纯粹从教育的角度考虑。政府官员或语言政策制定者往往更倾向于从国家的角度出发做决定，而教育系统则倾向于给个人充分发挥潜力创造机会。国家语言规划者感兴趣的语言政策是最能为国家利益服务的语言政策，而教育系统则更看重语言政策是否能够让每个个体有掌握自己命运的机会。国家更着眼于宏观政策，而教育系统则更关注具体操作，如是否能够保证专业的师资力量，以及是否有足够的教学材料和资源、行之有效的教学计划和标准等。

国家和社会个体的语言目标有可能相一致，在这种情况下，国家利益获得满足的同时，个人需求也得到满足。但有时两者也可能会发生冲突，而在这种情况下，很可能就需要牺牲个人需求。通常情况下，国家的教育服务也期待能够满足个人的需求，但这对于一些资源有限的国家而言却并非易事。语言以及整个教育体系发展的成本应该与国内其他领域的发展相匹配，所以语言的发展应与国家其他的目标综合起来考虑，例如用于建设教室、实验室、图书馆的资本投入，以及教师培训、课程开发的费用等。因为要考量的因素太多了，所以很多国家的教育语言政策也只是权宜之计。

二、南太平洋岛国的双语教育政策

双语教育在太平洋岛国还未具备很清晰的形式,主要可以观察到三个趋势:过渡性双语教育、维护性双语教育和淹没式教育。

(一)过渡性双语教育

过渡性双语教育旨在用本土语言介绍基本的读写知识和数字,而把英语作为口头教授的第二语言。儿童旨在以母语获得识字技能,同时获得可以满足学校教育要求的基本英语水平。在基础的白话语言为媒介语的教学中,课堂的媒介语通常被正式改为英语。太平洋地区的大多数国家现在已经从纯粹的过渡性模式转变为维护性模式。

(二)维护性双语教育

维护性双语教育提供了一种更强大的双语教育模式。在维护性双语教学中,课堂学习的媒介语转变为第二语言之后,学习者仍然继续学习白话语言。提供这类双语教育的大多是波利尼西亚国家。这些国家经常使用单一的白话语,例如西萨摩亚的萨摩亚语。

虽然这种方法更加有助于双语教育,但太平洋岛国的维护性教育仍然面临过渡的基本问题。首先,在波利尼西亚和密克罗尼西亚的小学基本单语的环境中,让课堂上的每个人都转换成第二语言是很不现实的。当学生某一语言的水平较低,无法达到较高的认知能力要求时,这种转换尤其困难。而在大多数情况下,教师本身的英语水平就不高,也缺乏在课堂上使用英语的信心,所以通常使用本地语言作为教室事实上的媒介语继续使用，还经常会出现语码混合和语码转换的情况。而语码转换会影响两种语言的学习，分散学生对教学内容的注意力。

其次，很多实施本土语言教学计划的国家的语言背景是多种多样的，情况十分复杂。斐济有提供维护性双语教育的政策，而用于斐济本土语言课程的 Bauan 斐济语是 300 种斐济语中的一种，很多斐济儿童正在把 Bauan 斐济语作为他们本土语言媒介课堂中的第二种方言进行学习。而斐济印地语是当地的一种共通语，是大部分斐济印地人的母语。在学校的课堂学习中，斐济印地语被有文字记载的标准印地语所取代。因此，在这类本土语言课堂上的学生要先学习一种他们不会说的语言。

此外，英语在整个太平洋的不同地区中占有不同的地位。在太平洋外围的小岛上，课堂外几乎不使用英语；而在斐济的瓦努阿岛和库克群岛的拉罗汤加岛的城市地区，英语在日常生活中却有着广泛的应用。因此，受种种条件限制，要在不同地区达到同样的语言教育程度是非常困难的。

因此，如果主要的白话语是所有学生的母语的话，那么维护性教育对于母语教育的继续支持其实就是微乎其微的。但是，太平洋岛国正在通过《基础教育和生活技能》项目（BELS）等倡议来提高用本土语言读写的能力，并为小学教师提供在职培训等。

（三）淹没式教育

所罗门群岛的国家语言政策规定儿童的教学语言为英语，瓦努阿图的国家语言政策规定教学语言为英语或法语。但是，美拉尼西亚各国却不具备成功实施淹没式教育的必备条件。英语在所罗门群岛和瓦努阿图并不像在斐济那样得到广泛应用，所以英语的学习只能在课堂上实现。因此，有些岛国的政策虽然规定在课堂教学中应该说英语，但实际生活中的交流更多地使用的还是白话语。

小学教师本身就是当地淹没式教育的产物，因此他们通常在英语能力和信心方面有所欠缺。学生的学习目标是要达到一定的英文水平，能够在没有足够口语辅助的情况下，在课堂上通过英语书面媒介完成对认知能力要求较高的任务。在这种情况下，沉浸式教育变成淹没式教育，学生在读写学习和正规教育所倚赖的第二语言方面只接受到最少的口头帮助，在第一语言或通用皮钦语方面则没有获得读写方面的帮助，也许这样可以解释美拉尼西亚国家为什么有很多功能性文盲。

所罗门群岛和瓦努阿图的英语作为媒介语的教育旨在为多语种课堂提供一座桥梁，从城乡环境以及语言的人口分布来看，有些课程的多语言性更为突出。最初的做法是将英语和法语这两种殖民语言设置为教育中指定的通用语，但是在美拉尼西亚还有一种广泛使用的通用语——美拉尼西亚皮钦语（Melanesian Pidgin），它的变种为所罗门群岛的所罗门皮钦语（Pijin）和瓦努阿图的比斯拉马语（Bislama），美拉尼西亚皮钦语通常被贬为低等的教育媒介语。

同样，在密克罗尼西亚的瑙鲁共和国，儿童应该接受正规的英语教育。当地的课程是从澳大利亚维多利亚州进口的，许多学校的教师都是外籍人士，主要来自澳大利亚和斐济。但英语没有在整个社会普及，在不说瑙鲁语的地方，人们通常使用一种以英语为主的皮钦语。由于缺乏统一的拼字法，瑙鲁的语言和读写教育情况进一步恶化，这也意味着白话的读写教育在目前阶段是不可能实现的。

在所罗门群岛、瓦努阿图和瑙鲁，由于继续教育中对殖民语言的强调，儿童的第一语言在教育和社会文化中都会贬值。因为大众读写水平较低，儿童的读写能力习得也不具备良好的家庭环境和社会支持。由于第一语言的印刷物规模有限，通常局限为《圣经》和其他的宗教材料，美拉尼西亚皮钦语和瑙鲁语也面临着语言编码的问题。

三、南太平洋岛国的母语教育政策

  1951年，联合国教科文组织在巴黎召开了关于母语教育的专家会议，要求尊重和保护每一个人的母语，提出每个学生在开始接受正规教育时都应该以母语作为教学媒介语言。从那之后，多项研究都主张将母语作为整个初等教育，或者至少在初等教育的早期阶段的教学媒介语言，并把母语作为一门单独的课程及成功习得第二语言的基础加以学习。

  使用母语教学的一个主要目的是保持和振兴与之相关的语言和文化。在今天，任何国家都不可能孤立存在，无论地理位置如何或政治强弱，其都已成为全球社会特别是市场经济体系的一部分。信息和通信技术方面取得的巨大进步更是进一步缩小了世界的范围，使得任何希望平等参与国际社会的社区都必须掌握更广泛的交流工具，从而发展起适用于当今与未来世界生存和进步的新关系、新网络和新联系。在教育方面，学校对教学语言的选择可以降低失败率，保护和振兴母语，帮助改善基础教育的可获得性和公平性，从而提高教学质量和学生学习效果。

  在具有相对语言同质性的国家，如萨摩亚和汤加等许多太平洋的波利尼西亚国家，几乎所有人口都使用一种主要的本地语言，母语被赋予很高的地位——是与英语共同使用的国家语言和官方语言，并且被正式指定为全部或部分小学教育的教学媒介语言。母语在小学阶段、中学阶段及以后都被教授，并且经常与英语一起被非正式用作教学语言，因为教师通常在两者之间进行代码转换，以试图澄清新的或复杂的概念和想法。然而，在美拉尼西亚拥有超过一种本地语言的国家，学校对教学语言的选择则变得非常复杂，往往是基于教育之外的因素来选择在教育的某个阶段使用某种语言。

  为了帮助太平洋国家制定适当的语言政策，提高它们受基础教育的机会和公平性，提升教育质量，世界银行于1994年委托Dutcher和Tucker编撰了一份报告《第一语言和第二语言在教育中的使用：国际经验回顾》，[①] 研究教育语言的发展战略，并根据当前的研究得出以下结论：

- 儿童学习第一语言至少需要12年；
- 儿童学习第二语言不比成年人更快、更轻松；
- 年纪大一些的儿童和青少年比年纪小一些的在学习第二语言的时候有更多技巧；
- 儿童的第一语言和相应的认知发展比对第二语言的接触更重要；
- 学校中的儿童需要学习学术语言技能和社会沟通技能；
- 儿童学习第二语言的方式各不相同，主要取决于他们的文化、群体和个性差异。

报告得出的结论包括：

- 母语的发展对于认知发展和为学习第二语言打下基础而言至关重要；
- 不论是作为第一语言还是第二语言，教师必须能够理解、讲述和使用教学语言；
- 教育项目的成功离不开父母和社区的支持。

从这篇报告中可以发现，母语被认为是教育孩子的最佳媒介语言，特别是在教育的早期阶段，因为儿童直到12岁才会掌握他们的第一语言，而第一语言对于认知发展和成功的第二语言习得而言至关重要。在学校使用母语更重要的社会和文化原因是避免语言和文化的损失，帮助维护和促进文化认同，特别是对于那些濒危的小规模语言和文化而言。据估计，到21世纪中叶，世界上超过3/4的少数民族语言将会消失。父母和社区需要积极参与到教育进程中来，承认和尊重这些社区的文化和语言，并在正规学

[①] Dutcher, Nadine and G. Richard Tucker, *The Use of First and Second Languages in Education: A Review of International Experience,* Draft for Review. Population and Human Resources Division, East Asia and the Pacific Regional Office, The World Bank, 1994.

校系统中给予它们适当的地位，否则学生的学习成绩不会很理想。太平洋各个岛国采用了多种语言政策，这主要取决于每个国家的语言遗产、政治目标、教育理念、民族精神、社会文化背景、殖民历史和经济能力等。托克劳群岛和波利尼西亚国家（如萨摩亚和汤加）主要使用母语作为教育的媒介语言，而所罗门群岛在教育系统的任何层面都没有使用本土语言。美拉尼西亚、密克罗尼西亚和其余的波利尼西亚国家则处在这两个极端之间。

除了瓦努阿图和所罗门群岛这两个国家外，太平洋各岛国的官方语言政策都认识到使用本土白话语作为教学媒介语言的重要性，尤其是在教育的早期阶段。巴布亚新几内亚政府决定将母语作为基础教育前六年的教学媒介语言，并且获得社区的广泛支持。各国官方语言政策与实际课堂实践之间存在着明显差异，有时整个太平洋岛国地区的教师和学生为了确保有意义的课堂互动和一定质量的学习效果，在官方教学语言和相互都理解的语言之间进行代码转换。

四、南太平洋岛国的大众传媒趋势

除了学校教育外，语言政策还主要体现在大众媒体方面。在南太平洋，网络电视已经成为一种新型的殖民形式，巩固和加强了英语本已很重要的地位。

电视在一些独立不久的南太平洋国家中还是一个新鲜事物，这些国家最近才开始建立自己的电视网络。自20世纪80年代后期以来，新西兰国家电视台（TVNZ）开始在太平洋各个岛国设立电视台，其中包括库克群岛、瑙鲁、斐济、纽埃岛和西萨摩亚都有刚刚起步的TVNZ网络，基本上用英语播放节目。一份1993年对斐济第一电视台（Fiji One）的调查分析显示，该网络的节目完全用英语播出，主要是转播英美国家的电视节目，包括很多廉价的20世纪60年代的情景喜剧和卡通片。关于观看偏好的调查显示，当时最受欢迎的节目为新西兰制作的电视剧《肖特兰街》(*Shortland Street*)。现在，这些电视台也逐渐有了一些当地制作的节目，但大部分仍用英语播放。

尽管电视节目的价值观和审美经常会受到来自社会各方的批评，父母也十分关心电视节目的质量问题，但不可否认的是，电视节目成为南太平洋独立国家一股独特的社会力量，人们正在逐渐建立起自己的观看习惯，而且电视节目也成为密克罗尼西亚国家一种学习英语的方式。虽然某些电视节目本身并不具备教育意义，但是儿童通过被动看电视学习到的会话技能也将帮助他们为学校教育做好准备——应对课堂缺乏语境却对认知能力提出颇高要求的英语教学。

五、南太平洋地区语言政策未来调整的方向

目前，太平洋地区的语言政策是由社会经济因素驱动的，虽然各国一直在谈保护本土语言和文化，但在实际操作中还是更偏向于英语的语言能力、读写技能、教育程度甚至视觉媒体中的娱乐效果，因为英语是国际贸易所使用的语言。后来，BELS和大洋洲读写发展计划（Oceania Literacy Development Program）等倡议给太平洋岛国的白话读写教育发展带来了积极的影响。

尽管如此，太平洋岛国的语言教育政策仍过多让步于经济发展，寄希望于提高学生的英语水平，但却未能给他们在学业上提供足够的支持。由于英语在教育和大众传媒中的绝对地位，白话语言的地位有所下降，甚至有报道称英语在某些地方入侵了本地语言领域。除此之外，通过广泛传播的英语电视节目，社会文化价值观以及人们的期待、活动和偏好也微妙地被重新教育。

南太平洋的语言政策需要进行重新评估和定位，这必须在社区和国家两个层面进行，以便有效地整合当地的语言资源。目前存在的主要问题包括：双语教育的课程设置应更加合理，加强白话语言在正规教育中的使用，增加英语作为第二语言在教学方面的支持，以及白话读写习得的教学法和社区方面的支持等。

目前，南太平洋各岛国的语言政策从总体来说，未能充分认识到在家庭和社区层面维护并发展早期读写能力的重要性。太平洋地区的语言维护实践差异很大，但父母常常不了解白话语言的发展在支持学校语言和读写学习方面的重要性。为儿童第一语言的学习和社会发展提供教育支持实际上对第二语言的习得和发展有很大帮助，因为这样可以提高一般语言能力的发展，以及元语言意识和社会文化身份的认同感，这对于地位低的多少数民族语言群体的儿童而言显得尤为重要。[①] 使用白话作为教育媒介语，也可以让社区有更多机会参与到教育中来。

自20世纪80年代后期以来，大洋洲读写发展计划推出了一种基于故事的读写习得方法，给南太平洋岛国的儿童使用优质的新西兰早期识字材料以及当地编写制作的白话语资源。课程的变化比较缓慢，到了1991年，斐济95%的小学仍在使用泰特（Tate）英语口语课程，尽管许多小学已开始用其他的阅读材料来加以补充。后来又有迹象表明，改进的整体语言方法正在逐步分阶段纳入太平洋英语课程体系中。

重要的是要解决社区对白话语言教育的态度。今天上学的许多孩子的父母都是在殖民政权下接受教育的，这种政权贬低甚至在惩罚性地使用白话。因为当时的社会认为他们自己的语言和文化是低等的，导致很多社区成员不愿意在教育中增加对白话的使用，也不同意把美拉尼西亚皮钦语纳入教育中，或者减少孩子在学校接受的英语教育。

而南太平洋岛国并没有如实考虑自己的孩子到底需要学习多少英语；考虑到不是每个人都会发展成精英专业人士，是否需要全体人民都接受英

---

① Baker, *Foundations of Bilingual Education and Bilingualism*. Clevedon: Multilingual Matters, 1993.

语教育。只有西北太平洋的帕劳共和国在提供双语的课程中更侧重于本地社区的语言。帕劳所有的小学教育都用帕劳语进行,然后在 8 年级转为过渡性的帕劳语和英语结合的双语课程。在 8 年级到 12 年级的教育中,使用英语的比例逐年提高。

因此,第一语言和第二语言的习得与维护需要政治上的不断支持。双语教育模式需要重新调整,才能更好地提升第一语言的读写能力以及第二语言在认知和学术方面运用能力的提升。还在使用淹没式教育模式的国家应该引入白话语作为基本读写能力的教学语言。提升后的维护项目在向英语过渡时,需要辅以合适的课程设置和教学材料。在大众传媒方面,电视节目等渠道也应增加关于多元文化的内容,尤其是免费的以白话语作为媒介的节目。南太平洋岛国丰富的文化需要得到更多的关注才能得以保存和流传,该地区的孩子也需要在语言层面做好准备,在保护本土语言和母语的同时,全面提高语言的能力,以应对 21 世纪提出的新挑战。

参考文献

[1] Baker, *Foundations of Bilingual Education and Bilingualism.* Clevedon: Multilingual Matters, 1993.

[2] Crowley, T. and Lynch, *Language Development in Melanesia* (Report on the UNESCO-sponsored regional workshop held in Vila, Vanuatu, 2 – 6 December, 1985). University of the South Pacific/University of Papua New Guinea.

[3] Dutcher, Nadine and G. Richard Tucker, *The Use of First and Second Languages in Education: A Review of International Experience,* Draft for Review. Population and Human Resources Division, East Asia and the Pacific Regional Office, The World Bank, 1994.

[4] Edwards, *Language, Society and Identity,* Basil Blackwell with Andre Deuts Chapter, Oxford, 1985.

[5] Lotherington-Woloszyn, Television's Emergence as an English as a Second Language and Literacy Socializer in Fiji, *Pacific-Asian Education* 7

(1&2), 1995.

[6] Mugler, France and John Lynch (eds.), *Pacific Languages in Education:* Institute of Pacific Studies and Department of Literature and Language, The University of the South Pacific, Suva; Pacific Languages Unit, The University of the South Pacific, Vanuatu, 1996.

[7] Rubin, Joan and Bjorn H. Jernudd (eds). *Can Language Be Planned: Sociolinguistic Theory and Practice for Developing Nations,* University Press, Hawaii, Honolulu.

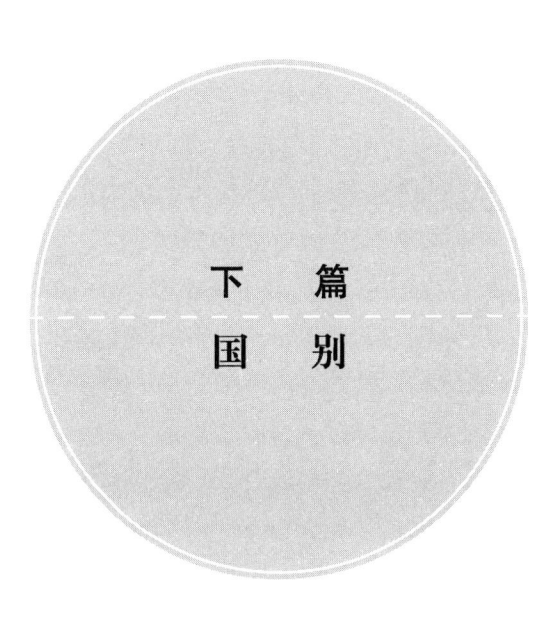

下 篇
国 别

瓦努阿图的历史与现实

谢波华[*]　张　鹏[**]

一、历　史

（一）瓦努阿图早期历史

瓦努阿图位于南太平洋，由82个岛屿组成，跨越南纬6个纬度，由北向南长达1200公里，呈"Y"字形分布，陆地面积为1.2万平方公里。

据地质学家研究，在火山造地运动的作用下，大约2200万年前首先形成瓦努阿图北部的托雷斯、桑托、马勒库拉三岛，其他各岛陆续形成于200万年前。由于海洋进化、海鸟迁徙和飓风作用，瓦努阿图又逐渐形成今天的陆地植被和生物物种。

学术界普遍认为，瓦努阿图人的祖先来自东南亚，他们乘坐独木舟和竹筏横渡南太平洋，经过印度尼西亚、巴布亚新几内亚陆续到达瓦努阿图。据考古发现，大约公元前3500年，玛劳岛开始有人定居。公元前2500年，一些人从所罗门群岛到达今天瓦努阿图首都所在的埃法特岛和通

---

[*] 谢波华，中国前驻瓦努阿图大使。
[**] 张鹏，中国前驻瓦努阿图大使馆随员。

古阿岛,创造了以新石器时代为主要特征的"拉佩塔"文明。从人类学上讲,瓦努阿图、巴布亚新几内亚、所罗门群岛、斐济以及澳大利亚、法属新喀里多尼亚的土著居民都属于美拉尼西亚人。

由于海洋的隔绝、岛屿的封闭、良好的自然生存环境和刀耕火种的生产方式,瓦努阿图直到20世纪初一直处于原始社会形态,以氏族、部落为基础的酋长制构成瓦努阿图社会的主要特征。

(二)航海发现与殖民者的早期活动

1606年,西班牙探险家佩德罗·费尔南德斯·德奎洛斯穿越瓦北部的班克斯群岛,到达桑托岛北部的"大湾"(Big Bay),并一度将该岛误认为澳洲大陆。

1768年,法国航海家布甘维尔发现了彭特考斯特岛、奥巴岛和玛劳岛,并绕桑托岛南部和马勒库拉北部航行一周,此后将这些岛群命名为"新赛克罗德斯"(New Cyclodes)

1774年,英国著名航海家詹姆斯·库克船长在马勒库拉岛东南部的三明治港(Port Sandwich)登陆,开始勘查并绘制地图。他发现瓦岛屿形状与英国西北部的赫布里底群岛相似,遂命名为"新赫布里底"(New Hebrides)。

1. 殖民活动的开始——檀香木贸易

19世纪初,欧洲人开始频繁造访新赫布里底,许多人还在此定居下来。1828年,英国商人皮特·迪隆在中部的埃罗芒戈岛发现了名贵的檀香木,从此开始了采伐檀香木卖到东南亚和中国的早期贸易活动。

2. 殖民活动的继续——"黑鸟"贸易

到19世纪中期,由于大量采伐檀香木,交易量下降,殖民者又开始从事奴隶买卖,向英属斐济和澳大利亚的棉花、甘蔗种植园输送劳力,史称

"黑鸟"（Black Bird）贸易。首批"黑鸟"来自南部的塔纳岛，此后陆续有2万多人被运出，许多人因疾病或劳累过度而未能归来。1872年，在英国传教士和教会的推动下，英国国会通过《太平洋岛民保护法案》，禁止了奴隶贸易。

3. 殖民活动的深化——圈地运动

19世纪中期，欧洲的土地投机商开始将目光转向南太平洋，最早进入的是英国商人，土地买卖的重点集中在中南部岛屿，尤其是埃法特岛的哈瓦那港和维拉港。为规范土地贸易活动，英国政府允许土地投机商通过设在斐济的西太平洋高专署在瓦注册土地产权。

19世纪80年代，英国政府为减少殖民成本，在太平洋实行收缩政策，停止颁发土地产权，限制招收劳工，导致英国种植园主纷纷破产，很多人将土地产权转让给法国人。

英国实行收缩政策后，法国人迅速跟进，约翰·希金森成立了"喀里多尼亚新赫布里底公司"，接手了大部分英国人卖出的土地，并随后向中部和北部扩张，在埃皮岛、马勒库拉岛和桑托岛购买了大片土地。1905年，喀里多尼亚新赫布里底公司重组，由法国政府控股并更名为"法国新赫布里底集团公司"，获得瓦努阿图55%的土地产权。

法国的圈地运动使大量法国移民涌入瓦努阿图，法国的影响力迅速扩张。为避免新赫布里底完全落入法国之手，英国又开始鼓动英属澳大利亚商人参与土地买卖，并于1892年成立了"澳大利亚新赫布里底公司"。两年后，设在悉尼的伯恩斯·菲利普有限公司购买了澳大利亚新赫布里底公司的土地产权。1902年，伯恩斯·菲利普有限公司又将所有土地产权转让给英属澳大利亚联邦政府。

4. 殖民活动中的语言演化

殖民者到达时发现，新赫布里底群岛有100多种土著语言，由于长期的海洋隔绝，各岛屿、各部落间鲜有交流，语言、文化和风俗信仰差异很大。19世纪中叶，一些英法传教士开始在不同部落中传教，逐渐形成以英国新教为代表的中南部英语文化区和以天主教为代表的北部法语文化区。

"黑鸟"贸易兴起后，来自新赫布里底、巴布亚新几内亚、所罗门群岛、斐济等地的大批土著人，为了便于相互间交流以及与澳大利亚种植园主沟通，逐渐形成一种以英语为主、混杂各自土著方言的语言——"皮钦语"（Pidgin）。经过50年左右的发展，被"黑鸟"们带回瓦努阿图的皮钦语开始流行，成为不同岛屿和部落间交流的语言纽带。英属澳大利亚的语言学家在此基础上，对这种语言的发音、语法和词汇加以规范和充实，创制出一种便于推广的通用语——"比斯拉马语"（Bislama）。英法共管政府后来接受了比斯拉马语，认可它与英语、法语一样具有官方语言地位。

尽管比斯拉马语得到通用，但大部分土著居民的母语仍是本村或本岛的土语，受此影响，比斯拉马语的发音直到今天在不同地区仍有所不同。

（三）英法共管政府建立

1906年10月20日，英法政府签订协议，决定在新赫布里底成立英法共管政府，以取代以前的联合海军署，由此拉开了英法对瓦努阿图长达74年的殖民统治。

英法成立共管政府的主要目的：一是调和英法殖民者在土地买卖上的矛盾，解决日益突出的贸易争端；二是确立一种稳定的、符合英法利益的殖民方式，以避免土地、宗教和文化上的分歧导致的社会动荡；三是防范占据巴布亚新几内亚的德国对这一地区的觊觎和扩张。

根据协议，英法两国政府分别任命驻节专员（Resident Commissioner）作为共管政府的最高领导。政府的任何重大决策必须由两国驻节专员联合做出，否则便无效。英法两国居民享有平等权利，承担平等义务。

共管政府成立后，将整个新赫布里底分为四个大区：南部中心一号区、南部中心二号区、马勒库拉岛、桑托岛（亦称"圣埃斯皮里图岛"）。每个大区都由英法各派一名地区长官联合管理。首府设于埃法特岛的维拉港。

在司法、金融和行政管理体制上，共管政府建立了各自的机构、法律和标准，包括法院、警察局、银行、医院、学校、度量标准等，货币分别使用法郎和英镑。同时规定，所有机构和民众应在政府成立后的6个月内，自愿选择适用英国还是法国的法律和标准。

邮局、公共基础设施局、农业局、广播电台、气象局、海关等公共服务部门由两国共同设立，但都有两套班子，一套服务英国人，一套服务法国人。

由于在交通规则上无法实行两种标准，两国最终决定采用法国标准，即右行规则。

在共管政府成立前，维系瓦努阿图村落、部族以及相互关系的是酋长制度。共管政府成立后，为了管理各岛事务，创立了社区协调员（Assessor）和酋长（Chief）两个职位，作为政府与村民、部落间的协调员。1974年，共管政府迫于压力，同意建立由各地酋长参加的全国代表大会（Representative Assembly）。1976年，代表大会决定成立国家酋长委员会（National Council of Chiefs）。1977年，国家酋长委员会召开第一次会议，确定委员会的比斯拉马语的名称为Malvatumauri（意为"土地、岩石、生命"）。

英法共管一块殖民地，是西方殖民史上一个比较特殊的现象。这种形式上的"共管"、实际上的"分治"，使英法从一开始就貌合神离、相互算计、矛盾重重，导致两国对新赫布里底根本没有什么长远规划，更谈不上大规模投入，即使在共管政府所在地维拉港，也看不到什么像样的建筑和企业，土著居民依然生活在原始落后的状态下，土地问题始终是殖民者与土著居民间难解的矛盾，得到利益和好处的只有来自英法的农场主与商人。

（四）美国的进入

1941年12月，太平洋战争爆发，日军携珍珠港大胜之威，在太平洋战场席卷东南亚，迅速占领巴布亚新几内亚和所罗门群岛，直逼澳大利亚。美、英、澳、法等国军队在太平洋一败涂地。为扭转颓势，盟军决定在南太平洋寻找一些岛屿设立基地，以确保从美国西海岸到澳大利亚的运输线不被切断。

1942年3月，首批美军在埃法特岛登陆，迅速修建了军用机场、远程雷达站、码头、水上飞机基地、燃油库、环岛公路和海军医院等军事设施，并在维拉港构建了西起马拉坡、东到伊菲拉的反潜网络，牢牢控制住港口及周边海域和空域，严防日军飞机和潜艇袭扰。

鉴于北部桑托岛距日军进占的瓜达卡纳尔岛（属所罗门群岛）仅970公里，且拥有天然的深水航道，美军又决定将该岛作为对日作战的前进基地，在卢甘维尔市加紧修建军用机场、码头、修理所、物资仓库、部队营区和医院、电影院等，兵员总数高达数万人，包括航空母舰"企业"号在内的很多舰艇都曾在此靠泊维修、补充燃料给养。1942年10月26日，被美国政府征用并改装的大型豪华邮轮"柯立芝总统"号运兵船在进港时撞上防潜鱼雷，船上5300多名官兵紧急弃船逃生，邮轮连同运载的大批武器装备一起沉入70多米深的海底。

1942年8月，瓜达卡纳尔岛战役打响。在长达半年的时间里，大批美军作战和联勤部队从桑托基地前往增援。海军陆战队212航空中队在瓜岛空战中共击落日军飞机92架，其中指挥官哈罗德·保尔少校一人就击落11架。1942年11月14日，保尔在瓜岛空战中牺牲，被授予美国最高奖章"国会荣誉勋章"。为纪念这位二战英雄，瓦努阿图首都维拉港机场在战后被命名为"保尔费尔德国际机场"。

瓜岛战役的胜利，打破了日军不可战胜的神话，粉碎了日本进攻澳大利亚的图谋，拉开了盟军在太平洋战略反攻的序幕。

需要指出的是，在整个战争期间，大批瓦努阿图民众参加了美军军事基地的修建和后勤保障工作，为反法西斯战争胜利做出重要贡献。

二战结束时，美军迅速撤离并建议英法当局买下桑托基地的大批军用装备，但遭到拒绝。美军"一气之下"，用推土机将军用装备全部推入卢甘维尔港附近的海底。这一战争遗迹连同先前沉没的"柯立芝总统"号运兵船，后来一起成为桑托岛著名的旅游胜地，被人们称为"百万美元角"，受到潜水探险者追捧。2014年，美驻瓦努阿图大使访问桑托岛时承认，从环保角度看，当时的做法是不妥的。

（五）独立前的民族解放运动

20世纪60年代，全球非殖民化运动风起云涌，瓦土著居民与英法当局在土地问题上的矛盾更加突出，回归传统习俗的呼声日益高涨，拉开了瓦努阿图非殖民化运动的大幕。

1963年，第一个土著人政党乡村党成立，其主张从殖民者手中收回土地，实现独立。

1971年6月，新赫布里底文化联合会在桑托岛成立，并发行报纸《新赫布里底观点》，宣传民族独立，反对殖民统治。不久，新赫布里底文化联合会改组为新赫布里底民族党，明确提出瓦应尽快走向独立，要求全部土地归土著人民所有，回归传统习俗，摒弃殖民者带来的文化。这些主张在土著居民中引起强烈反响，该党迅速发展壮大。

继新赫布里底民族党之后，新赫布里底人民联盟、新赫布里底通讯联盟等十多个政党相继出现。各党的政纲基本围绕独立问题、土地问题、教育问题、官方语言问题和传统习俗问题，但亦有侧重和不同。

1977年1月，新赫布里底民族党更名为瓦努阿库党（简称瓦库党），成为当时第一大党。该党得以发展壮大有以下几方面原因：一是牢牢抓住了土地问题这一能团结大多数土著居民的政治议题；二是明确标榜为"英语系"（Anglophone）政党，获得80%人口的支持；三是设立了专职的党的机构，建立了严密的党的组织系统；四是吸收了许多受过良好教育且具有政治理想和抱负的年轻人为骨干。

民族独立运动的发展，使英法两国矛盾日益突出。由于英国在瓦土地利益和经济利益较少，且不甘心让法国一家独占，因而其对独立问题比较积极。而法国此时正奉行"戴高乐主义",希望扭转法国在太平洋地区的殖民颓势,因此对独立运动采取了压制和打击态度。这也正是1966年法国总统戴高乐到访此地的主要背景和目的。

但是,就当时整个国际形势而言,争取民族解放和独立已呈燎原之势,迫使法国不得不在1974年与英国达成妥协,同意推进瓦独立进程。

1974年,英女王伊丽莎白二世到访维拉港,表示理解土著居民的独立愿望。1975年8月,在共管当局主持下,维拉港和桑托岛的卢甘维尔市分别举行有白人和土著居民共同参加的市政选举。同年11月,具有普选性质的全国代表大会选举举行,根据选举结果,共管政府认可了当选代表,宣布成立过渡政府"人民临时政府",任命乔治·卡尔萨考为总理。

然而,过渡政府的成立引发了瓦库党与讲法语的温和党派的暴力冲突。瓦库党认为,英法当局主持选举不公,在过渡政府组成上偏袒温和党派。在瓦库党的压力下,各方于1978年4月5日同意成立一个特别委员会,全面讨论选举改革、教育、法律、司法改革和土地等问题。

1978年8月11日,法国外长保罗·迪攸德到访。他针对特别委员会关注的问题提出六点主张,即建立民族联合政府;进行新的人口普查,在确定选区和选民后进行大选;起草宪法;保留法语和法国文化;全国代表大会要照顾少数派的权利并实现均衡化;在20年内将大部分土地归还瓦人,但土地的开发则要委托给更有经验的法国人。

法国外长的上述主张得到各方基本认可。各党派经过协商,做出三项重要决定:一是成立联合政府,作为大选前的过渡政府;二是在联合政府授权下,成立宪法委员会,由政府部长和若干酋长、各党派代表、妇女代表、教会代表组成;三是委托来自英、法的宪法专家起草宪法草案,提交宪法委员会讨论修改。

不久,英法专家提交了一份宪法草案,它实际上是英法两国体制的混合物,但以英联邦体制占上风。草案总的目的是在瓦建立西方式政治和法律制度,以保障英、法居民利益在独立后不受损害。

经反复讨论,各方于1979年就宪法草案达成一致,确立如下基本原则：实行代议制的民主共和体制；所有土地所有权归传统土著所有者及其后代享有，瓦政府对因土地收回而受到不利影响的人进行适当赔偿；法语和比斯拉马语、英语一样成为官方语言；禁止双重国籍（2014年这一规定被取消）；将原先4个大区改为11个管理区（1994年，11个区又调整为6个省和2个省辖市）；首都定在维拉港。

在此后进行的全国议会选举中，讲英语的瓦库党获得26席，占60.5%；讲法语的温和党联盟获得5席，占10.5%；其他小党和组织共获9席，占29%。根据选举结果，瓦库党负责组阁，沃尔特·利尼当选首任总理，乔治·苏克马努当选总统，马克西姆·卡洛特·科尔曼当选议长，温和党联盟主席杰拉德·雷蒙为议会反对党领袖。

1980年7月30日，瓦努阿图共和国正式成立，长达74年的英法殖民统治宣告结束。

二、独立后的政治与经济

（一）政治

根据瓦努阿图宪法，国家最高元首是总统，没有实权，由宪法规定的一个特殊机构"议会和地方委员会主席团"（共58人）选举产生，任期5年。现任总统为塔利斯·摩西，于2017年7月就任。

议会实行一院制，由从全国17个选区选出的52名议员组成，任期4年。现任议长为瓦库党的埃斯蒙·赛蒙，于2016年2月就任。

总理由议会选举产生并负责组阁，内阁部长由总理从当选议员中任命。按照宪法规定，议会可随时对总理提出不信任案，议会只需简单多数投票，即可推翻总理，由新总理重新组阁。现任总理为温和党联盟主席夏洛特·萨尔维，2016年2月当选。

法律体系采用英美法系。最高法院由5名大法官组成，通常为3名瓦籍法官，2名来自英联邦国家的聘任法官。

瓦努阿图独立后，英国、法国、澳大利亚、新西兰等国一直以派驻顾问形式进入瓦政府、法院、警察、机动部队、海关、气象、学校、卫生等机构。他们的工资和活动经费从各自政府对瓦财政援助中拨出。法、澳、新还派出舰艇，负责瓦海域的渔业、环境、打击海盗等海上执法。

瓦独立之初，开国之父、首任总理沃尔特·利尼曾就独立后的国家发展方向提出一个重要理念——美拉尼西亚道路，其基本涵义是尊重传统、平等主义、公社主义、自给自足。但由于瓦政治体制基本照搬了"三权分立"制度，象征传统的"酋长委员会"虽被写入宪法，但并不具有参政职能，只是在涉及传统习俗问题时具有一定决定权。

瓦努阿图独立至今，其政治生活中一个突出特点就是政党林立，议会党派纷争不断，政府频繁更迭。在1980年进行的首次议会选举中，有9个政党参加竞选，2008年有15个政党，2016年达到17个政党及若干独立候选人。就政府更迭而言，仅2012年至2015年，议会中提出的不信任案就达8次之多，总理更换了4次。2015年10月，包括副总理、议长、外长在内的14名议员因"行贿受贿罪"而被判刑入狱，瓦政局再次发生严重动荡。时任总统朗斯代尔不得不宣布解散议会，于2016年2月提前举行议会选举并组建新政府。出现如此激烈的政治争斗，究其原因，主要有以下两个方面：

第一，瓦努阿图宪法是由英法殖民者炮制的，它所确定的民主共和制其实并没有相适应的经济基础。然而，这种以代议制为基础的政党政治和内阁体制，客观上却契合了瓦努阿图分散、封闭的生产和社会组织形态。各岛屿的不同部落成为宪法体制下17个选区的基础，很多来自不同岛屿、部落的议员就是当地的酋长或酋长后代。他们在议会中的行事方式，更像是部落酋长间的"谈判"与"和解"，关注更多的往往是所在岛屿、村落、部落的利益。为了能进入内阁谋取更多特权和利益，各政党常常随意反水，议员则任意跳党，朝野阵营变幻莫测。这种政治生态的直接表现就是议会中不信任案满天飞，政府频繁更迭，从而导致政府行政效率低下。

第二，瓦各政党的主要领导人多是独立前通过组建政党进入议会和政府的。在长期封闭落后的社会环境中，他们没有更多机会接触外部世界，也没有在企业、教育和学术机构及政府部门工作的经历。这种背景和经历的局限性，使很多人缺少治国理政的经验和关注国家长远发展的眼光，缺少对国际和地区事务的全面了解和深刻认识，缺少对公平正义、廉洁执政的尊重和把持。

近年来，瓦努阿图一些有识之士已经意识到西方殖民者留下的宪政体制给国家发展带来的困境。2016年，总理萨尔维上任不久便成立修宪特别工作组，希望通过修改宪法，改变长期以来议会在政府不信任案问题上的随意性。由于修宪问题遇到较大阻力，萨尔维总理又于2018年11月改变策略，提出政党改革"百日计划"，核心是起草政党改革法，内容包括限制不信任案的频繁提出，对所有议会党团进行监管，议员在没有选民授权情况下不得跳党，独立候选人必须加入某一政党。萨尔维认为，只有为政党的创建、登记和运作建立一个现代、有效和透明的法律与监管框架，国家的政治稳定才能得到加强，政府的施政质量才能得以提高。

可以预料，瓦努阿图政党改革法一旦获得通过，涉及修改议会不信任案规则的修宪工作很可能重新启动。这些都是瓦努阿图政府和人民探索适合本国国情发展道路的重要体现，对国家政治稳定和未来发展具有重要意义。

（二）经济

瓦独立以来经济发展十分缓慢，直到2016年，国民生产总值仅为7.7亿美元。服务业一直在GDP构成中占比很高（68%），农业和工业分别只有21%和11%，实体经济总量很小。

1. 农业

全国45%的国土为肥沃的可耕地，农业人口占全国人口的80%，年均降水量1600毫米。瓦气候和地形适宜种植水稻、椰树、棕榈树等经济作物，具有很好的发展潜力。良好的天然牧草条件还可产出品质极佳的生态牛肉。但迄今全国开发的耕地只有17%，畜产品出口很少，农业产值只占全国GDP的20%左右。椰干、椰油、棕榈油制品出口额虽已占到全部出口额的近一半，但总量不大。

2. 渔业

瓦努阿图海洋资源丰富，是金枪鱼的高洄游区。但由于缺乏作业渔船，在瓦海域捕鱼的约70艘专业渔船均为外国公司所有，政府只能通过出售捕捞证赚取有限的资金。同时，由于没有水产加工业和自己的国际销售市场，瓦每年白白流失大量的渔获利润。

3. 林业

瓦努阿图的植被占国土面积的75%，森林覆盖率为35%，但具有商业开采价值的森林只有20%，资源总量约1300万立方米，其中檀木和澳大利亚杉经济价值较高，平均商业采木量为每平方千米15立方米，加工生产的檀香油主要出口印度和欧洲。

4. 交通业

瓦努阿图全国公路约2000公里，其中土路639公里，砾石路约800公里，沥青路500公里。由于缺乏资金，瓦路况较差，维护和保养长期滞后。2010年以来，瓦利用外资和国外施工力量，陆续修建了埃法特岛环岛公路、桑托岛环岛（部分）公路和塔纳岛海滨公路等高等级公路，使当地交通状况明显改观，为旅游业发展创造了良好条件。

瓦努阿图各主要岛屿都有机场，首都维拉港和北部桑托岛有国际机场。瓦努阿图航空公司除了有20多条国内航线外，还开辟了直飞澳大利亚、新西兰、斐济、所罗门群岛和法属新喀里多尼亚的航线。近年来，瓦政府利用世界银行贷款，先后改扩建维拉港国际机场和桑托岛国际机场，大大提高了大型民用客机起降安全标准，航空运输能力得到加强。

海运是瓦努阿图岛际交通的主要方式，但很多小岛多为简陋码头，运输能力十分有限，能接受国际航线大型船只停泊的只有首都维拉港（水深228米）和北部桑托岛的卢甘维尔港（水深200米），年均进口集装箱2000个左右。近年来，瓦努阿图政府利用中国、日本等国贷款和施工力量，对维拉港和卢甘维尔市的主要码头进行大规模改扩建，港口的吞吐量有较大提高。

5. 工业、能源和电信业

瓦工业发展长期滞后，工业产值仅占GDP的10%左右。企业主要集中在轻工业领域，包括啤酒和饮料厂、面包厂、家具厂、木材加工厂、贝壳加工及工艺品厂、肥皂厂、印刷厂、奶制品厂、制革厂、首饰厂、油漆厂、制鞋厂、小型修船厂以及混凝土预制件厂等中小企业。

瓦矿产资源贫乏，20世纪70年代曾在首都维拉港所在埃法特岛东北部发现锰矿，但储量不大，现已开采殆尽。北部桑托岛与所罗门群岛、巴布亚新几内亚处在同一地质构造带上，存在金、铜伴生矿，澳大利亚、加拿大公司曾在该岛勘探，但储量、品位尚不明确。也有专家认为，瓦附近海域或有较大的油气田。但由于资金、环境保护等因素的制约，瓦迄今尚未进行工业勘探。

瓦努阿图的汽油、柴油、天然气全部依赖进口，电力能源主要为柴油发电。独立后迄今，瓦电力供应一直被法国大型能源公司优尼科独家垄断，主要集中在首都所在的埃法特岛和桑托岛的卢甘维尔市，占全国的97%左右。2012年以来，随着国际市场光伏板、风能电机价格下降，瓦太阳能、风能发电比重有较大上升，2017年已占全国发电量的22%左右。

2008年之前，瓦仅有一家电信企业"瓦努阿图电讯公司"，由瓦政府与两家法、英公司合资经营。2008年以来，瓦政府实施电信业改革，引进迪捷公司参与移动电话市场竞争。2011年，中国华为通信公司利用中国提供的优惠贷款，在几个主要岛屿修建了微波中继站，开发了从中央到省级政府的电子政务网，大大推动了移动通讯和互联网的普及。目前，瓦移动电话网络已覆盖全国90%以上的民众，互联网得到广泛应用，移动话费和网费大大降低。

6. 旅游业

旅游业是瓦努阿图的支柱产业。历史悠久的美拉尼西亚文明、独特的活火山景观、丰富的多元民族文化、洁净的海岛环境为瓦提供了巨大的旅游资源。长期以来，瓦旅游业一直保持稳定增长，2016年接待外国游客近35万人次，其中搭乘邮轮赴瓦游客约占70%以上，航空游客人数占25%左右。以旅游业为主的服务业已占瓦GDP总额的70%左右，从业人员占全国就业人数的比重很大。

7. 对外贸易

由于第一、二产业落后，瓦对外贸易长期处于严重逆差状态。2016年瓦出口5000万美元，主要为椰干制品、咖啡、可可和牛肉；进口4.2亿美元，主要为食品、燃料、机械、建筑材料和化工产品等。

8. 金融与财政

瓦努阿图独立后即组建瓦努阿图中央银行，发行本国货币"瓦图"（VATU），1989年中央银行改名为瓦努阿图储备银行。在金融政策上，瓦实行资本自由流动，外汇管制比较宽松。1988年起，"瓦图"与"一篮子不公开货币"挂钩，其中澳元、新元所占比重较大。随着澳元的崛起，"瓦图"兑美元汇率从20世纪90年代的130∶1左右升值到目前的100∶1左右。在世界银行等国际机构的监督下，瓦通货膨胀率长期保持在3%左右的较低水平，外汇储备和负债比都要好于其他太平洋岛国。

瓦财政收支处于较低水平。2016年政府财政收入约2.28亿美元，支出约3.12亿美元，年度财政赤字控制在8000万美元左右。西方国家提供的年度援助经费计入瓦财政预算，约占年度财政预算的17%。

为增加外汇收入，瓦通过立法设立离岸金融中心，采取免除公司税、所得税、遗产税、预提税、赠予税、资本增值税以及避免双重征税等多项金融政策，吸引外国资本进入。据世界银行统计，2017年瓦综合税率8.5%，远低于亚太平均综合税率（36.4%）。此外，瓦还以船旗国方式吸引外汇，目前全球有约600条船在瓦注册悬挂瓦国旗。

瓦努阿图拥有1.2万平方公里国土面积，68万平方公里海域面积，人口只有28.2万，人口资源比优势明显。然而，这一良好的天然禀赋，并没有从根本上改变瓦独立以来贫穷落后的状况，其中原因主要有以下两点：

第一，瓦在独立前基本处于山林采摘、刀耕火种的生产力水平和以部落、酋长制为基础的封闭社会形态，迄今仍有15%的居民处于基本与世隔绝的原始状态。1980年独立时，瓦的GDP只有1.35亿美元，人均900美元。这样一个没有经历过农耕文明的国家一下子进入到现代文明，显然很难跟上全球化时代的大趋势。独立30多年来，瓦年均经济增长率只有3%，GDP总量长期在7亿美元左右徘徊，粮食、日用品和工业制成品大多依靠进口，丰富的渔业资源、农业资源和旅游资源没有得到有效开发和利用。"富饶的贫困"可以说是瓦今天的真实写照。

第二，瓦独立以来，以外国公司和个人投资为主的工商业一直控制着瓦国民经济，瓦人自己的企业寥寥无几。澳大利亚、新西兰、法国、美国、欧盟等西方的援助占瓦GDP的17%，成为维持瓦经济运行的重要支撑。规模有限的种植业、畜牧业、旅游业、海运业、航空业以及电力、自来水、公路等基础设施只集中在首都所在的埃法特岛、桑托岛等几个大岛，多数岛屿尚未开发。世界银行、亚洲开发银行严格监控瓦外债规模。与此同时，澳、新等周边大国以保护环境和海洋资源为由，以各种方式和借口阻挠在瓦投资生产性企业和基础设施项目。这种局面导致瓦丰富的渔业资源和农业资源得不到有效开发，政府财政收入和外来投资十分有限，电力、公路、机场等基础设施建设严重滞后，人居、医疗、教育水平和抗灾能力低下。

2011年，瓦政府提出未来5—10年国家基础设施建设蓝图，总金额达

10亿美元，涉及路桥、机场及配套、港口码头、能源、电信、基础教育、供水、垃圾处理和市区综合建设等67个项目。同时，政府还出台了一系列政策：吸引更多外国投资；加强基础教育；向农村和偏远地区民众提供更多公共服务，改变人们在土地、农业生产上的传统价值观念和习俗；鼓励私人部门发展；努力创造更多就业岗位，有效改善民生等。2014年，瓦努阿图的经济增长率为2.3%，2018年达到3.4%，人均GDP约2300美元。

瓦努阿图近十年经济基本面持续向好主要得益于旅游业、农业的快速发展，基础设施项目投资的增长以及良好的社会治安环境。这表明，瓦努阿图政府制定的加强基础设施建设，平行推动经济社会持续发展的总体设想是符合国家发展实际情况的。以落实联合国2030年可持续发展议程为目标，推动国民经济和社会的快速发展，正在成为瓦努阿图政府和人民的共识。

三、中瓦关系的回顾与展望

中国自1971年恢复在联合国的合法席位后，就在联合国等多边舞台坚定支持瓦努阿图人民要求摆脱殖民统治的正义呼声和强烈愿望。1980年7月28日，中国领导人在瓦努阿图宣告独立之际，向瓦首任总理沃尔特·利尼发去贺电，热烈祝贺瓦努阿图独立和利尼出任总理，宣布中国政府决定承认瓦努阿图共和国政府。此后不久，中国在联合国安理会和联合国大会审议瓦努阿图成员国问题时，投票赞成联合国接纳瓦努阿图。

1982年3月26日，中瓦两国建立正式外交关系，瓦努阿图明确承认一个中国原则，中瓦双方互派大使。

中瓦建交30多年来，双边关系始终保持良好的发展势头。2018年11月16日，习近平主席在巴布亚新几内亚会见瓦努阿图总理萨尔维时，回顾了两国30多年来的友好交往，指出当前中瓦关系正处于历史最好时期。萨尔维总理完全赞同习主席看法，认为瓦中关系正处于历史最高水平。

中瓦领导人对双边关系的高度评价，真实反映了两国建交30多年来的友谊和合作。回顾这一历史过程，总结其中的经验，对中瓦关系的未来发展有着重要意义和借鉴。

第一，积极保持高层交往，增进双方政治互信，是推动两国各领域合作的关键。

中瓦建交后不久，瓦开国之父、首任总理沃尔特·利尼即于1983年7月首次访华。两国总理在会谈中表示，珍视业已建立的中瓦友好关系，双方将不断努力发展两国的友好合作。1987年12月，瓦努阿图总统索科瓦努对中国进行了国事访问。此后，中瓦高层交往不断，瓦总统阿比尔以及总理沃霍尔、哈姆·利尼（沃尔特·利尼总理之弟）、纳塔佩等先后来华访问。2004年虽然发生过"瓦台建交风波"，但在中瓦双方的共同努力下，台湾当局的分裂图谋终被挫败。

2012年党的十八大以来，随着"一带一路"倡议的提出，中国更加重视与包括瓦努阿图在内的太平洋岛国的交往与合作。

2013年9月和11月，瓦时任总理、绿党主席卡凯塞斯两次应邀访华，先后出席了在宁夏银川举办的中阿博览会和在广州举行的第二届中国—太平洋岛国经济发展合作论坛。卡凯塞斯在宁夏与时任中央政治局常委、全国政协主席俞正声举行友好会见，在广州与时任国务院副总理汪洋举行会谈。他在宁夏参观了国电光伏电厂、生态农业园；在海南参观了海口水产品加工厂、英利集团海口新能源有限公司和三亚市旅游业；在上海参观了上海城市规划馆，走访了援建瓦桑托岛码头扩建项目的上海建工集团总部，会见了上海援瓦医疗队员；在广东访问了美的电器公司和华为公司总部。

2014年8月，时任总理、瓦库党副主席纳图曼应邀出席在南京举行的第二届夏季青年奥林匹克运动会开幕式，与习近平主席进行友好会见，参观了南京城市规划馆、南京长江港务局码头和扬州水产养殖基地。

2015年9月，时任总理、人民进步党主席基尔曼应邀出席中国人民抗日战争暨世界反法西斯战争胜利 70 周年纪念活动，在北京受到习近平主席亲切会见。基尔曼在广州与广东省有关部门就如何制定经济和社会发展规划进行了交流，参观了国际海洋博览会，考察了顺德城市交通管理和城市消防体制。他还在大连参观了旅顺海参养殖基地，在北京参观了中国人民抗日战争纪念馆、北京城市规划馆和北京大学人民医院。

2014 年 11 月和 2018 年 11 月，习近平主席先后利用在斐济和巴布亚新几内亚与 8 个太平洋建交岛国领导人举行集体会晤之际，与瓦时任总理纳图曼和现任总理萨尔维举行双边会见，宣布建立相互尊重、共同发展的全面战略伙伴关系，将中瓦关系提升到新的高度。

2019 年 5 月 26—31 日，萨尔维总理对中国进行正式访问，外交部长雷根瓦努等陪同访华。习近平主席在会见萨尔维时，再次高度评价两国关系，指出中瓦关系已经成为中国同太平洋岛国关系的典范。习主席表示，中方赞赏瓦方坚持奉行一个中国政策，支持瓦方自主选择适合本国国情的发展道路。双方要保持高层交往势头，交流治国理政经验，增进政治互信，以签署共同推进"一带一路"建设合作规划为契机，加强战略对接，深挖合作潜力，拓展各领域务实合作。习主席还指出，中国秉持正确义利观和真实亲诚理念同太平洋岛国加强团结合作。中国在岛国没有私利，不谋求所谓"势力范围"，将永远做岛国信赖的好朋友、好伙伴。

萨尔维总理此次访华期间，还与李克强总理举行正式会谈，双方共同见证了多项中瓦双边合作文件的签署。两国发表的《联合新闻公报》充分反映了中瓦双方在联合国改革、气候变化、支持多边主义、加强双边关系、推进"一带一路"建设、构建人类命运共同体等重大问题上的共识和主张。

通过中瓦间密集的高层交往，特别是习近平主席多次与瓦主要领导人深入交谈，他们对中国改革开放 40 多年来所取得的伟大成就有了更加全面的感受，对中国的外交政策和"一带一路"倡议有了更加深刻的理解，对坚持一个中国原则有了更加明确的认识，对学习中国共产党治国理政实践、借鉴中国发展经验、推动双边各领域务实合作有了更加坚定的信心。

正如萨尔维总理在2019年5月访华时所说，瓦努阿图高度重视对华关系，赞赏中国在全球事务和经济治理中发挥的重要作用，钦佩中国坚持国家无论大小、贫富、强弱一律平等，感谢中方长期以来根据瓦方实际需要给予的真诚帮助。瓦方坚定奉行一个中国政策，支持中国政府为实现国家和平统一所做的努力，愿同中方在共建"一带一路"、落实联合国2030年可持续发展议程、应对气候变化等领域加强合作，不断推进双方在贸易、投资、基础设施、电信等领域合作，推动瓦中全面战略伙伴关系不断向前发展。

第二，加强互利互惠的经贸交往，提供瓦方急需的经济援助，是巩固双边关系的重要基石和纽带。

1982年中瓦建交以来，双边经贸往来由小到大，贸易额不断增长，2015年已达5000万美元。中国向瓦努阿图出口的主要商品为服装、钢铁结构件、机电产品、汽车和燃料油。中国从瓦努阿图进口的商品主要有海产品、咖啡、椰干、诺丽果汁等。中国对瓦投资则以私人为主，包括海产品加工、油棕种植、海水养殖、畜牧业、旅游业、餐饮和批发零售业。

针对瓦努阿图经济社会发展严重落后的情况，中国政府根据瓦政府和人民的需求，提供了包括基础设施建设、轻工业在内的成套经济援助项目。

1990年3月，中国援建的瓦努阿图议会大厦项目开工，1991年12月竣工移交。该项目占地2.3万平方米，包括议会大厅、议长和议员办公区、秘书处办公区以及宴会厅等。该项目是中瓦建交后中方援建的第一个大型成套项目。它不仅使瓦议会在国家独立10年后终于有了永久办公场所，而且成为首都维拉港重要的标志性建筑。

1996年至2014年，中国先后两次援建位于首都的南太平洋大学埃马路斯校区扩建工程，修建了理化试验室、语言教室、图书馆、教室、小型体育馆、教师办公室、师生宿舍和餐厅，总面积达1万多平方米。该校区是瓦唯一一所全日制大学。中国的援建为瓦高等教育发展创造了有利条件，得到瓦政府和南太大学总部的高度评价。

2003年12月，中国援建的瓦努阿图农学院在北部桑托岛开工建设，2005年3月竣工移交。这是一所中专性质的专科学校，建筑面积4000多平方米，由教学综合楼、学生和教工宿舍、图书馆、餐厅与试验农场等组成。该校建成以来，与中方开展各种形式的培训项目，包括中方农业专家来校讲学、组织教师和学生赴华培训，为瓦方培养了大批农业人才，提高了当地农民水稻生产和畜牧业养殖水平，促进了农业、畜牧业的发展。

2007年12月，由江苏省建工集团承建的瓦努阿图海产品加工厂项目在首都维拉港开工，2009年6月竣工移交。该项目建筑面积2600平方米，包括现代化的加工车间、冷冻仓库、制冷及配套设施、变电站、污水处理系统、生产办公用房等。这一项目的投产将有助于瓦努阿图丰富的金枪鱼资源的开发与利用，以提高其出口附加值。

2013年1月，时任中国商务部副部长钟山和瓦努阿图总理基尔曼、副总理利尼共同出席了中国援建瓦努阿图国际会议中心奠基仪式。该项目包括能容纳1000多人的会议大厅、三个多功能会议室和容纳600人的宴会厅等，具备同声传译、电影放映、文艺演出、举办展会等功能，充分满足了瓦努阿图举办大型国际会议和活动的需求。2016年1月工程竣工后，瓦努阿图时任总统朗斯代尔兴致勃勃地参观了中心各个场所，并出席了中国驻瓦使馆在此举行的"欢乐春节"文艺晚会，与瓦民众共同观看了中国"九三阅兵"纪录片。2017年11月，中瓦双方签署了国际会议中心技术合作项目换文，为中心今后的维护使用提供技术保障。

2015年2月，瓦方利用中国优惠贷款进行的桑托岛卢甘维尔市码头改扩建项目开工，瓦努阿图时任总理纳图曼和副总理利尼出席了开工仪式。该码头为深水港，原长200米，是美军在二战期间所建，但由于长期海水侵蚀，年久失修，一部分已经坍塌。承建此项工程的上海建工集团克服原材料短缺、水下地质条件复杂、高温高盐等困难，利用国内大型浮潜船运来先进的钢管沉桩等机械设备，对码头进行扩建改造。在中瓦员工的共同努力下，该项目于2017年8月提前半年竣工移交。改造后的新码头将原有泊位延长至320米，新建了游客入出境大厅，可同时停靠两艘1万吨级货轮或一艘10万吨级邮轮，码头年吞吐量将保持15%的增长，这不仅增强了瓦努阿图的航运能力，而且大大提高了大型邮轮停靠的安全性，为瓦努阿图北部经济和旅游业的发展创造了良好条件。

2015年4月，利用中国优贷方式援建的瓦努阿图道路修复项目正式启动，该项目由中国土木工程公司设计承建，共计45公里，其中塔纳岛30公里，马勒库拉岛15公里。塔纳岛是瓦努阿图著名的亚瑟活火山所在地，是国际知名的旅游胜地。马勒库拉岛有着丰富的海洋资源，在农业和渔业等方面具有很大开发潜力，但迄今没有一条像样的公路。塔纳岛公路于2015年4月开工，马勒库拉岛公路于2016年4月启动。瓦努阿图政府将此项目视为继桑托岛码头项目后政府最优先的工程，萨尔维总理曾多次前往施工现场视察，对项目进展、施工质量和中国公司在当地所表现的社会责任给予高度评价，强调项目建成后，将为当地消除贫困，带动农业和旅游业的发展做出积极贡献。目前，整个项目进展顺利，按照计划将于2019年全部完工。

2016年3月，为帮助瓦努阿图政府承办南太平洋运动会，中国援建的瓦首都综合体育场改造项目开工。该体育场原为法国于20世纪70年代初所建，经过30多年使用，已经破败不堪。该项目由中土南太有限公司设计和施工，于2017年10月竣工移交。改造后的项目包括一个室内综合体育馆、一个标准田径赛场（含一个足球场）和若干训练场地。2017年12月，有2000多名运动员和教练员参加的南太平洋运动会在此成功举办。中国承建的高质量场馆及设施，保证了运动会的顺利举行，为瓦努阿图在南太地区赢得广泛赞誉。

2016年5月，由中建集团承建的瓦努阿图总理府扩建项目开工建设。瓦努阿图独立后，总理府一直使用的是英法共管政府留下的简陋平房，早已无法满足政府工作和对外交流的需要。扩建的总理府为两层办公楼，包括总理办公室、多功能会议厅、若干小型会议室和工作人员办公室。2017年8月30日，该项目举行竣工移交仪式，瓦努阿图总统摩西、总理萨尔瓦维、副总理兼旅游和商务部长纳图曼等出席。他们对参与项目建设的两国建筑工人的辛勤付出表示衷心感谢，盛赞该项目功能完善、宽敞明亮、质量可靠，是瓦中友谊的又一象征。

2016年8月1日，中国援建的首都马拉坡学校扩建项目开工，瓦总理萨尔维为项目奠基，瓦副总理纳图曼、内阁部长和学校500余师生出席了开工仪式。马拉坡学校是瓦著名的寄宿制学校，学生来自各个岛屿，瓦很多政党领导人和各类人才都毕业于该校。学校建于英法殖民统治时期，早已年久失修，根据瓦政府强烈请求，中方决定以无偿援助方式扩建该校。扩建项目包括教学楼、实验楼、办公楼、宿舍楼、食堂和体育训练场等，总面积1万多平方米，是中国在南太地区实施的最大援建项目。经过两年施工，该项目于2018年9月13日举行移交仪式，瓦总理萨尔维和多位政府部长、当地酋长、马拉坡学校教师员工及家长共近千人出席。萨尔维总理诚挚感谢中国政府和人民长期以来对瓦提供的无私帮助，称赞扩建后的马拉坡学校已成为南太地区基础教育阶段最大的校区，瓦方将利用好这一民生项目，切实促进教育事业发展。

由于瓦政府资金短缺，首都国际机场和两个外岛机场跑道与设备长年失修，严重影响航空飞行安全。2016年8月，新西兰航空公司宣布停止对瓦航线的运营，给瓦旅游业发展造成严重影响。2017年3月，中土南太有限公司凭借在瓦多年良好形象以及过硬的施工实力，成功中标由世界银行提供贷款的瓦努阿图机场跑道修复改造项目。该项目总金额近6000万美元，包括首都维拉港国际机场和两个外岛机场改造标段。这是中国公司首次中标世界银行在瓦项目。该项目启动以来，中土公司采取不停航施工方式，对三个机场展开改造施工，预计整个工程将于2019年完成。

2017年7月和11月，中土南太有限公司中标由亚洲开发银行出资的埃法特岛环岛公路一期和二期修复改造工程。该工程合同总额768万美元，工期300天。这是中土公司继世界银行机场改造项目后中标的又一国际机构投资项目，表明中国公司在瓦开展的基础设施建设不仅赢得瓦努阿图政府和人民的高度赞誉，也日益受到国际社会的好评和重视，为"一带一路"倡议在南太平洋地区走深走实开辟了广阔前景。

从上述介绍可以看出，中瓦经贸合作完全是从瓦经济社会发展的迫切需要起步和展开的。双方合作项目既有公路、码头、机场、议会大厦、会议中心等基础设施，也有水产品加工厂、学校、体育场等生产和民生项目；既有利用中国无偿援助和优贷方式进行的项目，也有中标世行、亚行等国际资金开展的工程。这些项目的建成，绝不像一些西方国家所说的"增加了瓦努阿图的债务负担"，是什么"白象工程"，而是极大地改变了瓦独立后长期穷困、落后的面貌，推动了当地经济社会发展，带动了劳动力就业和国民素质的提高，改善了人民生活，得到瓦历届政府和人民的高度评价。

第三，积极推动议会、政党、军队、民间全方位交流，开展医疗、教育、体育、救灾等领域合作，不断夯实两国关系的民意基础。

中瓦建交以来，中国全国人大、全国政协多次派出高级代表团访瓦，交流两国治国理政经验；中联部与瓦各主要政党陆续建立党际关系，并邀请瓦方来华学习、参观，全面了解中国改革开放的伟大成就；全国友协及上海、广东等省市与瓦中友协及瓦有关省、市建立友好关系，设立教育专项奖学金，派出眼科专家、文艺团体送医送药和举行文艺演出，提供市政建设设备、电影放映机等急需用品，向残疾人捐助慈善物资，增进了双方的了解和各层级的友谊。

中瓦建交以来，中国人民解放军和瓦努阿图军队互派高级代表团开展军事交流活动，瓦机动部队官兵多次受邀来华学习进修。2015年9月，瓦努阿图军事代表团应邀来华出席纪念抗日战争暨世界反法西斯战争胜利70周年纪念活动，瓦机动部队代表队还参加了在天安门广场举行的阅兵仪式，在瓦引起巨大反响。2014年和2018年，中国海军"和平方舟"号医疗船先后两次赴瓦送医送药，进行各类手术近百台，门诊接待2000多人，展现了中国军队国际主义和人道主义的良好形象。

针对瓦努阿图缺医少药的情况，中国政府自1993年起分别向瓦努阿图桑马省和首都维拉中心医院派出两支医疗队，为瓦人民提供医疗服务。20多年来，一批又一批中国医疗队员发扬大爱无疆的中国医疗队精神，在艰苦的环境中克服各种困难，医治了无数病患，挽救了大批生命，成为瓦努阿图医疗卫生事业的骨干力量，得到瓦人民和政府的高度赞誉与表彰。

中瓦建交以来，中国向瓦提供了各种形式的留华奖学金，招收瓦学生以及政府、私营部门官员和技术人员来华学习，特别是 2014 年以来，奖学金名额有了较大增长，来华学习的专业涵盖理、工、农、医、经济、工商管理、语言、旅游等不同领域。2016 年初，首批 6 年制医学本科毕业生学成回国，成为瓦医疗卫生领域重要生力军。截至 2018 年，从中国学成回瓦的各类留学人员已达数百人，他们当中包括经济学博士、工学硕士以及大批具有专业资质的人才，不仅在国家建设中发挥着重要作用，而且成为联系中瓦友谊的纽带和桥梁。中国除了招收留学生外，还于 2010 年起向首都瓦维拉中心学校和法语学校派出汉语教师，在瓦开展中文教学。2015 年 5 月，由北京邮电大学负责的南太大学孔子学院在瓦努阿图校区正式设立孔子课堂，派出常驻教师开展中文教学，传播中国文化。目前，中国在瓦汉语教学活动涵盖从小学到大学整个教育体制，学习中文的学生数量不断增加。

为帮助瓦努阿图发展体育事业，中瓦于 20 世纪 90 年代就开展了乒乓球教练技术合作项目，至今已经完成 12 期。在历任中方教练悉心指导下，瓦努阿图乒乓球运动水平得到迅速提高，在大洋洲重大比赛中取得突出成绩，成为唯一代表瓦努阿图参加北京和伦敦奥运会的运动项目。2017 年 6 月，为备战于当年 12 月在瓦举行的南太平洋运动会，中国接受瓦方 190 名运动员来华进行 5 个月的专业训练，涵盖田径、柔道、拳击、乒乓球和沙滩排球等多个项目。此外，中国还派出由 12 名教练组成的专家组赴瓦进行现场指导。在中瓦双方共同努力下，瓦努阿图代表团在此次运动会上共获得 76 枚奖牌，取得历史性突破，在瓦民众特别是青年一代中产生巨大影响，有力推动了瓦努阿图体育事业的发展。

2015 年 3 月 13 日，30 年不遇的超强飓风"帕姆"袭击瓦努阿图，造成重大财产损失和人员伤亡。在这一危难时刻，中国政府和人民在第一时间伸出援手，租用 5 架包机，飞行上万公里，及时将食品、帐篷、防水篷布、发电机等价值 3000 万元人民币的救灾物资运抵维拉港，为瓦人民恢复家园、生产自救提供了宝贵帮助，受到瓦努阿图政府和人民的高度赞誉。

2018 年 11 月 9 日，中瓦两国政府正式签署《中华人民共和国政府与瓦努阿图共和国政府关于共同推进"丝绸之路经济带"和"21 世纪海上丝绸之路"建设的谅解备忘录》。根据这一文件，双方将在"一带一路"框架内，进一步加强各层级交往，开展贸易投资、基础设施建设、交通通信、文教卫生等领域合作，实现共同发展。萨尔维总理在签字仪式上表示，习近平主席提出的"一带一路"倡议作为重要国际合作平台，为世界各国提供了巨大发展机遇。瓦地理位置优越，旅游业、农业发展潜力巨大，瓦愿以加入"一带一路"建设为契机，同中方一道不断增强战略互信，深化务实合作，推动两国关系再上新台阶，推动各领域合作不断取得丰硕成果。

瓦努阿图地处"21 世纪海上丝绸之路"延伸地带，是亚太大家庭的重要成员。加强中瓦两国友好交往，支持瓦努阿图国家建设和可持续发展，推动两国互利共赢，符合两国人民的共同愿望和利益，也有利于南太地区的和平、稳定与繁荣。相信在两国政府和人民的共同努力下，在"一带一路"重要倡议引领下，中瓦关系一定能够开创更加美好的未来。

浅谈密克罗尼西亚联邦的主要特点[*]

张卫东[**]

太平洋岛国就像一颗颗璀璨的珍珠撒在浩瀚蔚蓝的太平洋上，密克罗尼西亚联邦便位列其中。密克罗尼西亚联邦既有岛国的共性，又有自己的独特性，主要特点是：岛屿众多，海洋专属经济区广阔；历史悠久，崇尚政治独立；文化独特，民风淳朴善良；人民勤劳，努力发展经济；热爱和平，寻求国际合作；对华友好，中密关系稳定。

一、岛屿众多，海洋专属经济区广阔

密克罗尼西亚联邦简称密联邦、密克罗尼西亚或密克，英文全称 the Federated States of Micronesia，缩略语为 FSM。Micronesia 一词源于希腊

---

[*] 本研究报告为个人观点。撰写过程中，主要参考了《世界知识年鉴》、中华人民共和国外交部网站、中国驻密克罗尼西亚联邦大使馆网站、密克罗尼西亚联邦政府网站、360 搜索网和百度网站以及社会科学文献出版社 2018 年 6 月出版的《太平洋岛国旅游之密克罗尼西亚》和密克罗尼西亚联邦教育部 2010 年出版的《跨越海洋和时间：密克罗尼西亚历史》。另外，还咨询了一些同事，参阅了其他零散材料，在此一并感谢。

[**] 张卫东，中华人民共和国驻密克罗尼西亚联邦前大使。

语，意为"小岛群岛"。密联邦位于赤道以北中西部太平洋地区，属密克罗尼西亚岛群中的加罗林群岛。陆地面积702平方公里，由607个大小岛屿构成。岛屿为火山型和珊瑚礁型，其中65个岛屿有人居住。密联邦以4个大岛——波纳佩岛（Pohnpei Island）、丘克岛（Chuuk Island）、雅浦岛（Yap Island）和科斯雷岛（Kosrae Island）为主，设立了4个州（States）。首都是帕利基尔（Palikir），位于全国最大的州——波纳佩州。

密联邦的陆地面积虽小，但海域面积名列世界前茅，是一个海洋大国。密联邦东西延伸2500公里，海岸线长6112公里，海洋专属经济区面积达298万平方公里。

密联邦所处的地理位置使其享有典型的热带海洋性气候，12月到翌年3月为旱季，4—11月为雨季，一年中气温变化不大，年均气温维持在27℃。全国湿润多雨，年降雨量约2000毫米。波纳佩州是世界上降雨量最多的地区之一，年降水量超过7000毫米。密联邦每6—8年出现一次海水温度异常导致的厄尔尼诺现象。

密联邦是台风的发源地，台风在密联邦海域积聚形成后，便移往他处。当地人诙谐地表示，他们最大的出口是台风。但近几年，密联邦也遭受台风影响。波纳佩州有记录以来的最早台风发生在1957年12月。全国纪录最大的一次台风发生在1991年11月25日，风速高达32.9米/秒。最近的纪录是2015年3月密联邦雅浦州和丘克州遭受台风侵袭。

辽阔的海域为密联邦带来丰富的渔业资源。密联邦是世界著名的金枪鱼、蟹、贝类、龙虾等海产品的产地。大量的降雨为密联邦带来丰富的淡水。因此，密联邦还盛产淡水鳗、河虾等。如何有效保护、开发和利用这些资源，是密联邦的重要任务。

密联邦海洋旅游资源世界闻名。岛屿多为珊瑚堤礁所包围，许多隘口、通道将岛屿与大洋相连。岛的四周，珊瑚礁绵长，海水晶莹，清澈见底，各种深海鱼类五光十色。岛外海面宽阔，波涛滚滚，吸引着世界各国的潜水、冲浪爱好者和观光游客。

密联邦广阔的海底还蕴藏着丰富的矿产等自然资源，有待勘探、开发和利用。

二、历史悠久，崇尚政治独立

密联邦历史悠久，曾历经磨难，先后被几个国家占领。据学者研究，早在四五万年前的冰川时期，海平面降低，密克罗尼西亚人的先祖便通过陆桥从东南亚来此定居。大约 5000 年前，来自日本、中国、菲律宾群岛的蒙古人种到达雅浦岛及其周边岛屿，随后又有部分美拉尼西亚人和波利尼西亚人迁入。该地区曾经建起一个以雅浦为中心的经济和宗教帝国——密克罗尼西亚帝国。12 世纪中期，波纳佩岛上建立了绍德雷尔王朝（Mwehin Sau Deleur）。王朝第一位统治者奥罗帕索在波纳佩岛东部建立了大型的政治和宗教中心南玛都尔（Nan Madol），开始了世袭统治。后因宗教矛盾，绍德雷尔王朝被推翻。

16 世纪，西方航海者发现并踏上这片土地，列国先后占领并实行殖民统治。首先是葡萄牙人在寻找东印度群岛时经过此地，接着是西班牙人到达。19 世纪中期，英、美、德等国先后在此设立贸易点。1885 年，西班牙占领密克罗尼西亚，由其殖民地之一菲律宾管理。1886 年，西班牙人在雅浦岛设立管理总部，与早在几十年前就已在当地贸易中占据优势的德国人发生矛盾。经教皇裁决，德、西在该岛共存，西班牙人控制政府，德国人控制经济。1899 年 2 月，西班牙与德国签订了《西德条约》，将密克罗尼西亚地区卖给德国，德国开始了殖民统治。

第一次世界大战期间，日本进入此地。1914 年，日军先后占领雅浦岛、马绍尔群岛、加罗林群岛和北马里亚纳群岛，德国的殖民统治宣告结束。

第二次世界大战时期，密克罗尼西亚地区成为太平洋战争的重要战场，美、日军队在马里亚纳群岛进行了数场激烈的战斗。二战后，美国将所有外国势力赶出密克罗尼西亚地区。1947年，联合国通过决议，将密克罗尼西亚交给美国托管。后来，密克罗尼西亚与马绍尔群岛、北马里亚纳群岛和帕劳构成太平洋岛屿托管地的政治实体。1965年，密克罗尼西亚成立议会。1969年，密克罗尼西亚开始就未来政治地位问题与美国进行正式谈判。1979年5月10日，波纳佩、丘克、科斯雷和雅浦4个行政区通过了宪法，成立密克罗尼西亚联邦。1982年，密克罗尼西亚联邦与美国签订《自由联系条约》。根据《自由联系条约》，密克罗尼西亚联邦获得内政和外交的自主权，其安全防务在15年内由美国负责。该条约于1986年11月3日生效，标志着密联邦正式独立。2003年，密美双方就《自由联系条约》续约一事达成协议，将该条约延长20年，2004年5月起生效，至2023年失效。1990年12月，联合国安理会通过了终止太平洋托管领土协定的决议，正式结束了密克罗尼西亚联邦的托管地位。1991年9月17日，联合国接纳密克罗尼西亚联邦为正式会员国，密联邦成为最重要国际组织的一员。

迄今，除了地方土著语，英语已成为密联邦官方语言，另外还有不少人会说西、德、日等语言。人们既可看到"纳马杜"古城堡和"石币银行"等古迹，也可在山顶和海底见到战时的大炮与舰船的残骸，它们是密联邦历史的见证。

独立后，密联邦的行政区划为4个州：从西往东依次为雅浦、丘克、波纳佩和科斯雷。国家实行联邦总统制。政府分为国家、州、地方三级。根据宪法，总统既是国家元首，又是政府首脑，享有任免权、赦免权、参与立法权和外交权。总统由国会议员从国会4位4年期议员中选举产生。年满30岁，且成为密克罗尼西亚联邦公民至少15年并在所处选区居住5年以上者，具有总统候选人资格。现任总统是戴维·帕努埃罗，2019年5月11日当选，是密联邦独立以来的第九任总统。

密克罗尼西亚联邦没有政党，国会实行一院制，由14名议员组成。其中4名任期4年，是"全任期"议员，分别从4个州选出；另外10名议员按人口比例分别从各州共10个单一选区中选出，任期2年。国会享有立法权，以及国家防御、缔结条约、出入境和国籍管理等一系列权力。当总统、副总统或最高法院法官发生叛国、贿赂、贪污等行为时，国会有权对其进行弹劾。密联邦目前的国会是第21届，于2019年5月11日正式选举组成。议长为韦斯利·西米纳，副议长为埃斯蒙德·摩西斯。

密联邦政府下设外交部，资源及发展部，交通、通信及基础设施部，财政及行政事务部，卫生及社会事务部，司法部和教育部等。各部部长由总统提名并经国会批准后任命，同时组成联邦内阁，内阁成员不从议员中选任。现在内阁主要成员有副总统尤斯沃·乔治，外交部长洛林·罗伯特，资源及发展部长马里恩·亨利，卫生及社会事务部长玛格达莱娜·沃尔特，交通、通信及基础设施部长卢克诺·威尔巴克，财政及行政事务部长辛娜·劳伦斯，司法部长约瑟·盖伦，教育部长卡尔文·凯法斯，环境、气变及突发事件管理部长安德鲁·亚提曼等。2019年5月密联邦举行了新一轮大选，总统帕努埃罗将提名组成新内阁。

密联邦的司法权属于最高法院和依法设立的各地方法院。司法权与立法权、行政权在国家和州一级均予以划分。密联邦首席大法官为终身制。现任大法官丹尼斯·雅马斯于2015年7月任命。

密联邦独立以来，政局稳定，更替有序，社会比较和谐，治安状况良好。

三、文化独特，民风淳朴善良

截至2017年，密联邦的人口为10.55万。主要民族是密克罗尼西亚人，占97%，亚洲裔人占2.5%，其他人占0.5%，华人华侨数十人。密克罗尼西亚人分为很多支系，如丘克人、波纳佩人、莫特劳克人、克斯雷人、雅浦人等。在历史的发展进程中，他们形成了独特的文化和习俗。

一是根据自己的信仰选择宗教。密联邦没有官方宗教，人们可以自由选择信仰。绝大多数人为基督教徒，其中罗马天主教徒占50%，新教徒占47%，其他教派信徒和不信教者占3%。由于历史上受欧洲的影响，密克罗尼西亚西部靠近菲律宾，天主教徒较多，东部新教徒较多。密联邦宗教活动频繁，教会得到信众的广泛支持，在社会生活中起着重要作用。历史上，不同宗教或教派信众之间也发生过冲突，但现在所有公民平等地享有宪法保障的信仰自由，各教信众和平共处。

二是使用各自土著语言。密联邦的官方语言是英语。但是，目前密联邦仍有8种土著语言在使用，分别是科斯雷语（Kosraean）、丘克语（Chuukese）、波纳佩语（Pohnpeian）、雅浦语（Yapese）、尤里希语（Ulithian）、沃雷艾语（Woleaian）、努库奥罗语（Nukuoro）、卡平阿马朗伊语（Kapingamarangi）。各州内部交流，包括召开州议会等活动，都使用自己的语言。由于各州之间方言不通，跨州居民交流时会使用英语。召开联邦议会时，使用英文。

三是尊崇传统领袖。雅浦州、丘克州和波纳佩州三州宪法均承认本州传统领袖（类似于酋长）至高无上的地位和世俗。科思雷州没有传统领袖。传统领袖享有相当大的权力和威望。举行重大活动时，传统领袖均入坐最重要的贵宾席。传统节日时，传统领袖入席上座，晚辈要单腿跪地低头向其敬献食物。其中一个重要仪式是由专人榨制萨考汁。晚辈献物时，不得抬头直视传统领袖，未经允许，不得在传统领袖和长者面前喝酒抽烟。

四是保留各自风土人情。密联邦实行一夫一妻制。在公共场所，妇女要轻声慢语、少讲话。外国女游客游泳上岸后不得穿比基尼泳装招摇过市。妇女受到特别尊重，不得同其随便开玩笑。妇女多穿连衣裙。雅浦州传统舞蹈的女性表演者一般赤裸上身，不得对其随意拍照。在雅浦州有专门的男人屋（一种用草搭建的长方形高脚屋），是传统领袖训话或商量本族大事的场所。议事时，传统领袖端坐上座，中间放有烤肉用的大火盆，男人们围坐四周，女人不得入内。女人则有单独的女人屋，男人不得入内。

密联邦人爱吃烧烤食物，如烤鸡翅、烤鸡腿、烤鱼、烤大虾、烤牛排、烤猪排和烤猪腿等，举行重大仪式时，还会烤全猪，很多人有用槟榔夹着石灰粉和烟叶咀嚼的习俗。波纳佩州人有喝萨考酒的习惯。当地人请吃饭，一般准备的量较大，饭后把剩余食品打包让客人带走，以示真诚和尊重。密联邦社交场合穿着较为随意，花衬衣是岛国最常见的正式服装。除非重大节日和宗教活动等正式场合有特别要求外，当地人一般不穿西装套服，不系领带。科斯雷州通常在周末进行宗教活动，活动期间禁止在公共场所饮酒或进行其他娱乐活动。

密联邦的歌、舞以及手工艺品编织、雕刻和制作都富有民族特色。传统的草裙舞、竹竿舞，舞姿优美，青年男女光着上身，围上草裙，跟着节奏感很强的音乐，且歌且舞，令人陶醉。最具代表性的手工艺品是爱情木（Love Stick）和魔鬼面具（Devil Mask）。根据丘克的传统，每个年轻的男性都会有两根个性化且长短不一的爱情木，他们会在上面雕刻相同的图案。短的爱情木用来梳理自己的头发，长的爱情木送给心仪的女子。如果男子喜欢女子，就把长的爱情木插进女子的小屋；如果女子也喜欢男子，就会把爱情木拉进去，暗示男子可以进去；如果女子把爱情木推出去，则表示对该男子没有兴趣。丘克魔鬼面具的历史由来已久。传说，在托尔岛（Tol Island）上有一个魔鬼经常偷取岛上居民的食物，于是岛民就制作了看起来更恐怖的魔鬼面具来震慑魔鬼。魔鬼再次出现时，发现岛上到处是"魔鬼"，吓得再也没有出现。制作魔鬼面具的传统习俗就此流传下来。

土地是密克罗尼西亚人重要的家庭私有产业。人们进入当地居民的私有领地应提前获得主人许可，最好有当地向导陪同，否则可能被视为冒犯或侵权。

五是庆祝特色节日。密联邦的节日主要是宗教节日和历史纪念日。有不少节日具有独特的本地特色。3月1日的雅浦日是密联邦最重要的节日之一。这一天会有草裙舞、木棒舞（the Stick Dance）等传统舞蹈表演。5

月10日为宪法纪念日，是为了纪念丘克、科斯雷、波纳佩和雅浦4个行政区批准正式组成密克罗尼西亚联邦宪法草案这一事件而设立的节日。在雅浦州，联合国日是一个重大的节日。10月24日这一天，所有的学校、政府机构以及几乎所有的私人组织都要放假。1986年11月3日，密联邦与美国签订的《自由联系条约》正式生效，11月3日由此成为密克罗尼西亚联邦的独立日。这一天，密联邦举国同庆。

四、人民勤劳，努力探索经济发展之路

密联邦是一个年轻的国家，经济基础差，发展水平低，经济生活主要以村落为单位，国内缺乏有效的市场机制和良好的投资环境，经济发展长期严重依赖外援，对外贸易逆差严重。密联邦没有本国货币，通用美元，物价偏高。2017财年国内生产总值3.47亿美元，人均国内生产总值3400美元，国内生产总值增长率为2%，通货膨胀率为0.91%。密联邦文盲率为11%，人均预期寿命为71.23岁，城市人口只占22%。但密联邦人民不甘落后，希望发展经济，追求幸福生活。密联邦政府和人民努力采取各种措施，推动密联邦经济社会发展取得新成就。

一是加强基础设施建设。密联邦岛屿众多，岛屿之间的交通方式主要有空运和海运。密联邦境内机场可供波音737飞机起降，各州均有小型国际机场。美国联合航空公司、巴布亚新几内亚航空公司、瑙鲁航空公司每周有数次航班来往于关岛、夏威夷、马绍尔、布里斯班、莫尔斯比港、波纳佩、丘克、雅浦和科斯雷。各州的港口均可停靠远洋级货轮。主要港口包括波纳佩港（Pohnpei Port）、科洛尼亚（Colonia）、莱莱（Lele）、莫恩（Moen）。联邦政府拥有3艘800吨级以上轮船定期来往于各州（岛），其中2艘为日本赠送。各州政府共有4艘600吨左右的客货两用轮。中国政府分别于2004年10月和2007年2月向密联邦丘克州和雅浦州各提供一艘

客货两用船。密联邦的公路运输较为落后，全国公路长约 240 公里，而且没有铁路。密联邦建有电话、电报、互联网、邮政和地面卫星设施。2010 年 3 月，关岛与波纳佩州间的海底光缆已接通。2014 年，波纳佩州开通 3G 网络服务。密联邦已启动基础设施建设和发展项目。目前，密联邦政府正在积极配合世界银行进行密联邦各州和帕劳之间的海底光缆互通工程。基础设施的建设与完善将为当地旅游业、种植业、渔业等关键部门的投资创造良好的环境。

二是搞好"三大支柱"产业。密联邦工业落后，只有少量加工工业，如渔产品加工厂、制皂厂、椰油加工厂和成衣加工厂。建筑和机械修理行业大部分由外国人经营。在国家经济发展规划中，密联邦把种植业、渔业、旅游业作为经济的"三大支柱"，大力鼓励私有经济，促进经济全面发展。

农业是密联邦经济的重要组成部分，但生产方式落后。密联邦不种植粮食作物，粮食和生活用品均依赖进口。主要的农产品有椰子、香蕉、面包果、槟榔、木瓜、菠萝、胡椒、芋头等；其中，胡椒质量较优，多出口国外。密联邦鼓励国民积极发展种植业，扩大出口，促进增收。

密联邦旅游资源丰富，不仅热带风光秀丽，且保存着独特的民族传统文化和风俗。纳马杜古城堡、"石币银行"等古迹保存较好。在密联邦政府的积极争取下，2016 年纳马杜遗址被列入世界历史文化遗址。密联邦海域宽阔，是世界著名的潜水和冲浪胜地。2015 年，密联邦入境外国游客近 1.2 万人次，主要来自美国（37%）、日本（19%）、欧洲（13%）、澳大利亚和菲律宾等。近几年，中国游客逐渐增多。目前，密联邦正在积极改善基础设施，以进一步促进旅游业的发展。

密联邦发展海洋经济和海洋产业，具有得天独厚的条件。渔业是密联邦传统产业，其名贵深海鱼种金枪鱼的产量占世界产量的 70%，位列全球之冠。密联邦海域的金枪鱼每条轻则几十公斤，重则近百公斤。金枪鱼肉质肥嫩，口感极佳。密联邦的螃蟹每个都在一公斤以上，味道鲜美。密联邦积极参与国际合作，加强对本国渔业资源的保护管理和开发利用，提高渔业产品的生产能力。

三是重视发展教育事业。密联邦宪法规定对5—14岁儿童实行强制性义务教育，政府每年在教育上投入的经费占年度预算的20%左右。密联邦有一所联邦专科学院（COM-FSM），4个州各有一所分校，在校学生2400多名，教师约100名，雇用部分外籍教师。密联邦有公立学校218所，私立学校25所，在校学生约3万人，占全国人口的近1/3。密联邦政府高度重视教育，这有利于培养人才，推动经济社会的全面发展。

五、热爱和平，寻求国际合作

在发展对外关系时，密联邦奉行"和平、友谊与合作"的原则。政治上，积极争取国际社会的广泛承认，树立独立自主形象；经济上，努力谋求国际经济技术援助，推动经济自立的进程。目前，密联邦已同86个国家建交，是联合国、世界卫生组织、国际奥委会、太平洋岛国论坛、太平洋共同体、亚太经社理事会、亚洲开发银行、国际民航组织等19个国际和地区组织的成员。

近几年，密联邦积极举办国际会议，体现国际存在感。1991年7月和1998年8月，密联邦成功举办了第22届和第29届太平洋岛国论坛首脑会议。1997年9月，密联邦主办了太平洋区域环境署（SPREP）第六次会议。2016年9月，密联邦主办了第47届太平洋岛国论坛系列会议。2017年8月，密联邦主主办了第17届密克罗尼西亚地区领导人会议。密联邦还成功争取到《中西部太平洋高度洄游鱼类养护和管理公约》委员会总部设在其波纳佩州，提高了密联邦的国际地位。

密联邦一直高度重视与主要国家的关系，努力营造良好的国际环境。

（一）同美国的关系

密联邦受美国占领和托管多年，同美国有特殊关系。密联邦在美国华盛顿设有使馆，在夏威夷和关岛设有领事馆。美国在密联邦也设有使馆。密联邦接受的外援主要来自美国。根据《密美自由联系条约》，美国向密联邦提供经济援助，同时逐步建立信托基金。密联邦的国防由美国负责。密联邦不得允许其他国家利用密领土和海域从事具有军事目的的活动。密联邦公民可自由出入美国。密联邦无军队，只有少量警察。美国是密联邦最大的进口来源国，占密进口总额的 2/3。密联邦产品可优惠向美出口。据有关统计，按照《密美自由联系条约》，美国在 1986 年至 2001 年间共向密联邦提供了 13.4 亿美元的援助。2003 年，《密美自由联系条约》续签，美承诺将在 20 年内向密联邦提供总额约 18.5 亿美元的援助，其中部分用于设立信托基金。2023 年后，美国将停止援助，密联邦将依靠信托基金自力更生。

（二）同日本的关系

密联邦与日本于 1988 年 8 月 5 日建交。2008 年，日本向密联邦派驻首任常驻大使。日本是密联邦第二大援助国和最大出口市场。密联邦极为重视与日本的关系，两国来往密切。近几年，密联邦领导人赴日频繁。2015 年 5 月密联邦总统克里斯琴出席第七届日本—太平洋岛国领导人会议，11 月访问了日本。2017 年 10 月，克里斯琴又对日本进行了工作访问。2015 年和 2016 年，密联邦议长西米纳先后赴日本出席长崎原子弹爆炸及东日本大地震纪念活动。2018 年 5 月，克里斯琴再次赴日参加第八届日本—太平洋岛国领导人会议。

(三) 同澳大利亚的关系

澳大利亚是继美国和日本之后的密联邦主要援助国，密澳于1987年7月建交。澳大利亚是最早向密联邦派出常驻大使的国家。最新的进展是，2018年6月澳大利亚外长毕晓普访问密联邦，推动两国关系进一步发展。

六、对华友好，中密关系稳定发展

密联邦与中国友好交往的历史源远流长。据2010年密联邦教育部出版的教科书《跨越海洋和时间：密克罗尼西亚历史》记载，密克罗尼西亚人的祖先有一部分来自中国，他们从中国东南沿海地区经菲律宾、印度尼西亚、马亚西亚等辗转迁徙至密克罗尼西亚及太平洋地区。中密很早就开始了经济往来。据说，600多年前明朝大航海家郑和也曾到过密克罗尼西亚地区。根据历史学家赫泽尔的研究，18世纪晚期，一些西方商人将波纳佩的海产品，如玳瑁、鱼翅等出口到中国，换取丝绸和茶叶。1986年密联邦独立后，中国成为最早承认密联邦并与之建交的国家之一。中密于1989年9月11日正式建立外交关系。1990年2月，中国在密联邦设立大使馆，1991年6月派出首任常驻密联邦大使，现任大使为黄峥。2007年4月，密联邦在中国设立大使馆，现任驻华大使为卡尔森·阿皮斯。

中国政府高度重视发展中密关系，始终将密联邦作为好兄弟、好伙伴、好朋友。近年来，中密两国政治互信不断增强，务实合作持续深化，人文交流日益密切，双方在经济、教育、文化、科技等领域密切交流，合作从小到大，硕果累累。

（一）最高领导人交往密切，指引双边关系不断迈上新台阶

2014年习近平主席对斐济进行国事访问时，在楠迪同包括密联邦时任总统莫里在内的建交太平洋岛国领导人举行集体会晤，宣布中国与太平洋岛国建立相互尊重、共同发展的战略伙伴关系，翻开了包括中密关系在内的中国与太平洋岛国关系新的一页。2017年3月，密联邦时任总统克里斯琴成功对中国进行了访问，习近平主席同克里斯琴总统就推进中密战略伙伴关系达成重要共识，为两国关系发展指明了方向。2018年11月，习近平主席在巴布亚新几内亚出席APEC领导人非正式会议期间，同包括密克罗尼西亚联邦时任总统克里斯琴在内的建交太平洋岛国领导人再次举行集体会晤，就深化中国同太平洋岛国关系交换看法，一致同意将双方关系提升为相互尊重、共同发展的全面战略伙伴关系，开创了全方位合作新局面。由此，中国同太平洋岛国关系翻开新篇章，中密关系也进入新阶段。

2018年11月16日，习近平主席在巴布亚新几内亚莫尔兹比港会见密克罗尼西亚联邦时任总统克里斯琴时指出，中方赞赏密方恪守一个中国原则，愿继续秉持正确义利观和真实亲诚理念同密方加强团结合作；希望双方落实好两国签署的共建"一带一路"合作协议，推进贸易投资、农业渔业、基础设施建设等领域合作，办好2019年中国—太平洋岛国旅游年系列活动。中方愿在南南合作框架内继续为密方应对气候变化提供支持和帮助。克里斯琴表示，密联邦重视对华关系，积极评价中国始终坚持大小国家一律平等，密克罗尼西亚联邦人民感谢中国长期以来给予的宝贵帮助。他还表示，"一带一路"倡议对本地区发展来说十分重要，密方愿同中国扩大经贸、旅游等方面合作，在应对气候变化等问题上加强沟通和协调。可以说，两国元首为中密关系长远发展绘制了新蓝图。

（二）高层互访频繁，相互了解不断增进

近年来，中方访问密联邦的副部长以上领导人有：2005年2月外交部副部长周文重、11月杨洁篪、2006年5月全国人大外事委员会副主任委员吉佩定、7月外交部长李肇星、2007年9月全国人大常委会副委员长蒋正华分别访问密联邦。2011年7月卫生部副部长王国强、2015年7月国家海洋局局长王宏先后作为习近平主席特使出席密新一届领导人就职仪式。2017年8月，全国政协副主席王家瑞、外交部副部长郑泽光先后访问密联邦。密方领导人访华的主要有：哈格莱尔加姆总统（1990年11月）、奥尔特总统（1992年9月）、法尔卡姆总统（2000年3月）、乌鲁塞马尔总统（2004年3月和2006年4月）、莫里总统（2007年12月，2008年8月出席北京奥运会开幕式，2010年4月底至5月初进行国事访问并出席上海世博会开幕式，2012年9月来华出席宁洽会，2013年出席第二届中国—太平洋岛国经济发展合作论坛并访问深圳和香港地区）、克里斯琴总统（2017年3月出席博鳌亚洲论坛年会并访华）、基里昂副总统（2002年10月和2006年7月）、阿利克副总统（2009年7月和11月，2010年8月底至9月初出席上海世博会密国家馆日活动并访问宁夏和山东，2011年10月出席第十二届中国西部国际博览会，2014年10月）、乔治副总统（2016年10月出席2016广东21世纪海上丝绸之路国际博览会、2018年9月出席第三届丝绸之路国际文化博览会）、克里斯琴议长（2005年10月）、菲吉尔议长（2008年10月访问新疆）、西米纳议长（2015年11月和2018年4月）、副议长菲利普（2006年11月）、普里莫（2010年10月底至11月初出席上海世博会闭幕式并访问云南和湖北）。此外，2006年2月，外长阿内法尔访华。2008年9月，外长罗伯特来华出席北京残奥会开幕式。

(三) 双边合作成果丰硕，贸易规模不断扩大

中密建交以来，中国根据平等相待、互相尊重、注重实效、互利共赢等基本原则，力所能及地向密联邦提供了不附加任何政治条件的援助，为密联邦人民带来了实实在在的福祉。中国的援助是真诚的、无私的，赢得了密联邦人民的高度赞赏。中国为密联邦人民修建了体育馆、学校、办公楼、桥梁、公路、沼气利用、太阳能利用等基础设施。中国在麦多莱尼姆的示范农场已经运行了 20 多年，为千家万户提高了生活和生产水平。椰子是密联邦人民的生命之树。中国专家对密联邦 4 个州的民众进行了种植椰子和防治病虫害的技术培训，为他们解决生存问题做出重要贡献。

经贸合作给两国人民带来了实实在在的利益，夯实了双边关系发展的基础。中密先后签署了《中华人民共和国政府和密克罗尼西亚联邦政府贸易协定》《中华人民共和国政府和密克罗尼西亚联邦政府经济技术合作协议》《中华人民共和国政府和密克罗尼西亚联邦政府航空运输协定》《中华人民共和国国家旅游局和密克罗尼西亚联邦资源及发展部关于中国旅游团队赴密克罗尼西亚联邦旅游实施方案的谅解备忘录》和《中国民用航空局与密克罗尼西亚联邦交通、通讯及基础设施部关于在密联邦运行中国制造航空器的型号合格证认可和持续适航谅解备忘录》。双方成立了中国—密克罗尼西亚联邦经济贸易联合委员会，就基础设施、交通、渔业、旅游及人力资源培训等领域的合作展开广泛而深入的讨论。2017 年，中密贸易总额达到 3794.3 万美元，同比增长 80%。其中，中方出口额 2628.7 万美元，同比增长 85.4%；进口额 1165.6 万美元，同比增长 69.1%。中国的电子产品、服装等日用消费品性价比高，深受密联邦消费者的喜爱。密联邦的水产品质量上乘，在中国市场广受欢迎，供不应求。截至 2016 年底，中国对密联邦直接投资存量共 1275 万美元。2017 年对密联邦非金融类直接投资 12 万美元，在密新签承包工程合同额 917 万美元，完成营业额 425 万美元。中国在密联邦企业主要从事金枪鱼捕捞、贸易、旅游和餐饮行业。这

种基于优势互补、互利共赢的合作牢不可破,能够经受住国际风云变幻的考验。

(四)地方合作蓬勃发展,人文交流日益深化

中密合作范围逐渐从基础设施建设项目和商品贸易,拓展至旅游、农业、文化、教育等各个领域。双方人员往来规模不断扩大,人文交流与合作呈现蓬勃发展态势。中国山东省和密联邦科斯雷州(1998年)、中国浙江省和密联邦波纳佩州(1999年)、中国广东省和密联邦丘克州(2011年)、中国宁夏回族自治区和密联邦雅浦州(2011年)已分别建立友好省(区)州关系。中国于2006年起向密联邦派遣汉语教师,目前还有一名教师在密克罗尼西亚联邦学院任教。2007年,密克罗尼西亚联邦学院与中国浙江海洋学院结为友好院校。截至2017年,密联邦累积已有193名学生获得中国奖学金来华留学。现有53名密联邦留学生在华学习,超过200名政府官员和专家、学者来华参加过培训。

两国文化交流十分活跃。1993年7月中国杂技魔术小组、1996年9月中国文艺演出小组、1998年8月中国河北沧州杂技团、2010年6月中国重庆杂技团、2011年2月中国宁夏艺术团、2011年7月中国广东艺术团、2011年8月中国武术代表团、2014年9月中国深圳市艺术团、2015年12月中国广东文化代表团曾分别赴密联邦访问演出。2007年9月,密联邦雅浦州歌舞团赴中国深圳参加了首届亚洲青年艺术节。2017年7月,密联邦雅浦州传统舞蹈艺术团赴中国广东、四川和福建等地访问演出。1995年4月,中国曾向密联邦派出两名乒乓球教练。2002年10月,我中央电视台第九套节目(后改称英语新闻频道)在密联邦落地。中密充分发挥人力资源开发合作平台作用,推动两国各界民众加强沟通交流,互学互鉴,促进"民心相通"。地方合作与交流是两国关系的重要组成部分,为增进两国人民的了解和友谊添砖加瓦,做出积极贡献。

(五) 加强沟通和协调，在国际事务中相互支持

在联合国和太平洋岛国论坛等多个国际和地区组织中，中密两国守望相助，协调配合，保持密切沟通，相互给予支持，共同维护公平正义。早在密联邦提出希望结束托管地位，建立主权国家的主张后不久，中国政府就坚定支持密联邦的立场。在联合国和亚洲开发银行等国际机构内，中国积极支持国际社会承认密联邦的独立地位，呼吁各方为密联邦经济发展提供帮助。中方同密联邦在内的岛国一道维护多边主义和自由贸易体制，支持密联邦等岛国发出"太平洋声音"，共同推动落实联合国2030年可持续发展议程，支持岛国推进"蓝色太平洋"倡议。中国重视和理解密联邦等太平洋岛国在气候变化问题上的特殊关切，并提供力所能及的帮助，携手推动《巴黎协定》有效实施，促进全球绿色、低碳、可持续发展。共建"一带一路"是构建人类命运共同体的生动实践，是中国扩大对外开放的重要举措，已成为当今世界重要的国际合作新平台。中国欢迎密联邦及太平洋岛国积极参与"一带一路"建设。

2019年是中国与密联邦建交30周年，两国关系发展面临着新机遇。中密有着相似的历史遭遇，有着深厚的传统友谊，有着追求美好生活的共同理想。中密相互尊重、平等相待、共同发展，走出了一条友好互利、共谋发展的共赢之路。双方一定会共同努力，积极落实两国元首达成的重要共识，不断充实全面战略伙伴关系的内涵。两国政府和人民一定会进一步加强各层级的交往和交流，扩大各界和各领域的合作，推动中密关系"百尺竿头，更进一步"，不断造福中密两国人民，共同推动构建人类命运共同体，共创美好未来！

汤加教育的历史与现状

孙洪波[*]　马艳颖[**]

一、汤加教育的发展历程

19世纪初,基督教在汤加传教时期,汤加开始兴办学校。兴办学校是传教的重要组成部分,一方面可提高教徒的文化水平,使其能够自行阅读《圣经》,加深对教义的理解;另一方面可促进他们对新观念的理解和接受。

但是,早期很多学校都未能长久坚持下来,主要原因在于传教活动失败了或是受到领主的干涉。直到新一代传教士的代表人物纳撒尼尔·特纳和威廉·克洛斯在首都努库阿洛法(Nuku'alofa)开展传教活动,学校才真正发展起来。

与之前学校不同的是,特纳开设的学校非常重视教授本土语言。很快,能读会写带来的光环就吸引了很多人前来学习。后来,印刷商的陆续到来更是极大地促进了知识的传播。因此,传教士们建立的学校受到当地人的极大欢迎,也逐渐得到领主和国王的全力支持。

---

[*] 孙洪波,菏泽学院外国语学院副教授,菏泽学院南太平洋岛国语言研究所所长。
[**] 马艳颖,曲阜师范大学公共外语教学部讲师。

教徒数量增多，兴建的学校也越来越多，随之而来的难题就是师资严重缺乏，甚至许多教师是直接从当地牧师中招募而来的，他们并不适合教学工作。唯一的解决办法就是兴建教师培训学校，用以提高教师的业务水平。

1841年7月13日，弗朗西斯·威尔逊牧师在瓦瓦乌群岛的内亚富开办了第一所教师培训学校，其对汤加教育事业的发展起到极大的推动作用。他去世后，该校于1846年迁至努库阿洛法，由理查德·阿莫斯牧师继续领导。

在汤加教育的发展历程中，另一个里程碑是图普中学（Tupou）的建立。1866年，以培养"能够在教会和国家事务中担当重任的精英"为宗旨，牧师莫尔顿博士在汤加建立了图普中学。该校对学生一视同仁，使许多平民成为出色的学者或很有影响力的公众领袖，他们的后代也因此接受了良好的教育。许多毕业生成为教会首领、王公大臣、医生、律师、公务员、教师、社区领导人，对汤加的宗教、社会、经济、政治领域的发展做出突出贡献，成为汤加新一代精英人物。

此外，经由莫尔顿博士牵线搭桥，图普中学和悉尼的纽灵顿学院建立了联系，后又选送了一批学生去纽灵顿学院深造，这些人中还包括未来的国王（乔治·图普四世）或是王子（法塔费希·图依派拉哈克）。他们当中，有的成为首相（汤吉·迈乐费希、所罗门·阿塔），有的成为国务大臣（劳胩力汤加·图依塔），有的成为各地的总督（哈派群岛总督雷卢阿·维依哈拉、瓦瓦乌群岛总督马阿福·图普），有的成为卫理公会重要的牧师（扫·法乌普拉、特维塔·摩恩、S. 阿玛纳齐·哈维博士、W. 胡卢豪娄·莫文加娄阿博士），还有许多人成为传教士，被派往太平洋其他地区传教。

图普中学是太平洋地区第一所男女混校的学校。1880年，莫尔顿博士从英国回到汤加后，计划招收女学生进入该校，但遭到多个部门的强烈反对，他们认为此举非常危险。但莫尔顿博士之所以做出此决定，是因为他发现学校的毕业生和他们没有受过教育的妻子之间差距太大。于是，他不顾反对，决定招收有才华的年轻女子入学。女生被安置在传教士住所附近住宿。她们通过打理传教士的房间来学习家务，积累有关经验。缝纫、绘画和音乐则安排在课后学习。后来，图普中学在纳福阿鲁（Nafualu）建立了男校，原来的图谱中学就成为专门的女子中学，更名为萨洛特王后中学，以纪念乔治图普一世的主妻萨洛特王后。萨洛特王后中学的女生们主要接受学业和家务方面的教育。

政府也鼓励学生出国学习。1929年，政府开始每年提供奖学金供学生出国学习。20世纪30年代后期，无论是政府还是教会主办的中学，都将学生送往国外大学继续深造。1944年，为了加强国内教师培训，政府还建立了专门的教师学院。[1]

2015年，汤加教育支出占国民生产总值的3.9%。公办学校对6岁至14岁儿童实行免费义务教育。高等教育入学率较低，2014年只有6%。国内大约有20所大学或学院、22所中学、95所小学（包括分布在汤加各个村落中的学前班）。汤加法律规定教会可参与办学。汤加小学学制六年，约90%的学校由政府创办。中学教育包括四年初中和三年高中，主要是私立学校，约75%是由教会创办的。汤加有两所主要中学，即图普中学（由教会主办）和汤加中学（由政府主办）。这两所中学的毕业生在汤加社会的各个方面发挥了举足轻重的作用。大部分中学毕业生会选择去国外接受高等教育。

汤加的高等教育机构主要有南太平洋大学汤加分校、汤加高等教育学院（Tonga Institute of Higher Education）、阿特尼斯大学（Atensi Institute）、海事学院（Maritime Institute）、护理学院（Nursing School）以及图普技术学院（Tupou Technological Institute）等。汤加还设有教师培训、护理和医疗培训等方面的中等职业学校，包括一所护理学校、一所神学院、一所警察培训学校、一所女子商学院及几所私立的农学院。澳大利亚和新西兰等

---

[1] Asinate Samata. *Education and National Development in Tonga: A Critical Policy Review*, University of Queensland, 1995.

英联邦国家及中国、日本等向汤加提供留学基金。2014—2015 财年，汤加政府的教育预算为 4841 万潘加。

根据 2014 年联合国开发计划署发布的人类发展指数（HDI）显示，汤加在全球排名第 100 位（HDI 为 0.717），虽然比原来有所下降，但仍介于较高和中等发展中国家之间。

二、汤加的学校

汤加人一贯重视教育。无论是民间还是教会，都非常重视学习。随着首批基督教传教士的到来，汤加开始了正式的教育。

汤加的第一批学校是由卫斯理传教会在 1828 年建立的。实际上，汤加所有的小学教育都由该传教会控制，直到 1882 年政府接管为止。1944 年成立的师范学院为学生提供为期两年的课程。汤加政府奖学金计划为汤加学生提供出国深造的机会。据估计，90% 以上的教会学校遵循政府的安排，招收约 8% 的小学生和 89% 的中学生。公立学校不收学费（高中除外），但教会学校收取少量费用。1999 年，小学的生师比为 21∶1。基本教学是用汤加语进行的，英语也是一项考试内容，尤其是对那些准备赴新西兰留学的汤加学生而言。

汤加的小学教育是强制性的。1995 年，小学入学率为 95.3%，这表明并非所有儿童都能进入学校。98.5% 的学生在汤加上学，其他 1.5% 的学生要么生活在偏远地区而没有特定的学校能够上学，要么没有足够的资金来支付自己入学的费用。

（一）汤加的剑桥国际学校

汤加剑桥国际学校的课程由剑桥国际考试中心提供，因为剑桥国际学校有提供国际教育的资格。另外，剑桥国际学校也为汤加小学和中学提供关键阶段的国际化考试。

(二) 光之海国际学校 (Ocean of Light International School)

汤加的光之海国际学校是一所私立学校，致力于培养在智育和体育方面具有发展潜力的学生，培养拥有国际社会识别能力的新世界公民。它融合政治、经济、社会和教育于一体的多样性概念，为学生提供了普遍价值体系。

该校成立于1996年，以培养学生的技能和素质为目标，使他们既能独善其身，又能兼济天下。该校由非营利教育委员会直接管理，是一所巴哈教学校，并努力将巴哈教的理想、原则和概念纳入学校的人才培养方案与课程系统。

学校位于克罗莫图霍福阿（Kolomotu'a Hofoa），距离努库阿洛法中心约3公里。它提供从幼儿园到高中的课程，使用剑桥国际考试系统，包括国际普通中等教育证书，其中一部分学校被澳大利亚国防部列为小学和中学的"基准学校"。

(三) 比乌拉书院 (Beulah College)

比乌拉书院是一所男女同校的基督教中学，位于汤加塔普，成立于1938年。1941年，比乌拉书院已经有一年级到八年级的109名学生，由5名老师上课。2009年，该校已有202名学生，他们都是基督教信徒，学校已能够提供完整的中学教育。

(四) 利奥纳高中 (Liahona High School)

利奥纳高中是汤加的一所高中，由耶稣基督圣徒教会（LDS Church）

拥有和经营。利奥纳高中始建于 1948 年,是美国著名的伊兹中学梅克学校的分校,原名利奥书院。1959 年该校成为汤加 LDS 教会发展中心,LDS 教会由此向基里巴斯延伸。70 年代初,许多外地学生在利奥纳(Liahona Hieh)参观了 LDS 教堂。

利奥纳学校的毕业生来基里比提岛当传教士的时候,建立了该岛上的 LDS 学院。该名字来源于《利奥纳》《摩门经》中描述的一种宗教神器,它能够为在乡村生活的家族指明方向。

(五)萨洛特王后学院(Queen Salote College)

萨洛特王后学院是汤加的一所私立女子学院,也是汤加唯一一所女子学院。女王身故之后,该校以国王陶夫·阿哈乌·图普四世的名字命名,但其广为人知的名字是女子学院(Olisi Fefine)。1866 年,学校位于汤加塔普马拉埃库拉对面的瓦哈阿科洛路,1921 年又迁至纳夫阿卢。1870 年,汤加的女孩们第一次在该校接受正规教育,当时距牧师詹姆斯·伊根·莫尔顿博士创办图普学院只有四年时间。

女孩进入该学院的主要目的是成为合格的母亲和妻子。1873 年,由于贝克先生对男女之间的行为是否得体感到担忧,这所学校停课了。直到 1881 年,女孩们才恢复上学。1921 年,由于土地和设施不能满足不断增长的入学需求,学校决定将图普学院迁往纳夫阿卢(今西亚阿托台神学院)。萨洛特王后学院的独立并不是以 1921 年的校区搬迁为标志,而是以 1920 年女孩们参加图谱学院独立设置的考试为标志,该学院由此获得学术独立地位。

学校还教学生汤加传统的手工艺,包括编织(课程在 1—7 年级开设)、餐饮和招待课程。学校以新西兰课程为基础,遵循传统课程原则。该校讲授饲养及护理等一系列课程,还出版了学校年鉴及大事记。

该校有八座楼房,和图普学院一样,都是以教会名人命名的。同时,其也以社会中著名的妇女命名。

1 号楼:马塔霍。以哈拉鲁瓦·马塔霍太后的名字命名。

2 号楼：梅勒奈特。以梅勒奈特·图破·莫霍夫公主命名。
3 号楼：摩尔托尼。以詹姆斯·莫顿博士命名。
4 号楼：罗杰佩奇。以罗杰·佩奇牧师命名。
5 号楼：汤普森。以第一位女校长之后的校长汤普森先生命名。
6 号楼：塞鲁瓦。以校长塞鲁瓦博士之名命名。
7 号楼：莱斯利。以图谱学院第一位女公爵莱斯利·汤加命名。
8 号楼：卫斯理。以卫理公会创始人唐恩·卫斯理命名。

（六）汤加学院（Tonga College）

汤加学院由汤加政府于 1882 年创办，得益于国王乔治·图普一世和牧师贝克的共同努力。学校位于汤加塔普的努库阿洛法，2003 年共招收学生 961 人。

（七）汤加中学（Tonga High School）

汤加中学是位于努库阿洛法的一所公立重点中学，于 1947 年由教育部长图吉王子创办。学校招收 11 岁至 18 岁的学生，只有在小学最后一学年的全国考试中取得最高分的学生才能进入该校。2005 年，该校共有 1154 名学生。该校的宗旨是为学生提供机会，使其与邻近地区享有同等的受教育权。图普四世（1918 年 7 月至 2006 年 9 月）调整学校的目标定位，为学生提供平等学习机会和与邻国同等的学业水平。

现在的校舍是在中国政府的帮助下建造的，于 2005 年 2 月 2 日正式开放，包括 34 间教室和 18 个实验室，可容纳 1000 多名学生。第二期工程于 2009 年动工，包括体育馆、游泳池及运动场。

现任校长是萨梅里亚·法洛马希娜女士，现任副校长是尔斯·拉图先生和恩内斯·瓦图伟先生。现任高级教师是塞帕莱斯·优努先生和伊莱赛娜·拉图尼浦璐女士。现任学校牧师是潘尼西玛尼·汤加。该校还有一支当地知名度较高的铜管乐队。

(八) 图普学院 (Tupou College)

图普学院是一所位于汤加塔布岛托洛阿的卫理公会寄宿学校。它位于汤加塔普东部地区，靠近马拉波村庄，由汤加的自由卫斯理教堂管理。1866年，塔姆斯·伊根·莫尔顿创办了这所学校，它是太平洋群岛上最古老的中学。图普学院大约有1000名学生，其最初是在北卡州立大学成立的，之后迁到纳夫阿卢，也就是新亚都台神学院所在地新亚都台。1948年，该校搬到汤加塔普东部地区的托罗亚，现在仍在那里办学。图普学院的兄弟学校是位于澳大利亚悉尼的纽灵顿学院。

1924—1937年，哈罗德·伍德任校长，在此期间学校从30名学生扩大到近400名。图谱学院的第一任汤加校长是西奥尼·塔伊尼·塔里埃牧师，他于1970—1979年担任校长。学院占地3平方千米，种植蔬菜和水果。图谱学院包括汤加的一个森林区域，即托洛亚热带雨林保护区，其中种植着汤加特有的各种植物物种。

学校通过宗教仪式、学生学习、工作和娱乐等方式，对学生进行基督教神学的培训，学期是从加缪农神节到埃利达夫节。学生在这里学习工程、汽车维修、木工、金属加工、电气工程、艺术设计等课程。学生还需要制作各种汤加手工艺品，包括抛光椰子壳（用于装卡瓦饮料）和卡瓦（腰绳：用于托塔乌拉）。通过手工艺品制作，学生们学习了传统的艺术技能，还能在学校一年一度的托姆加文化集市上出售而获利。

与汤加大多数学校一样，图普学院以新西兰课程为基础，遵循汤加教育部的课程原则，并涉及相关技术课程。图普学院每年还出版一本年鉴及大事记。

图普学院的所有校长都是被派往汤加传教的澳大利亚人。1970年，图普学院才接受了第一位汤加校长。图谱学院还有图库爱荷纪念博物馆（Tuku'aho Memorial Museun），该博物馆收藏了汤加王室和其他人赠送给学校的重要历史文物。

尽管汤加人非常重视孩子的教育,但由于大多数的学前教育经费投入不足,所以校舍不尽相同,教师也以志愿者居多。社区志愿教师服务队的目的之一是帮助村民认识到学前教育的重要性。随着志愿教师服务队数量的不断增加,学前教育的重要性正慢慢地被村民所了解。[①] 有些幼儿园就是教堂开办的。

学校的游乐场非常有创意,轮胎、沙坑、水槽、精巧的自制攀登设备、秋千和跷跷板等游乐设施,应有尽有。一些小巧的建筑可以用来做商店、银行和乐队的圆形大厅,还可以演奏打击乐。由于很难得到政府的许可,汤加可用于社区青年举行教育活动的运动场很少。

在建筑方面,汤加没有两座建筑是相同的。在美国的资助下,苏西建了一座漂亮的混凝土大楼,有宽敞的阳台和卫生间。它使用频率较高,不仅用于学前教育活动,而且用于课后活动和老年人每月的定期聚会。不同类型的活动在不同的场所举行,有些在社区会堂,但大多数在典型的汤加式的小建筑内开展。这些建筑屋顶用的是椰叶、波纹铁、木材或其他材料。建筑物内部的墙壁和天花板上展示着图画、形状、数字等,其中一些是用棕色的纸做成的,创造了良好的教育氛围。

在教学设施方面,由于几乎没有钱买玩具和书,教师们使用的许多教具是自制的。在教学方式上,大部分教学是直接授课。

在教师培训方面,汤加鼓励新教师报名参加新西兰函授课程。管理中心的老师都训练有素,或曾在南太平洋大学学习,或进修过相关课程。在职培训主要是在年会期间进行。汤加政府还非常重视学前教育,并给予相关支持。

村民们筹款往往通过街区游行的方式进行。儿童的母亲和老师们用树叶、花朵和羽毛制作出漂亮的花环、裙子、头饰、手镯和脚镯等。自由卫

---

① Lyla Wills. Pre-School Education in Tonga A Report from A Delighted Visitor Lyla Wills in International Journal of Early Childhood, 1985.

斯理教堂学院铜管乐队带领游行队伍绕着主要街区游行，之后进入校园，校园里的椰子树下都摆着摊位，旁观者可以在摊位旁欣赏游行队伍。每个人都用汤加语和英语唱歌，甚至还可以表演圣诞剧。乐队演奏，孩子们跳舞，他们的母亲和其他成年人也加入进来，把钱塞进他们的衣服里。这是一种最丰富多彩、最有趣的筹资方式，允许所有人参加。

三、学校的发展

（一）过去的汤加学校

1828年之前，教育的主要内容仅限于以家庭为单位训练必要的手艺以及唱歌跳舞，这是汤加的传统文化教育。1828年，卫斯理传教团建立了第一批学校。除了1842年建立的几所罗马天主教学校外，大部分学校都是卫斯理学校。1882年，在进步的国王乔治·图普一世的统治下，汤加通过了第一部教育法。这是政府重视教育的一个重要表现。虽然在此法案颁布之前，汤加还没有政府资助的学校，但该法案规定在王国实行免费的义务教育制度。因此，汤加在大约50年的时间里经历了教会教育到免费义务教育的彻底转变。从那时起，所有人都非常重视教育。父母想尽办法让孩子接受教育。与此同时，罗瓦尔家族鼓励教育，把教育看作对王室的一种保护手段。他们认为语言是神圣的，他们的尊严必须得到保护，任何影响语言保护的因素都应当被剔除。这意味着儿童教育在帮助他们成为好公民，以及忠于国王和国家方面都发挥了重要作用。[①]

在1882年至1906年之间，汤加没有建立新的学校。目前，有大约一半的小学是卫斯理和罗马天主教徒建立的。只有大约10%的中学生就读于公立学校，并且在过去几年里，这一比例一直在下降。1870年左右，女孩

---

① Pule Aku. *Educational Leadership in Tonga*, Ontario: University of Toronto, 2003.

勉强被允许接受中学教育，但人们普遍认为这是一个愚蠢的行动。直到1937年，有一个女孩在图普学院成为班里学习成绩最好的学生，这件事让当地村民感到相当惊讶。

（二）现在的汤加学校

尽管汤加实行了80年的免费义务教育，但是仍面临许多严重的教育问题。汤加王国大约有6.5万人口，其中大多数是纯汤加血统，大约有6000人是混血儿，250人是欧洲人。总人口中有约30%的人就读于免费义务教育学校。据1960年的学校人口普查显示，汤加的在校生有19535人，其中9227人在教会学校，12017人在汤加塔普主岛的学校。在4012名中学生中，只有452名就读于政府学校，其余就读于由基督教各传教团开办的学校。汤加没有高等教育，但是一些学生依靠政府奖学金在国外接受教育。例如，1960年有22名学生在国外学习——1名在澳大利亚，3名在外国投资机构，还有18名在新西兰留学。另外，还有一些学生通过教堂接受高等教育。

学校财政面临的主要问题表现在学校建筑方面。尽管快速发展的汤加政府依靠自己生产的水泥建设了很多学校建筑，但是汤加的人口每20年就会翻一番，建筑项目无法跟上人口和教育发展的步伐，甚至学校厨房的用水都成为制约教育发展的原因之一。1960年的一项重大成就是政府终于向每一所学校提供了厨房用水。由于位于平坦的主岛，汤加没有自来水，提供厨房用水就意味着每个学校都必须有可用于水收集和存储的单独建筑。

除此之外，教科书和其他设施方面的短缺也是惊人的。用教育主任韦恩·巴顿的话来说，在汤加最大的学校努库阿洛法政府小学（Nuku'alofa Government Primary School）里，"一个学生可以在小学里学习，却永远拿不到一本书"。很少一部分学生有铅笔和纸，还有的用黑板和粉笔，但是大部分学生必须用粉笔直接在水泥地上写字。教学物资缺乏使得教学具有很强的形式主义色彩，老师在黑板上写的材料成为教科书的主要内容。

汤加迫切需要教师培训学院提供必要的小学教师。然而，教师的薪金不高，成为阻碍汤加教师队伍发展壮大的重要因素。虽然汤加的生活费用很低，但是与文员等职业相比，教师的工资更低。另一个明显的对比是本地教师与资历相同的外籍教师之间的差别。收入最低的新西兰外籍教师的收入也远远高于收入最高的汤加教师。这一事实使得出国留学的汤加学生更难返回汤加工作。

（三）汤加学校的未来

相关资料显示，汤加学校缺乏基础设施，教师的工资水平相对较低，教会资助学校的比例很高。与其他国家相比，汤加在教育上的支出占国民收入的百分比是很高的，汤加将14%的收入用于教育。与俄罗斯12%、英国3.2%、美国3.1%相比，汤加政府显然非常关心教育的发展。尽管人口不断增加，汤加仍将继续保持其独特性，大力发展教育事业。

四、南太平洋文化对汤加教育的影响

（一）文化交流

太平洋岛国位于"21世纪海上丝绸之路"的南线，共有14个独立国家。岛国经过独立后几十年的发展，基础设施已经有一定程度的改善。汤加地处南太平洋心脏地带，东临国际日期变更线，是全球最早迎来新一天的国家之一，蓝天碧海，空气清新，被称为"天然氧吧""人间乐土"。

文化交流是人心相通的重要桥梁。汤加岛国教育总体上比较落后，教师资源缺乏，学生流失严重。中国教育部面向岛国开展的教育援助项目深受当地政府和人民的欢迎。汤加国王图普六世提出，希望中方将教育援助团派到汤加去。在高等教育方面，通过中国政府海洋奖学金、太平洋岛国论坛项目等,吸纳岛国留学生、进修生来华接受高等教育或技能培训。中国还极力推进有能力的高校特别是职业院校进行国际化办学,以在岛国设立分校的方式培养岛国地区的学生。

根据《中华人民共和国教育部与汤加王国教育部关于教育交流与合作的谅解备忘录》和山东省政府、山东省教育厅的具体部署与要求,聊城大学汇集多方力量,做好顶层设计,尽快推进汤加学院的规划建设。《中华人民共和国教育部与汤加王国教育部关于教育交流与合作的谅解备忘录》中的第二条第四款明确提出,"双方支持建立聊城大学汤加学院,协助汤加培养高级应用型人才,联合开展海洋科学研究以及太平洋岛国研究"。[①]

目前,聊城大学准备将筹建的汤加学院设置在汤加高等教育研究院,开设农学、信息技术、旅游管理三个专业,并结合汤加王国当地的资源,成立汤加研究所和海洋生物资源研究所。学院教师以聊城大学委派为主,适当地聘用当地的学者从教。办学将按照"2+2"模式,入学的学生在汤加学院培养两年,后两年来聊城大学进入相关学院学习。依托聊城大学太平洋岛国研究中心,成立了太平洋岛国学院,以对接聊城大学汤加学院。作为人才培养机构,太平洋岛国学院将负责汤加学院学生来华两年学习的管理,学生还需要到聊城大学学习相关专业。筹建聊城大学汤加学院将根据汤加王国的国情和教育实际,着力培养满足当地需要的高等人才,全力服务于汤加王国的经济社会发展的需要,铺就"一带一路"倡议下的中汤共同发展之路。

汤加王国位于太平洋西南部赤道附近,由173个岛屿组成,是"一带一路"南线的重要支点。开办汤加学院有助于履行中国的国际义务,也能按照国家"对外援助要授人以渔"的指导思想,给汤加培养高级应用型人才,这是一种更高层次、促进人心相通的援助方式。汤加学院的建设,不但能增进中汤两国人民之间的相互了解,加深彼此的感情;而且贯彻了构建人类命运共同体的思想,也是促进落实"一带一路"倡议的具体体现。

---

① 王敬媛、陈万会:《汤加(列国志)》,社会科学文献出版社2017年版,第169—173页。

(二) 文化与课程

汤加教育体系中的"文化影响与课程规划"在很大程度上反映了汤加特定的历史、社会政治和经济背景。文化被认为是一群离散的人的生活方式,包括他们积累的知识、技能、信仰和价值观。根据认知人类学的传统,汤加人的教育作为一种文化,影响着他们看待周围世界的方式。

任何课程或教育计划,无论是基于学校的还是集中控制的,不仅对教师、学习者等人做出某些假设,而且对知识的本质、学习的本质和人们的行为方式做出某些假设。此外,由于课程是一种"选择",因此无论选择什么课程,在很大程度上都取决于参与选择的人的经验和意识形态。一个选择往往反映并受到某个特定时间和地点的主流世界观、意识形态的影响。这确保了通过社会制度和实践来实现主导集团利益所必需的权力和资源的基础。

依南太平洋地区大多数土著人民的观点来看,正规教育通过学校课程对他们的文化变革做出非常重要的贡献。正规教育的历史证明,学校课程所依据的主导思想和文化对大多数岛屿学生来说是外来的。课程决策者的意识形态和教学实践——从早期的基督教传教士开始,接着是殖民地的管理者,现在是海外培训的本土教育工作者和外国顾问——已经受到外来思想和文化很大的影响并将继续影响本地区课程的发展。今天,这些文化影响进一步表现在几乎所有岛屿国家的经济和政治事务中。"它们的影响不仅体现在产出方面,还体现在教育的实施方式和课程资源的分配方面。"

从19世纪初到20世纪60年代中期的100多年里,太平洋岛屿学校的课程与它们的殖民"主人"的课程非常相似,符合当时的社会政治局势。学校课程特别是中学课程,几乎完全是教育官员来自的国家或他们在其中接受教育的国家的课程和考试的复制品,不论这些国家是外国的还是当地的。在汤加,图普学院的课程与英国公立学校和其他学校(如澳大利亚悉尼的纽灵顿学院)的课程非常相似。遵循以古典人文主义为主的传统,图普学院的课程主要集中在代数、欧几里得几何、世界历史、地理和天文学等学科。后来，政府学校和教会学校都有毕业生，这些学校就如同预设的一样，严格遵循图普学院的传统。

1947年，按照新西兰中学的基本课程设置，汤加建立了一所完全致力于学业卓越的政府中学，即汤加中学。英语是教学的媒介，学生在汤加中学禁止说他们的母语。学校在课程设置方面也积极关注与岛屿生活相关的内容，尤其是岛屿国家的政治独立运动。在独立之前，岛屿政府参与学校教育的目的有两个：第一个是培训公务员，以便提高殖民行政的效力；第二个是满足人们独立和自治的需要（即摆脱殖民控制的自由）。在这两个阶段，课程的内容也是一样的。

（三）语言与文化

教学语言特别是中学的教学语言，反映着国家的语言政策和语言规划。1969年，几个岛屿政府要求联合国开发计划署提供援助，通过设立课程来改进它们的教育质量，尤其是农村地区的教育质量，以满足国家发展的需要。

许多岛民曾公开或私下里对他们在社会中看到的各种消极变化表示惋惜，并把这些变化归因于他们文化传统的崩溃和重要文化价值的不断丧失。这种通过大众媒介传播并在国家教育目标声明中表达的关切，日益成为国家和区域一级课程决策的焦点。1985年，汤加教育部将"汤加研究"列为中学课程的新科目，它和英语一起被列为必修课。在此之前，大多数岛屿学校将其传统文化元素作为白话（语言）研究、音乐、舞蹈或艺术和工艺学科的一部分来教授，而这些学科大多被认为是辅修课程。

汤加研究作为一门新学科，将汤加语言与汤加文化的新元素结合起来进行研究。目前，已有很多人尤其是父母担心越来越多的汤加毕业生展现的是对传统文化的无知，具体表现在不能熟练使用汤加语以及在行为上失范，比如对长辈不敬等。起初，老师们对改变感到忧虑，因为他们觉得还没有准备好要开展这门新学科。课程材料将由课程发展中心制作，在职课程将为专业教师举办。许多较早曾对旧的汤加语文课程表示不满的学生认为，新引入的"汤加研究"可能会是一门有趣的课程。

联合国教科文组织主管教育事务助理总干事科林·鲍尔指出，由于普遍关切的传统文化和瓦卢制度的衰落，国际社会宣告了世界文化发展十年计划（1988—1997年），其主要目标有四个：（1）认识发展的文化范畴；（2）维护和加强文化认同；（3）扩大对文化生活的参与；（4）促进国际文化合作。[1] 太平洋岛民对其传统文化所了解的大多是通过学校以外的地方获得的。学校是文化传播的地方，但这种文化对大多数儿童来说基本上是外来的，而且在很大程度上对教师本身来讲也是外来的。在汤加，人们可以向周围的人学习：观察、倾听和参加各种各样的日常活动，包括在家里和更广泛的社区；学习编织垫子和篮子，学会织塔帕布；了解潮汐以及如何采集不同种类的贝类；学习汤加的礼仪，尤其是与汤加罗瓦尔蒂有关的礼仪；学会欣赏汤加音乐、舞蹈和诗歌。

（四）卡卡拉

卡卡拉是汤加的一种课程隐喻，字面意思是芳香的花朵。然而，对大多数汤加人来说，卡卡拉意味着芬芳的水果、树叶和木材，它们有着神圣、神秘或传奇的起源。在汤加文化背景下，卡卡拉非常重要。卡卡拉不仅被"社会化"到汤加文化中，而且和人一样被排名。此外，当它们被串在一起或编织成花环时，最终产品本身也会被排序。不同的串线方式和使用的模式已经标准化，数百年来一直相对不变。卡卡拉有丰富而复杂的词汇和精致的礼仪，人们通过理解与卡卡拉相关的三个过程，即 Toli, Tui 和 Luva，来增进对卡卡拉的概念的理解。Toli 指的是采集芳香的花朵、果实等，这一过程不仅要求知道需要什么，还要求知道如何以及从哪里获取这

---

[1] Beare, H. & Slaughter, R. *Education for the Twenty-first Century*, London: Routledge. 1994.

些知识的技能。例如，知道一天中摘花的最佳时间，这样可以保持花的新鲜度；或者知道把花存放在哪里，这样它们就不会失去香味。Tui 是一种由不同种类的花组合而成的花环。制作卡卡拉的方法通常取决于各种因素，包括想要的款式、佩戴卡卡拉的场合，以及佩戴或接受卡卡拉的人的社会地位等。最后一个环节是 Luva，也就是佩戴者将卡卡拉送给别人的过程，因为卡卡拉不会被佩戴者永久保存，而是作为尊重和爱的象征送给别人。在汤加文化尤其是音乐、舞蹈和诗歌中，卡卡拉象征着尊重和爱。卡卡拉是物质、文化和精神这三个概念的完整统一体。这种整体性也在汤加音乐和舞蹈中得到进一步体现。

在许多较大的太平洋城镇，快速的城市化和现代化往往意味着只有学校，甚至是只有大众媒体（尤其是报纸、视频和电视）成为许多年轻人"文化"信息和价值观的主要来源。与文化和课程有关的问题对教育工作者来说将变得越来越重要，不仅在太平洋岛屿上，在世界上其他土著民族拥有大量非西方知识和价值观的地区也是如此。此外，在一个日益不稳定和不可持续的世界里，这些文化对社会和经济的可持续性都具有重要意义。

五、汤加王国珠算教育的发展历史

日本式珠算于 1977 年传入汤加。起初，珠算仅作为一门短期培训课程在师范学院开设，参加培训的都是小学教师。1986 年，在国王图普五世的资助下，汤加珠算协会（TSEA）正式成立。成立初期，协会只在主岛的几所学校的三年级到五年级开展试验性的珠算教学活动。现在，珠算教学已在 55 所学校开展，且扩展到其他岛屿，共有 2000 多名小学生接受珠算教育。①

　　珠算现已成为汤加教育学院学生的必修课。他们一毕业，就已具有教授小学生珠算知识的必备能力。此外，日本海外合作志愿者协会会派遣全职志愿者与汤加教育部的官员、课程发展中心及汤加教育学院的教师一同对项目的执行和课程设置进行监督与评估。该项目是在教育学院和一些学校开展的。汤加珠算协会每周一次考察主岛的珠算教学情况，而其他岛屿的教学情况一年只考察三次，这主要是由于资金有限。学校的珠算活动包括实际操作和考试评估两部分。

　　自1992年以来，日本国际珠算友好协会每年来汤加访问。在他们访问期间，该国会举办全国性珠算比赛。通过比赛，当地的珠算工作人员可获得参观日本训练营的机会，还能够参加珠算等级评定考试。这项活动完全由汤加珠算教育协会全额资助，协会中的日本成员为该项目提供了主要的资金，汤加教育部也承担了部分费用并提供了服务，尤其是承担了其他岛屿的活动经费，协会在项目中还捐助了一些算盘、车辆及设备。

　　全职珠算工作人员的匮乏不但影响了珠算项目在全国学校的开展，而且影响了项目的正常监督活动。项目资金的缺乏也限制了珠算项目的进一步发展，珠算曾一度被介绍到汤加的两个最北端的岛屿——纽阿托普塔普岛（Niuatoputapu）和纽阿福欧岛（Niuafo'ou），但却因资金问题而搁浅。珠算项目有助于将珠算教育扩大到偏远的岛屿，可指派全职工作人员负责主岛以外岛屿的珠算教学协调工作。汤加拟建立一所私立学校，向那些对珠算感兴趣的孩子和成年人教授珠算知识。2002年，汤加珠算教育协会组织一些退休的教育官员赴日参观那里的私立学校，汤加教育部和珠算教育协会也不遗余力地支持私立学校的建立。

---

① 帕乌拉·布鲁姆菲尔德：《汤加珠算教育的发展历史》，世界珠算心算联合会成立大会论文集，2002年。

六、汤加教育文化变革与教育理念

(一) 文化变革

20世纪,正式教育被引入汤加,这意味着通过显性课程和隐性课程来宣传欧洲文化(特别是英国和法国)以及澳大利亚、新西兰与美国主导的价值观念和意识形态的开始。在那之前,汤加教育基本上是非正式的,尽管有证据表明非正式的教育旨在教授男性关于战争和航海等专门的技能和知识,以及女性各种与工艺有关的技能。汤加的学校教育最初由欧洲传教士开展,后来由殖民政府开展,因而这些非正式的教育进程后来因学校教育的引入而中断。[1]

在寻求"文明"和皈依祖先的过程中,这些外国人为汤加的一些语言提供了正字法,并教会了汤加人阅读和写作。更重要的是,无论是出于宗教信仰还是经济利益的考量,外国人总是试图阻止汤加人学习太平洋文化。因此,很多太平洋文化,包括那些与教育有关的文化,都没有很好地传承下来。殖民列强之所以试图摧毁传统社会的文化模式,主要是因为传统文化的许多基本特征阻止了传统人民将社会、生态和精神上的要求从属于殖民经济所服务的短期经济目的。而破坏一个社会最好的办法莫过于破坏它的教育制度。

在汤加,殖民教育的遗产依然存在。当代教育,从小学到高等教育,仍然着眼于培训人民在城市工业部门或现金经济中谋求职业,它与文化发展无关。其后果是导致城市漂移:小学毕业生离开村庄到城镇,中学毕业生搬到首都找工作,大学毕业生选择在大都市使用他们新的技能。正规教育不是为我们的社会提供文化更新的手段,而是向他们提供确保其文化消

---

[1] Ako Faiako. *Cultural Values, Educational Ideas and the Teachers' Role Perceptions in Tonga*, Thaman: University of the South Pacific, 1988.

亡的手段。这是因为，在过去的 20 年中，领导人越来越多地将正规教育视为现代发展的基础和全球经济成功的关键。

（二）教育理念

首先，社会在传递给年轻人的信息方面存在差异。大多数人认为，教育的目的应该是确保"群体、种族或民族的文化延续，通过社会环境或学校将知识、技能和价值观从成熟传递到不成熟"。文化的这些有价值的模式通常反映在语言中。在汤加，外国传教士一直想将汤加人转变为基督教，并"教化"他们。渐渐地，由于传教团和新式的政府需要职员、教师、护士和其他类型的工人，学校开始发挥培养劳工的作用。与大多数太平洋岛屿土著社会一样，早期的汤加教育是非正式的，旨在维持社会秩序和现状，即"文化延续"。

3000 多年来，这种教育使汤加人能够适应他们的社会角色，他们的愿望和知识不受其社会地位和岛屿环境的限制。在组织学习的地方，所教导的价值观并不与大社会的价值观相冲突；事实上，它们反映了社会的性质。这种非正式的教育是在家庭内部提供的，并在一定程度上于更广泛的亲属社区内以各种方式开展，但主要的是通过神话、传说、舞蹈、诗歌、歌曲、谚语和某些仪式。但在 20 世纪早期，务实方法得到扩展，学习的重点从"那时那地"转变为"此时此地"。学校倡导的价值观和学生的文化价值观之间存在根本的冲突，而且这种冲突继续存在于很大比例的学生当中。

汤加重视现代教育，因为它可以帮助人们找到工作，这反过来又使人们能够履行对各自群体——无论是家庭、社区、学校、教会还是国家的社会义务。这种功利主义教育观是传统汤加教育的特征，在这种教育中，本土的和整体的观点屈服于还原主义的观点。在这种观点中，知识必须被分解成碎片，并且只有具有专门知识的人才被允许在学校教授它。100 多年来，汤加也提倡（或至少接受）这种教育观。这种教育观与汤加的传统观念截然相反，其特征在于过分强调个人的利益和竞争，而不是维持良好的关系。教师更在意通过考试的学生人数，而不管他们学到了什么，也不管他们的学习如何与他们所属的文化相关。

参考文献

［1］ Ako Faiako. *Cultural Values, Educational Ideas and the Teachers' Role Perceptions in Tonga*, Thaman: University of the South Pacific, 1988.

［2］ Asinate Samata. *Education and National Development in Tonga: A Critical Policy Review*, University of Queensland, 1995.

［3］ Beare, H. & Slaughter, R. *Education for the Twenty-first Century*, London: Routledge. 1994.

［4］ Lyla Wills. Pre-School Education in Tonga A Report from A Delighted Visitor Lyla Wills in International Journal of Early Childhood, 1985.

［5］ Pule Aku. *Educational Leadership in Tonga*, Ontario: University of Toronto, 2003.

［6］帕乌拉·布鲁姆菲尔德：《汤加珠算教育的发展历史》，世界珠算心算联合会成立大会论文集，2002年。

［7］王敬媛、陈万会：《汤加（列国志）》，社会科学文献出版社2017年版。

纽埃概览

刘风山[*]

一、纽埃国土、国民与国情

(一) 地理概况

纽埃（Niué）地处澳大利亚和新西兰的东北方向，大致位于南纬19°03′至19°17′、西经169°47′至169°58′之间，属于世界上国土面积最小的国家之一，仅有260平方公里。[①] 南北长约27公里，东西宽约18公里。除此之外，纽埃还拥有面积约45万平方公里的海上专属经济区，[②] 主要为纽埃岛周围几个面积较大的珊瑚礁，包括贝弗里奇礁、安提俄珀礁、哈兰礁、阿尔伯特—迈耶礁。这些岛礁均藏于水下，其中阿尔伯特—迈耶礁的归属问题存在争议，纽埃政府也从未正式宣称该岛礁归其所有。[③] 纽埃的地理位置相对比较孤立：西南方向的新西兰距离纽埃约2400公里；纽埃向东方

---

[*] 刘风山，聊城大学教授、纽埃研究专家。
[①] 不同数据来源所显示的纽埃国土面积大小各不相同。纽埃政府官方网站所标注的该国国土面积为260平方公里。
[②] 新西兰政府协助纽埃管理这些专属经济区。
[③] 参见 http://en.wikipedia.org/wiki/Niue。

向是库克群岛的拉罗汤加岛,两者相距约900公里;北方是距离纽埃约550公里的萨摩亚图图伊拉岛;与纽埃距离最近的是西侧汤加王国的法法乌岛,但两者也相距约480公里。

纽埃国土由太平洋中隆起的椭圆形珊瑚礁构成,是世界第二大环形珊瑚礁岛,四周被珊瑚暗礁环绕,素有"波利尼西亚之礁"之称,环岛海岸线长约65公里。纽埃所处岛屿是海底几次规模较大的地质运动形成的,其地质构成主要是石灰岩,但是经过海水千百年的冲刷,大部分地区崎岖不平。中部地区为高地,地势相对比较平坦,四周沿海地区多为峡谷,崖壁陡峭。由于地形条件差,虽海岸线较长,却缺乏可供开发的深水海湾。除首都阿洛菲附近水域及该岛南侧的阿瓦特里海湾之外,大部分地区不适合建设港口,尤其是不适于建设大型港口,这限制了该国海上交通业的发展,首都阿洛菲成为出入该国唯一的交通枢纽。

纽埃国土由珊瑚岛礁构成,地质成分主要为石灰岩,表层土壤由石灰岩风化而成,富含铁、氧化铝、汞等金属元素,但其他元素较少,相对贫瘠。独特的石灰岩地质使得水分渗漏迅速,因而尽管雨量充足,但是纽埃几乎没有地表水,淡水资源十分匮乏,生活用水主要来自峡谷底部的淡水及日常收集的雨水。这样的地质条件不适合大规模的农作物种植,一定程度上限制了该国农业的发展,对人们的生活也造成很大影响。

纽埃气候属于热带海洋性气候,其处于信风带,受地势影响,分干、湿两个季节。每年5月到11月为干季,气温较低,平均气温在摄氏23度左右;12月至次年4月为湿季,降雨量大,通常达2000毫米,相对湿热,平均气温在摄氏27度左右。相对于其他地区,纽埃气候比较温和,为其旅游业的发展提供了优越的自然条件。纽埃位于南太平洋地区飓风带的边缘处,每年12月到次年4月之间经常遭受台风、飓风的袭击。据统计,平均每隔七年,纽埃就要遭受一次大规模飓风的袭击。最严重的一次是在2004年,飓风"赫塔"几乎将整个岛屿摧毁。这次飓风之后,大部分纽埃人曾在留守纽埃还是全体移民新西兰之间犹豫,最终多数人选择留在纽埃,算得上是纽埃人民保存其民族根基的重要决定。① 有人预测，受全球气候变暖趋势影响，海平面不断上升，纽埃有被海水吞没的危险，这是南太平洋地区不少岛国所面临的共同问题。因此，保护纽埃脆弱的生态环境，成为纽埃政府2016—2026十年工作规划中的首要任务。②

（二）人口和行政区划

人口数量低下是纽埃社会发展所面临的严重问题。纽埃人口数量一直保持非常低的水平，尤其是自20世纪70年代以来，下降得非常明显。本国恶劣的生存生活条件所引发的海外移民是导致这一现象的根本原因。此外，纽埃同新西兰亲近的历史及政治关系，新西兰良好的生活、教育环境以及新西兰政府面向纽埃移民大量的优惠政策，也促使纽埃人大量移居新西兰。目前，约有2.4万名纽埃人生活在新西兰。

随着现代交通的快速发展，自19世纪中期直至20世纪70年代，纽埃先后经历了四次规模较大的移民潮。③ 按照世界卫生组织的统计，纽埃人口最多的年份是1966年，曾一度达到5194人。根据纽埃政府官方网站公布的数据显示，2011年7月纽埃境内仅有1311人。近几年，随着纽埃政府开始实施鼓励生育政策，本国人口数量有所增加。纽埃政府2016—2026十年工作规划中的数据显示，2015年纽埃人口曾达到1792人。④ 这一数据近两年又有所下降。根据美国中央情报局发布的2019年

---

① 参见《新西兰百科全书》，https://teara.govt.nz/en/niueans/page-1。
② Government of Niue, *Niue National Strategic Plan 2016-2026*. 该政府工作规划发布于2016年10月，体现了纽埃政府对纽埃自然环境、民族文化、经济发展问题的关注，尤其是对其纽埃传统文化的保护。
③ A. C. Walsh and A. Trlin, "Niuean Migration: Niuean Socio-Economic Background, Characteristics of Migrants and Settlement in Auckland," *Journal of the Polynesian Society*, 82.1 (1973).
④ Government of Niue, *Niue National Strategic Plan 2016-2026*, p.35.

《世界概况》显示,① 2017年7月纽埃人口普查统计的数字是1618人。纽埃境内的人口数量同海外纽埃人口数量形成鲜明对比,且差距逐年增大。2001年新西兰政府的国家人口统计显示,当年定居新西兰的纽埃人口高达20148人。② 根据《新西兰百科全书》的统计,截至2013年,生活在新西兰的纽埃人口为23838人,其中80%的人出生在新西兰,4197人出生在纽埃。③ 之后的五年当中,这一数字还在上升。和其他国家移民不同的是,在新西兰定居的纽埃人并没有聚集在一起,而是散居在奥克兰周边各个地方。

纽埃政府已经意识到本国人口流失问题的严重性,试图通过吸引外资、开办国内企业、提高就业机会等手段控制移民浪潮。虽然自2013年到2017年,纽埃境内人口增加了近300人,超过了1600人,但总体而言收效不大。随着纽埃政府2016—2026十年工作规划的实施,人口可能会继续增加,但新西兰政府面向纽埃移民的高福利、双重国籍等优惠政策可能又会阻滞这一进程。

纽埃由14个村庄构成,包括位于纽埃岛西北部的哈库塔瓦克、图阿帕、纳姆库鲁;位于东北部的穆塔拉乌、托埃;位于西部的马克夫、阿洛菲,其中阿洛菲又分成北阿洛菲和南阿洛菲;位于西南部的塔玛考托加、阿瓦特里、瓦伊阿;位于东南海岸的哈库普;位于东部的莱库、拉克帕。14个村落庄通常又分为南、北两大群落。北方的村落称为"摩图",包括马克夫、图阿帕、纳姆库鲁、哈库塔瓦克、穆塔拉乌、托埃、莱库、拉克帕等8个村庄,纽埃大部分人口生活在这里,约占纽埃总人口的2/3。南方村落称为"塔菲提",包括哈库普、瓦伊阿、阿瓦特里、塔玛考托加、南阿洛菲、北阿洛菲等6个村庄,人口相对稀少,约占纽埃总人口的1/3;

---

① 参见2019 CIA World Factbook and Other Sources, https: //theodora. com/wfbcurrent/niue/index. html。

② 刘风山:"纽埃的社会变迁及其民族、文化的迷失",《太平洋学报》2014年第1期,第67页。

③ 参见新西兰政府工作网站, https: //teara. govt. nz/en/niueans/page－1。

而首都阿洛菲却有全国近 1/5 的人口。

纽埃的每个村庄即是一个独立行政区，也是一个独立选区。在历届政府选举中，14 个村落各选举 1 名代表，代表各个村落行使权力。每个村落都设有独立的村级委员会，委员会通过选举产生，设有 1 名主席，负责推荐 1 人为议会议员，参与纽埃议会。村级委员会由公共服务人员和其他服务人员构成，负责管理本村事务，代表整个村庄在国家事务管理方面发表意见。在村级委员会的监管下，每个村还可以组建更小的团体组织，如妇女组织、青年组织以及各种运动团体等。

（三）民族、宗教、教育与文化

纽埃人原为波利尼西亚人的一支。根据人类学家的研究，波利尼西亚人具有密克罗尼西亚人和巴布亚人的血统。新西兰人类文化学者帕西·史密斯认为，纽埃人最早可能是从斐济移民而来的。[①] 近百年来，在同西方国家交流的过程中，部分纽埃人身上有了欧洲白人的血统。但总体来讲，纽埃人依然保留其明显的民族特色，肤色呈浅棕色，头发多为黑色，性格开朗。基于寻找工作、获得更好的教育、海平面上升可能导致家园消失等原因，来自汤加、图瓦卢、托克劳等国的少数外国移民也陆续来到纽埃，并通过通婚、投资等方式在纽埃定居。

在同世界其他地区，尤其是新西兰及其他周边国家交流的过程中，纽埃文化生活中也逐渐融入大量欧美文化元素。早在 1840 年，纽埃人潘尼亚米纳·纽卡伊从萨摩亚回国，带回了基督教，开始在纽埃人当中传播基督教教义。随着西方宗教文化的扩散，加之当代生活节奏的影响，纽埃人的宗教信仰发生了巨大的变化，基督教成为纽埃人最重要的宗教信仰。根据美国中央情报局历年的《世界概况》的统计及帕西·史密斯等学者的研

---

① S. Percy Smith, "Niue Island, and Its People," *The Journal of the Polynesian Society*, 11.3 (1902), p. 164.

究，当前纽埃人口当中约有60%的人是公理会教徒，10%左右的人信仰摩门教，10%的人信仰天主教，2%的人属于耶和华见证派，10%的人没有明显的宗教信仰，而定居在新西兰的纽埃人也多隶属于基督教的某一个教派。[1]

由于缺乏充足的历史资料，学界很难追溯纽埃人宗教信仰的源头，但普遍认为纽埃人和其他波利尼西亚人具有大致相同的宗教信仰，遵循大致相同的宗教仪式。除基督教之外，纽埃人还信奉波利尼西亚人中流行的塔格洛亚、屠、塔奈、隆格、屠普亚、莫吾依等神。纽埃西海岸的居民还信奉专门的守护神，即莱其埃吉，该神多以盐水喷泉的形式出现；纽埃南部居民的守护神是路亚—屠普亚；北方居民的守护神则是胡亚纳吉。纽埃岛上有许多被称为屠图或帕鲁奇、用来敬神或祭祀的建筑，这些就是纽埃人民族传统信仰的见证。

受其人口规模的限制，纽埃教育相对于同一地区其他国家而言略显落后。根据新西兰历史学家玛格丽特·伯恩特的研究，纽埃出生的英国传教士后裔马拉玛·海德（原名马拉玛·薇珞娅·克里索姆）通常被称为"纽埃教育之母"。马拉玛曾于1915年依托她协助筹建的基督复临安息日教会，首次在纽埃开办周日学校，使学校教育成为纽埃国民社会生活中的重要组成部分。[2] 现在的纽埃政府重视教育，依照法律规定，为5—14岁的儿童提供免费的义务教育，并且要求适龄儿童必须接受学校教育，因此纽埃学龄儿童的入学率较高，达到100%。

20世纪70年代之前，纽埃共有8所小学。由于人口流失严重，岛内儿童及教师数量大幅度减少，1989年纽埃政府把所有学校合并成一所学校，命名为"纽埃小学"，这也是目前纽埃唯一一所小学，位于首都阿

---

[1] S. Percy Smith, "Niue Island, and Its People," *The Journal of the Polynesian Society,* 11.4 (1902), pp. 195 - 203.

[2] Margaret Pointer, *Niue 1774 - 1974: 200 Years of Contact and Change* (Dunedin, New Zealand: Otago University Press, 2015), p. 254.

洛菲。① 此外，纽埃还有一所中学。纽埃的中小学采用新西兰的教育体制，引进新西兰课程体系，借用新西兰中小学的教育模式，主要向学生传授西方国家传统知识，但也增加了一些专门适合岛国环境的课程。近几年，随着政府保护纽埃文化意识的增强，旨在保存纽埃文化传统的课程也逐渐纳入其教育体系，而且部分课程采用纽埃本族语授课。部分课程教授纽埃本族语。美国夏威夷大学的一些学者关于纽埃语的研究逐年增多，为纽埃政府保护本族语言提供了帮助。②

纽埃还与新西兰和附近国家合作，由政府提供奖学金、教育贷款，鼓励、推荐优秀学生到国外大学学习。为保证学生在高中毕业后能够进入新西兰大学学习，纽埃高中课程采用新西兰中学的课程体系，教师用英语授课，而且新西兰教育认证机构也承认纽埃学生在纽埃境内的学业成绩。纽埃没有自己的大学，但近年来，纽埃政府积极推进与国外高校之间的合作，通过互联网课程、网络公开课程、业余学校、慕课等形式面向本国居民开展高等教育。纽埃境内的高等教育合作机构包括位于阿洛菲的纽埃利物浦大学和南太平洋大学纽埃校区，以及位于拉克帕村的圣克莱门茨大学高等教育学院。

纽埃先后为英国和新西兰的殖民地，属于双语国家。日常生活中，纽埃人在家庭内部和村民之间多使用纽埃语交流；英语是纽埃人对外交流的官方语言，纽埃政府官方网站发布的所有信息均用英语书写。移居新西兰的纽埃人多使用英语，出生于新西兰的第二代移民接触的是新西兰的文化，有些根本不会讲纽埃语，也不了解纽埃本土的文化，这在一定程度上

---

① 参见 http://www.livingheritage.org.nz/Schools-Stories/Fofoga-he-Atu-Pulapulaola-ha-Niue/Niue-Primary-School-and-Early-Childhood-Education。

② 参见 Robin Peirce, "Creating Cultural Masterpieces One Island at a Time: Project Responds to Deeply Felt Need for Resources in the Vernacular," *Reading Today*, June/July 2017; Diane Massam, Donna Starks, and Ofania Ikiua, "On the Edge of Grammar: Discourse Particles in Niuean," *Oceanic Linguistics*, 45.1 (June 2006), pp. 191 – 205; Albert J. Schütz, "'Vowel Length in Niuean' and Déjà Vu," *Oceanic Linguistics*, 54.1 (June 2015), pp. 308 – 310; Yuko Otsuka, "Niuean and Eastern Polynesian: A View from Syntax," *Oceanic Linguistics*, 45.1 (June 2006), pp. 429 – 456。

影响了纽埃民族文化的继承与发展。纽埃政府把纽埃语作为其民族文化的重要组成部分，目前正努力通过词典编纂、学校教授纽埃语等方式保护这一民族文化形式。纽埃政府2016—2026十年工作规划中，就把保护其波利尼西亚文化传统当作纽埃人民未来十年奋斗的目标。[①]

在信息传播方面，纽埃拥有报纸《纽埃之星》和纽埃广播公司（简称BCN）两家媒体。《纽埃之星》于1993年由纽埃新闻记者、摄影师迈克尔·杰克逊创建，采用英语和纽埃语双语形式，在纽埃、新西兰、澳大利亚三国同时发行，是纽埃唯一一家新闻出版机构，曾得到联合国教科文组织的资助。报纸流通量不大，年发行量不到1000份。2004年纽埃遭受飓风袭击后，该报搬到奥克兰，目前依然在印。纽埃广播公司是纽埃政府根据1989年的《广播法案》成立的政府附属机构，下设纽埃电视台和阳光无线广播电台，其宗旨是为纽埃居民提供高质量的信息、娱乐服务，传播纽埃传统文化、民族精神、民族语言，教育国民保护纽埃环境。

二、纽埃政治、政党与政府

（一）纽埃议会和法院

1974年，纽埃脱离新西兰的政治托管，实现政治独立。独立后的纽埃依然沿用英国、新西兰的君主立宪政体，实行一院议会制，政府内阁成员由议会选举产生，英国女王伊丽莎白二世是纽埃名义上的国家元首，英国女王派任总督代理行使纽埃管理职责。新西兰现任总督帕特西·莱迪接替上任总督杰里·迈特帕里，同时担任纽埃总督。

纽埃议会由选举产生。纽埃有14个村庄，每个村庄都是一个独立的选区。选举当天，每个选区可以投选7票，其中1票是本村居民，其他6票

---

① Government of Niue, *Niue National Strategic Plan 2016 - 2026*, p. 20.

则需要从候选名册中挑选，由选举当天选出，共选出20人组成议会。新议会第一次会议上，再从议会成员之外选举1人担任议长。议会产生以后，第一次会议上由议会从20名议员中推选产生纽埃总理，总理任期3年，可以连任。总理选举以后立即上任，通常身兼数职。新上任的总理应在7天之内，在征得本人同意的情况下，从另外19名议员中选举3人担任政府其他各部部长，并将名单提交议会议长，由议长宣布各部部长的任命，组成政府内阁。

纽埃议会是纽埃唯一合法的立法机构，成员包括议长1名和采用无记名投票形式选出的议员20名，负责制定维护纽埃和平、良好的社会秩序以及政府健康运转的法律法规，也负责制定涉及纽埃海外事务和人员的法律。

纽埃司法机构由纽埃高级法院和上诉法院构成。纽埃高级法院有权依照宪法规定对纽埃的刑事、民事问题实施司法管理，包括与土地有关的民事问题，并保证纽埃各项法律政策的有效实施。纽埃高级法院下设3个法庭，包括民事法庭、刑事法庭、土地法庭。任何法庭都应依法对各种刑事或民事诉讼案件进行听证，做出裁决，其中土地法庭负责处理所有与土地有关的民事诉讼案件。

（二）纽埃政党

纽埃虽然采用英联邦国家的政治体制，但其政党体系并不健全。当前的纽埃属于无政党国家，但其1987年曾经出现过一个政党，即纽埃人民党。纽埃人民党又称纽埃人民行动党，曾是纽埃的主要政党，也是纽埃有过的唯一政党。该党成立于1987年，1996年第一次进入议会，作为反对党赢得1999年的大选，其政党领袖萨尼·拉卡塔尼当选总理。2002年4月的选举中，纽埃人民党获得6个席位，在20名议会议员中得到14票的支持票，再次成为纽埃执政党。该党领袖、上一届内阁副总理米提泰亚吉米尼·扬·维维安接替拉卡塔尼当选总理，拉卡塔尼则成为副总理。2003

年，由于内部发生纷争，纽埃人民党宣布解散。自此以后，纽埃没有政党。[①] 现任纽埃总理托克·塔拉吉不属于任何党派。

（三）纽埃政府

自 1974 年成立自治政府，组建政府内阁以来，纽埃议会共选举产生了 5 位总理，分别是罗伯特·莱克斯（任期为 1974 年 10 月 19 日至 1992 年 12 月 12 日）、扬·维维安（任期为 1992 年 12 月 12 日至 1993 年 3 月 9 日，2002 年 5 月 1 日至 2008 年 6 月 19 日；纽埃人民党成员）、弗兰克·路埃（任期为 1993 年 3 月 9 日至 1999 年 3 月 26 日）、萨尼·拉卡塔尼（任期为 1999 年 3 月 26 日至 2002 年 5 月 1 日；纽埃人民党成员）、托克·塔拉吉[②]（任期为 2008 年 6 月 19 日至今）。历届总理当中，第一任总理罗伯特·莱克斯任期最长，长达 17 年，扬·维维安也先后担任三届内阁总理。现任总理塔拉吉在 2008 年大选中第一次当选总理，先后执政三届，在 2017 年选举中再次获胜，第四次当选纽埃总理。新一届纽埃政府对下设部委做了调整，新政府各部委包括：基础设施部，下设交通和公用事业两个部门；自然资源部，下设农林渔业、环境管理、气象服务三个部门；社会服务部，下设教育、卫生、司法、土地管理、社会调查与社区事物、文化等部门。

[①] 参见 http://en.wikipedia.org/wiki/Niue_People%27s_Party。
[②] 托克·塔拉吉，纽埃现任总理，生于 1951 年 1 月，1975 年毕业于新西兰梅西大学，获农业学学士学位，之后回国担任畜牧业官员。1981 年起先后任纽埃驻新西兰奥克兰高专署总领事、纽埃经济事务办公室主任。1999 年当选议员。2002 年任负责财政、邮政、通讯、教育和环境等事务的副总理。2005 年起任巡回大使和纽埃驻非加太—欧盟协定代表。2008 年 6 月当选总理。2011 年 5 月、2014 年 4 月、2017 年 5 月连续三度胜选连任。参见 http://www.fmprc.gov.cn/mfa_chn/gjhdq_603914/gj_603916/dyz_608952/1206_609328/。

三、纽埃经济

（一）经济概况

纽埃全岛均由珊瑚礁石构成，土壤系石灰岩常年风化而成，十分贫瘠，资源匮乏，没有石油、黄金、煤炭等自然矿产资源。此外，纽埃自然灾害频发，自然环境十分脆弱，对外交通又主要依靠新西兰和临近国家，缺少大规模发展经济的条件，因此其经济发展十分落后，国内生产总值一直处于较低水平。近几年，纽埃政府采取激励政策，大力发展旅游业、农业和海洋渔业，经济增长速度较快。根据纽埃政府 2016—2026 十年工作规划中的数据显示，2014 年纽埃的 GDP 为 2600 万新元，2015 年达到 3100 万新元，其中政府收入占到 50% 以上，纽埃的私有经济活动收入占国内生产总值的 18% 左右，农业和渔业收入占 25% 左右，其余的收入主要来自旅游业。农业、渔业、旅游业是未来十年纽埃经济发展的主要着力点。

纽埃的农业生产主要用于国内消费，少部分农产品，如诺丽果、诺丽果果汁、香草、蜂蜜、可可脂、椰肉干、西番莲果、木瓜、芋头、酸橙等出口国外。新西兰占据纽埃农产品出口市场的主要份额。此外，还有一小部分出口到澳大利亚、斐济、库克群岛等地。纽埃的工业发展严重滞后，企业数量较少，现有企业主要为小型的农产品加工厂，加工的产品多为西番莲果、酸橙油、蜂蜜、可可汁等。纽埃气候分干湿两季，湿季飓风、台风等恶劣天气会频繁出现，导致降水分布不均，农业所受影响极大。近年来，旅游业成为纽埃最主要的经济来源。纽埃政府主要通过深海潜水、帆船比赛等项目吸引世界各地的游客，每年有近百万美元的收入，但纽埃独特的气候条件也使旅游业受到诸多负面影响。除了国外援助及国内生产外，纽埃还通过税收或收取涉外渔业服务费来增加政府的经济收入。

(二) 经济产业

农业是纽埃的支柱产业之一，是纽埃主要的食品来源。纽埃国土总面积较小，可供农业开垦的土地面积却多达 204 平方公里，但是土壤贫瘠，多不适合农作物耕种，严重制约了纽埃农业的发展。近年来，纽埃政府增加投入，发展农业，大力开发山芋、西番莲、诺丽果等农作物的种植。山芋是历代纽埃人的主要食物，质量上乘，在国际市场享有很高的声誉，也是纽埃出口的重要农产品之一，占据了新西兰和澳大利亚山芋市场的大部分份额，在 20 世纪六七十年代曾一度成为纽埃的象征性产品。而西番莲果、椰干、酸橙、诺丽果、可可等农产品营养丰富，质量上乘，是纽埃 20 世纪 70 年代以来主要的出口产品。除此之外，木薯、甘薯、红薯、香蕉等也是纽埃产量较大的农作物。

渔业作为纽埃的三大经济支柱之一，在国民经济中也占据很重要的地位。纽埃近海并没有太多水产资源，且其绝大部分地区海岸线非常曲折，不利于船只登陆，难以在近海作业。纽埃远海水产丰富，盛产黄鳍金枪鱼、红鲈、旗鱼、陆蟹等。纽埃政府曾主要通过对外租赁渔业资源获得部分经济收入，但近年来，尤其是在中西太平洋渔业组织成立以后，纽埃政府关闭了其专属经济海域，不再靠向外国渔船开放赚取捕鱼税。2004 年，纽埃政府在阿洛菲附近成立渔业加工有限公司，加工纽埃附近海域生产的鱼类，再出口海外市场。但由于各种原因，该公司被迫于 2007 年 12 月关闭，对外租赁渔业资源问题重新被提上日程。悉尼大学社会学教授约翰·康奈尔的研究认为纽埃政府不太鼓励发展私营企业，[1] 这其中有保护纽埃脆弱生态环境的考量。根据纽埃政府 2016—2026 十年工作规划的要求，纽埃政府在着力保护其脆弱的自然环境的前提下，将进一步开发海洋资源，

---

[1] John Connell, "'The Best Island on the Globe': Constantly Constructing Tourism on Niue," *Australian Geographer*, Vol. 38, No. 1 (2007), pp. 1–13.

通过对外租赁等手段增加渔业收入，同时鼓励私有企业有序开发其海洋渔业资源，实现可持续发展。

旅游业是纽埃政府最重要的经济支柱产业。纽埃土壤贫瘠，不适合农作物的生长，但全岛各处覆盖着茂密的树林，风景优美，加之纽埃属于热带海洋性气候，年均气温在摄氏27度左右，气候温和，发展旅游业具有良好条件，每年都能吸引大量的海外游客。据统计，仅阿洛菲附近，每年的海外游客就有近万人。除新西兰政府经济援助之外，旅游业是纽埃最大的财政来源，也是未来十年纽埃政府发展的重点。近年来，新西兰政府为纽埃旅游业的发展提供了大力支持与经济、政策、交通援助。2017/2018财年，新西兰为纽埃提供了90万新元的财政支持，用于开发其旅游产业。新西兰的援助颇有成效，相比2009年，近几年纽埃旅游的人数增加了123%，旅游业对纽埃经济的贡献率增加了157%，与旅游相关的服务设施也在2014年的基础上增加了39%。[①]

（三）对外贸易

纽埃出口产品多为农产品，主要为山芋、香草、诺丽果等原生态产品，在澳大利亚、新西兰等国占据了很大的市场份额。除此之外，草帽、篮子等编织品和其他传统手工艺品也是纽埃重要的出口商品。总体而言，纽埃经济严重依赖国外进口，进口总额远远高于出口收入。进口的产品包括食品、动物产品、燃料、润滑剂、化学药品等日用商品，以及车辆、船只、冰箱等耐用商品，商品进口量大约是出口量的15倍。其中，大部分产品需要从新西兰等国进口。根据所能掌握的数据显示，[②] 新西兰进口的产

[①] 参见新西兰外事外贸网站：https://www.mfat.govt.nz/en/aid-and-development/our-work-in-the-pacific/aid-partnership-with-niue/。

[②] 无论是纽埃政府官方网站、新西兰官方网站、联合国教科文组织网站，还是美国中央情报局的《世界概况》等数据平台，有关纽埃的多数数据都停留在2013年或2014年或更早，缺乏最新数据。

品数量占到总进口量的60%左右。2004年纽埃的出口收入总额为20万新元，而同年度的进口总额为900多万新元。2008年，出口额2.7万新元，同比下降9.9%；进口额1098.6万新元，同比增长19.5%。2011年，出口额34.2万新元，进口额1400万新元。2012年，纽埃从新西兰进口燃料、食品等物品的总价值为1500万新元，而向新西兰出口的农产品、工艺品等产品总价值却仅为10万新元，较之2011年34万新元的出口总值下降比例较大，形成较大的贸易逆差，不利于纽埃国内经济的发展。近几年，纽埃进口额依然在大幅上升。

（四）吸收外资

纽埃严重依赖新西兰的经济援助，加上缺乏自然资源，因此除了旅游业之外，其并没有其他具备一定规模的经济实体。但近几年来，新西兰政府逐渐减少了对纽埃的经济援助，较之以前，平均每年减少大约25万新元。为刺激本国经济发展，摆脱对国际社会的依赖，近年来纽埃政府出台了一系列政策，鼓励私有企业发展。其中一个重要举措就是，吸引外资开发纽埃的森林资源，进行木材开发。但是，这一举措极有可能损害其自然环境，导致环境恶化，而且纽埃居民缺乏投资能力以及技术支持，劳动力资源也较少，因而类似的私营经济很难在纽埃持续发展。

2004年飓风"赫塔"袭击纽埃后，政府拨款100多万新元进行灾后重建，兴建佛奴雅库拉工业园。建成后的工业园由纽埃商业部负责管理，免费为入园企业提供咨询建议。为鼓励国外公司到纽埃投资，纽埃政府与新西兰经济发展署进行合作，通过政府网络平台为外国企业提供自主注册业务，并在税收等方面提供优惠政策。但纽埃缺乏行之有效的全国性发展规划，现有的政策规划尚未能全面关照纽埃各个方面的协调发展，不能满足当前国际发展局势的需求，因而纽埃难以得到充足的国外企业投资。然而，纽埃政府仍不断尝试同其他国家进行贸易合作，先后参与了太平洋岛国贸易合作组织的贸易服务计划，与欧盟签订了经济合作协议，同澳大利亚和新西兰签订了《太平洋更紧密经济关系协定》，并成立了贸易咨询指导办公室（简称 OCTA），帮助纽埃同太平洋地区其他国家进行合作，处理各种经济合作事务。①

（五）国际经济援助

纽埃的经济发展严重依赖新西兰政府。1974 年纽埃实现政治自治，但是在军事、外交、经济等方面严重依赖新西兰。按照宪法规定，新西兰有义务向纽埃提供大量的经济援助，用于其卫生、教育、林业发展及政府运转开支，且援助额度约占纽埃 GDP 的 50% 以上。根据相关统计，2012/2013 财年，新西兰对纽埃援助预算为 1400 万新元；2013/2014 财年，新西兰对纽埃的援助预算有所减少，为 1350 万新元。2018/2019 财年到 2020/2021 财年，新西兰政府每个财年将为纽埃提供大约 1500 万新元的财政援助，加上其他资助，2018 年至 2021 年间，新西兰政府共向纽埃提供 7100 万新元的资助，用于开发纽埃的旅游产业、能源，以及支付政府管理方面的开支。② 由于新西兰等国的经济援助，纽埃的人均收入水平远在世界人口平均收入水平之上，属于世界上为数不多的福利国家之一。

除了新西兰政府的经济援助之外，纽埃海外侨民的侨汇是纽埃另一个主要经济来源，20 世纪七八十年代这一现象最为突出。近些年来，由于许多家庭举家移民新西兰，纽埃的这一经济收入来源正逐渐减少。20 世纪 90 年代，太平洋财政技术援助中心（简称 PFTAC）调查后发现，近些年来纽埃非但没有接受多少外来汇款，相反却有大量资金流向国外，用于支付食物进口以及子女在新西兰学习的费用。

除了新西兰之外，澳大利亚、欧盟、中国、日本、印度、韩国、联合

---

① 参见 http://en.wikipedia.org/wiki/Niue。
② 参见新西兰外事外贸网站：https://www.mfat.govt.nz/en/aid-and-development/our-work-in-the-pacific/aid-partnership-with-niue/。

国发展计划署、联合国粮食和农业组织都给予纽埃一定的经济援助。2004年1月，纽埃遭受历史上最强烈的飓风袭击，受灾情况严重，中国、澳大利亚、新西兰、法国、法属波利尼西亚和欧盟都提供了援助。2014年1月，欧盟、澳大利亚与全球环境基金合作，援助纽埃建设5000多个储水罐，解决日常用水问题。随着纽埃同世界各国的交往日益频繁，以中国、日本、印度为代表的越来越多的国家开始关注纽埃，为其提供资金、技术等多方面的援助。

四、纽埃国防、社会安全与外交

（一）国防

1774年，英国探险家詹姆斯·库克发现了纽埃，三次试图登陆，均没有成功。1830年，英国探险家约翰·威廉姆斯成功登陆纽埃，纽埃从此成为英国的殖民地。1895年，在纽埃国王的请求下，英国正式成为纽埃的监护国。与此同时，新西兰也试图将纽埃并入新西兰版图。1903年，新西兰最终与英国政府达成协议，正式托管纽埃，并于次年开始在纽埃设立岛国委员会（后更名为纽埃岛议会、纽埃议会），并为其在新西兰议会中保留席位。第二次世界大战后，随着世界民族解放运动的兴起，纽埃作为殖民地国家，其独立也被联合国提上日程。1974年，新西兰议会通过《纽埃宪法》，经纽埃议会投票，确定纽埃独立，成立自治政府，但与新西兰保持自由联合关系，新西兰仍然代表纽埃管理外交与国防事务。

纽埃没有自己独立的军事力量及军事装备。根据1974年的《纽埃宪法法案》，纽埃作为新西兰的政治自由联合国家，其独立后的国防事务在纽埃政府同意并授权的情况下，由新西兰国防部负责。新西兰国防部负责纽埃的领土安全，并由新西兰皇家空军定期在纽埃专属经济区巡逻。纽埃政府允许新西兰国防部从纽埃征兵，进行武装训练，必要时编入新西兰部队参加作战。第一次世界大战和第二次世界大战期间,纽埃都派员编入新西兰军队参战。

(二) 社会安全

由于纽埃和新西兰特殊的军事关系,纽埃没有自己的军队以及相关的国防部门和军事工业。警察厅是纽埃唯一的武装部门,用以维护纽埃的社会安全与稳定。纽埃的每个村庄通常只有两名工作人员,一名警长,一名警员,其职责是维持本村的法律秩序和公共安全。纽埃的社会秩序良好,没有重大犯罪行为,常见的也只是情节轻微的偷盗、违章驾驶、允许牲畜乱跑等违反社会秩序的行为。总体而言,纽埃人民追求自然、淳朴的原始风味的生活,违法犯罪行为极少,社会稳定,这也是纽埃政府2016—2026十年工作规划中努力维持的社会状况。

(三) 外交

纽埃取得政治独立后的很长一段时间内,其国际生活一直依赖新西兰,这一传统目前依然存在。到目前为止,纽埃政府依然把新西兰当作其开展国际交流活动的重要窗口,并在新西兰设置对外交流管理机构,很多外事活动仍依靠新西兰开展。1988年新西兰宣布,新西兰以后所参与的各项国际协定,将不再将纽埃纳入其中,这标志着纽埃外交独立的开始。纽埃开始以独立的身份同其他国家建立外交关系,加入各种国际组织,签署各项国际协定、公约。1993年纽埃成为联合国教科文组织成员国,1994年加入世界卫生组织。也是在1994年,联合国秘书处宣布纽埃享有独立签订各项国际条约、协议的所有权利。

进入21世纪后,纽埃的外交活动范围有所扩大,积极加入各级各类国际组织。纽埃目前不是联合国成员国,但已经加入联合国教科文组织、世界卫生组织、联合国粮农组织、世界气象组织,是万国邮政联盟、太平洋岛国论坛、国际农业发展基金会、国际禁止化学武器组织、太平洋共同体、南太平洋地区经贸合作协定、非加太国家集团、南太旅游组织的成员。2008年12月，纽埃加入联合国碳平衡网络。除此之外，纽埃还签署了多项国际协定或公约，主要包括《太平洋更紧密经济关系协定》、《太平洋地区燃料合作协定》（2009）、《全面禁止核试验条约》（2012）、欧盟同非加太国家集团之间的《科多努公约》（2000，之后纽埃政府派专员常驻布鲁塞尔欧盟总部）、《中西太平洋高度洄游鱼类种群养护和管理公约》（2000）、《南太平洋禁止长流网捕鱼公约》（即"惠灵顿公约"，1997）、《南太平洋地区自然资源及环境保护公约》（1990）、《拉罗汤加南太平洋无核区条约》（1986）、《关于持久性有机污染物的斯德哥尔摩公约》（2002）、《部分太平洋岛国与美国渔业条约》（2003）、《联合国生物多样性公约》（1996）、《生物安全协定》（2002）、《联合国气候变化框架公约》（1996）、《京都协定》（1999）、《联合国海洋法公约》（1984）、《维也纳臭氧层保护公约》、《韦盖尼公约》（2003）和《世界遗产公约》（2000）等。

2000年以来，纽埃作为政治独立国家的外交关系也有了长远发展，已经和13个国家和地区正式建立了外交关系。到2018年为止，与纽埃建立外交关系的大洋洲国家包括新西兰（1993）、澳大利亚（2013）、库克群岛（2013）、巴布新几内亚（2004）、萨摩亚（2014）；亚洲国家包括中国（2007）、印度（2012）、新加坡（2012）、泰国（2013）、土耳其（2014）、日本（2015）；美洲国家包括古巴（2014）；欧洲国家包括意大利（2015）、科索沃（2015）。此外，纽埃还与美国、欧盟、南太平洋邻国保持密切的往来。

（四）主要大国关系

新西兰是纽埃最重要的外交关系，纽埃宪法和新西兰宪法之间也有密切的联系。1901年，新西兰从英国政府手中取得对纽埃的政治托管权。1974年，新西兰应联合国要求，通过《纽埃宪法》，允许纽埃作为新西兰的自由联合体，成立自治政府，规定"新西兰政府有权代表英国女王行使权力"，"新西兰依然有义务为纽埃提供必需的经济及行政管理帮助"。1977年，新西兰《国籍法案》规定，纽埃人自然享有纽埃和新西兰双重国籍。为保证两国之间合作的顺利开展，纽埃和新西兰互派代表，协助双方政府开展合作，两国国家高层领导实现互访，互派高级专员。

近几年，随着新西兰国内以及全球政治经济局势的变化，新西兰对纽埃的政策有所调整。自2000年以来，纽埃开始建立自己的外交关系，寻求与世界各国的合作。但由于没有自己的军队和国防力量，在国家安全及军事外交方面，纽埃依然严重依赖新西兰。1981年，纽埃在新西兰的奥克兰市设立总领事馆，标志着纽埃和新西兰的现代外交关系正式开始。1993年，纽埃在惠灵顿设立纽埃高级专员公署，标志着纽埃作为独立的国家与新西兰正式建立了外交关系。

美、日等国同纽埃的关系也在纽埃的国际交往中具有重要意义。美国虽然同澳大利亚、新西兰等国合作密切，但到目前为止还未同纽埃建立正式外交关系。日本作为太平洋地区重要国家，于2015年8月14日与纽埃建立正式外交关系。早在2015年6月第七届太平洋联盟领导人会议上，日本首相安倍晋三与纽埃总理托克·塔拉吉就建立外交关系事宜进行了磋商。作为其海洋战略的一部分，日本政府许诺协助纽埃开展"人类安全草根工程"，每年向纽埃提供1亿日元（约合11万新元）的援助，为纽埃提供人员培训服务。日本此举的目的在于，试图通过与纽埃的外交关系及经济援助，增加其在太平洋地区国际事务中的影响力，借以抗衡中国在太平洋地区不断提升的影响力。

（五）中国—纽埃关系及合作前景

纽埃是南太平洋地区小国，与中国同属亚太地区发展中国家，双方有着诸多共同语言。长期以来，中国本着平等互利的原则积极发展同太平洋岛国的友好合作关系。2005年以来，中国领导人多次与纽埃政府领导人接触。2007年6月，纽埃总理维维安访华。同年12月12日，中华人民共和国驻新西兰特命全权大使张援远与纽埃政府总理维维安在惠灵顿分别代表各自政府签署建交联合公报，决定即日起建立大使级外交关系，纽埃成为中国第170个建交国家。纽埃十分重视中纽关系，纽埃总理塔拉吉称"中国是世界上首个与纽埃建立正式外交关系的国家"，这也是纽埃首次为外国大使举行正式的国书递交仪式。

建交后，中国和纽埃高层领导之间外事交流频繁。2008年四川汶川发生地震，塔拉吉总理代表纽埃政府向中方捐赠7080新元（约合3.5万元人民币）用于灾后重建。2008年，为纪念中华人民共和国成立60周年，纽埃政府委托新西兰铸币厂专门铸造了一款纪念银币。2014年11月16—23日，国家主席习近平对澳大利亚、新西兰、斐济等国进行国事访问，并在斐济同建交的太平洋岛国领导人举行会晤，其中就包括纽埃总理塔拉吉。这次会晤对于国际新形势下的中纽关系发展具有重要意义。习近平指出，中方愿同纽方继续扩大友好交流，加强渔业、基础设施建设、医疗卫生等领域的合作，帮助纽埃加快发展。塔拉吉表示，中国对太平洋岛国的政策有利于岛国可持续发展，深受岛国人民欢迎。作为这次会晤的成果，2015年纽埃作为成员国之一，参与了"中国—太平洋岛国论坛奖学金项目"，纽埃学生可通过该项目获得中国政府的资助。

中国始终注重与太平洋岛国在经济上的共同发展、和平发展、合作共赢。纽埃作为该地区的重要国家之一，其态度对于中国，尤其是对于"一带一路"倡议，对于加强南南合作，形成更加紧密的亚太经济融合趋势，提升中国国际形象，使中国在国际社会，特别是发展中国家获得更为广泛的支持，无疑都具有非常重要的现实意义。[1] 太平洋地区许多国家也注意到中国的快速发展给他们带来的巨大机遇，加之在同太平洋岛国的交往中，中国政府所提供的均是不附加任何政治条件的援助和互利双赢的经济

---

[1] 胡传明、张帅："美中日在南太平洋岛国的战略博弈"，《南昌大学学报（人文社会科学版）》2013年第1期。

合作策略,因而较之美、日等国,中国更加受到纽埃政府和人民的欢迎。纽埃作为该地区的重要成员之一,其同中国的合作前景将更为广阔,尤其是赴纽埃旅游的中国游客数量的增加,一定会在某种程度上推动作为纽埃经济支柱的旅游产业的发展,给纽埃国内的经济发展注入活力。2018 年 7 月 23 日,中国驻新西兰兼驻库克群岛、纽埃大使吴玺代表中国政府与纽埃总理托克·塔拉吉共同签署《关于共同推进"丝绸之路经济带"和"21 世纪海上丝绸之路"建设的谅解备忘录》,聚焦双方政策沟通、设施联通、贸易畅通、资金融通、民心相通,努力实现中国和纽埃之间的广泛合作,为纽埃及该地区共同发展做出努力。[1] 签订备忘录后的塔拉吉说,"我所期望的援助不一定是金钱上的援助,而是借助他们当下所提供的各种设施条件提升我们提高收入水平的能力"。[2] 中国在斐济、萨摩亚、汤加等国经济、文化、教育等领域的交流与合作所取得的成就,为下一步的中纽合作提供了很好的参照,而塔拉吉总理的话也为中国在太平洋岛国地区推进"一带一路"建设提供了非常重要的参考。

---

[1] 参见 https://eng.yidaiyilu.gov.cn/gbjg/gbgk/62807.htm。
[2] 参见 https://www.radionz.co.nz/international/pacific-news/367801/niue-mulls-chinese-shipping-tax-scheme-under-belt-and-road。

"萨摩亚方式"与当代萨摩亚社会观念的变化趋势

梁国杰* 杨 茜**

一、萨摩亚概况

萨摩亚（Samoa）是位于太平洋西南部的一个小型独立岛国，官方全称"萨摩亚独立国"（Independent State of Samoa），首都是阿皮亚（Apia）。萨摩亚的地理位置在新西兰和夏威夷的中间，也被称为"波利尼西亚的心脏"（the Heart of Polynesia）。萨摩亚由11个政区（itūmālō, political districts）组成，这些政区都是欧洲人到来之前就已建立的传统区域。

萨摩亚的居民是大约3000年前在萨摩亚诸岛定居的南岛语族（Austronesian）探索者的后代。[1] 萨摩亚的人口数量为19.5979万人（根据萨摩

---

* 梁国杰，博士，硕士生导师，聊城大学外国语学院副教授，聊城大学太平洋岛国研究中心研究员，现任萨摩亚国立大学孔子学院中方院长。
** 杨茜，硕士，聊城大学援萨教师。
[1] Irwin, Geoffrey, "Voyaging and Settlement", in K. R. Howe (ed.), *Vaka Moana: Voyages of the Ancestors*, Auckland: Auckland Museum/David Bateman, 2006, pp. 54–99.

亚统计局网站2016年人口普查数据),① 90%的居民为萨摩亚人,② 居住在首都阿皮亚和大约360个村落里,分布在2个自然资源丰富的大岛萨瓦伊(Savai'i)和乌波卢(Upolu),以及8个较小的岛屿上,陆地总面积2934平方公里。只有23%的萨摩亚人口居住在城区,其余人口主要居住在海边的村落里。萨摩亚地处太平洋的中央,与其他大陆块相距遥远,在地理位置上相对孤立。它位于西经171°和172°、南纬13°和14°之间,距苏瓦约1200公里,距奥克兰约2890公里,距悉尼约4400公里,距洛杉矶约8400公里。③

萨摩亚已知最古老的人类居住地是位于乌波卢岛上的穆利法努阿(Mulifanua),那里的人类居住历史可以追溯到约公元前1000年。整个岛上都可见石制的"金字塔"建筑和星星形状的石堆,这些启发了考古学家关于这一时期萨摩亚历史的各种假说。几千年来,萨摩亚人民同临近的太平洋岛国斐济、汤加开展贸易活动,既发生过战争,也在贵族间实行过通婚。不同文化和血统种系的交织,加强了这些南太平洋岛国之间的联系。

1722年,荷兰人雅各布·罗格维恩第一个发现了萨摩亚诸岛。18世纪晚期,欧洲捕鲸船和商船来到萨摩亚。1899年,在经历了数年内战之后,萨摩亚群岛遭到分裂——德国人占领了萨摩亚群岛的西部,美国人占领了东部诸岛,如今东部被称为"美属萨摩亚"(American Samoa)。第一次世界大战爆发之后,新西兰从驻扎在岛上的德国人手中夺取了西萨摩亚。一战结束以后,新西兰代表联合国对西萨摩亚实行行政托管,从1918年一直到其于1962年1月1日独立为止。从1962年开始,西萨摩亚成为第一个获得独立的太平洋岛国。独立以来,这个国家一直被称为"西萨摩亚",直到1997年7月更名为"萨摩亚独立国"。萨摩亚的1月多雨,又恰逢圣诞节假期,不便举行庆祝活动,因此自1963年起萨摩亚便改6月1日为独

---

① 萨摩亚统计局网站, http://www.sbs.gov.ws/ 2019.4.12。
② 倪学德:《萨摩亚(列国志:新版)》,社会科学文献出版社2015年版,第4页。
③ Macpherson, Cluny & La'avasa Macpherson, *The Warm Winds of Change: Globalisation in Contemporary Samoa*, Auckland: Auckland University Press, 2009.

立日。每年的6月，萨摩亚都会举行盛大的独立日庆祝活动。

二、萨摩亚人的文化观念

文化是维系一个社会群体的共同意义框架，它通过语言思维模式、生活方式、生活态度、符号象征和观念预设等得以保存和延续。文化构成了一个社群的集体记忆，成为世代流传下去的集体遗产。文化不仅能够维系社会群体，还赋予其组织结构、发展方向和身份认同。文化不是自然发生的，而是人为创造的，它具有目的性和集体性，由一代人自觉地传递给另一代人。因此，文化必定被有意识地践行、习得和适应，并在此过程中得以形成、调整和传承。我们在谈论文化及其所包含的各种传统时，实际上就是在谈论特定社群中支配社会活动和价值观的核心要素。①

萨摩亚人对他们的本族文化是非常敏感的，甚至可以说是固执的。一般关于文化的概念都归因于人类的努力，而萨摩亚人却坚持认为他们的文化具有神学起源。在萨摩亚人看来，他们的文化不仅仅是人类的成就，因为它起源于塔伽洛阿（Tagaloa）神，是他指示萨摩亚人如何组织和实践他们的生活的。例如在萨摩亚创世故事中，塔伽洛阿的第一次会议就是萨摩亚"村落议事会议"（fono）的模型。这种议事会议形式在萨摩亚村落里仍然被视为权威、指令和团结的来源。②

基于萨摩亚人对文化起源的这种信念，他们认为文化主要是为整个民族和社会的利益服务的，同时它也是与生活相关的，因为它产生于人们的生活经验。通过各种文化结构和传统仪式，它使社会的核心价值得以保存

---

① Kamu, Lalomilo, *The Samoan Culture and the Christian Gospel*, Suva, Fiji: Donna Lou Kamu, 1996, Reprinted in Samoa 2014.

② Kamu, Lalomilo, *The Samoan Culture and the Christian Gospel*, Suva, Fiji: Donna Lou Kamu, 1996, Reprinted in Samoa 2014.

和延续。文化通过各种传统得以流传下来，正是这种正统的文化遗产使人们与过去、现在建立起联系。它赋予人们身份认同、团结精神和指导方针，同时为人们提供了一个走向未来的基础。

三、"萨摩亚方式"（Fa'a Sāmoa）

一般认为，萨摩亚社会是一个受"萨摩亚方式"支配的传统社会，这种传统的萨摩亚生活方式具有超过3000年的历史。[①] 对于萨摩亚人来说，"萨摩亚方式"是他们的生活指南，指导着他们如何接受并庆祝传统的价值观念，如何维护他们的文化和环境。它是萨摩亚社会生活中不可或缺的组成部分，这一点在萨摩亚人民悠久的历史传统、热情好客的民风及其文化实践、风俗习惯中都有明显的表现。

在萨摩亚社会，文化传统被强有力地保持着。虽然许多来自世界其他地区的思想观念和技术发明已经融入萨摩亚的日常生活中，但"萨摩亚方式"却迅速吸收了这些变化，并提供了一个确保文化延续的环境。"萨摩亚方式"涉及社会生活的方方面面，但其中有三个构成要素是最关键的——大家庭或广义家庭（萨摩亚语为'aiga，即 extended family）、马他伊（萨摩亚语为 matai，即酋长）以及基督教会。

（一）大家庭（'aiga）

大家庭和马他伊都是马他伊制度（参见下文）的组成部分，两者是密不可分的，离开了其中一个就不能充分理解另一个。为了理解马他伊制度，必须理解萨摩亚语境下的"大家庭"概念。大家庭包括了所有承认家

[①] Kamu, Lalomilo, *The Samoan Culture and the Christian Gospel*, Suva, Fiji: Donna Lou Kamu, 1996, Reprinted in Samoa 2014.

族马他伊领袖地位的成员。这些成员并不一定居住在同一处住宅里，也不一定住在同一个村落里。尽管如此，在特别的日子里，所有的大家庭成员都要到马他伊的住处集合，比如讨论婚礼、葬礼以及涉及土地纠纷或土地契约的事项，尤其是在任命新马他伊的时候。大家庭是一个不断发展的存在，其根源是多种多样的，但它在萨摩亚人生活中的重要性和影响力是一个现实。[1]

萨摩亚的大家庭一般由父母、兄弟、姐妹、子女、（外）祖父母、堂（表）兄弟姐妹、侄子（外甥）、侄女（外甥女）组成，有时候也包括被收养的人。传统上，他们在村落里生活在一起，但随着人口流动的加剧，大家庭的成员也可能居住得较为分散。当大家庭的成员与其他村落的成员结婚以后，所有的姻亲也成为广义家庭单位的一部分，每逢有喜事或丧事，所有成员都要聚在一起，出钱出力。为自己的大家庭效力是萨摩亚人的终生义务。

在萨摩亚文化中，家庭占据着极为重要的地位，对长者的尊重是必须严格遵守的规矩，为家人服务是所有家庭成员应尽的责任。萨摩亚儿童生来就处在"萨摩亚方式"的世界里。婴儿的胎衣（fanua）被埋在家庭住宅附近，从而把婴儿与住所和社区联系起来。儿童的教育由大家庭自己来进行，以便他或她同家庭和社区拥有一种直接的关系。按照传统，在一个人生命的最后时刻，他或她会被送回自己的出生地埋葬。

萨摩亚的大家庭传统有许多内在优势。[2] 在社会或经济困难的时代，大家庭是家庭成员维持生计，获得安全感和精神慰藉的来源。只要大家庭还在正常运转，萨摩亚社会几乎不需要托儿所或养老院。大家庭是萨摩亚社会的基本单位，"萨摩亚方式"就是通过它来运行的。三代或四代人通常居住在一起或者住得很近，姑姨、叔舅、堂（表）兄弟姐妹也与其他家

---

[1] Kamu, Lalomilo, *The Samoan Culture and the Christian Gospel*, Suva, Fiji: Donna Lou Kamu, 1996, Reprinted in Samoa 2014.

[2] Lay, Graeme, Tony Murrow & Malama Meleisea, *Samoa: Pacific Pride*, Auckland: Pasifika Press Ltd, 2000.

庭成员保持着密切的联系。通过了解大家庭的家谱（gafa），孩子很快便能认识到自己在这个亲密的集体结构中的适当位置。每个成员都知道自己的地位、他人的预期和个人的义务。那些履行了自身义务的人都知道，从长远来看，他们将会是这个体系的受益者。

因此，孩子仅仅出生在大家庭中是不够的，为了完全成为大家庭的一部分，他们必须参与家庭事务并做出贡献。这就使得那些与大家庭没有直接关系，却对大家庭表现出适当忠诚的孩子有可能被大家庭收养。而对大家庭的这些责任是他们终其一生要承担的。尽管大家庭的结构具有明显的优势，但是诸多家庭义务导致的负担也很重。例如，萨摩亚青年的自杀率之高令人困扰，尤其是萨摩亚的年轻男性。[1] 一般认为，主要原因是年轻人在满足家庭期望时感受到的困难，以及年轻人与年长者之间的冲突，年轻人通常比年长者受过更多的西式教育，而年长者却期望在"萨摩亚方式"下受到年轻人的尊重。

大家庭里的祖父母和其他年老的成员受到高度尊敬，拥有最高的权威。[2] 他们向年轻人传递宗谱，讲述家族故事、传说和信念。同时，他们在孩子的父母工作的时候，负责照看年幼的孩子。传统故事（fagogo）有助于向儿童和成人潜移默化地灌输一种道德情感。这些故事通常在晚上讲述，也可能采用歌曲的形式，或者边讲边唱。歌曲和舞蹈在萨摩亚社会发挥着重要作用，有助于将大家庭甚至更大村落社区的成员们团结起来。歌曲可以讲述故事，记录重要事件或表达爱国精神。

萨摩亚家庭对年轻人的期望很高，他们在儿童时常受到体罚和训诫。年龄较大的儿童应当保护年龄较小的兄弟姐妹们。兄弟和姐妹之间有一种特殊关系：年轻男性必须维护他们姐妹的荣誉，而且他们之间必须一直恪守一种特定的礼仪。年轻女性应当保持贞操，衣着要庄重得体。在许多仪

---

[1] Lay, Graeme, Tony Murrow & Malama Meleisea, *Samoa: Pacific Pride*, Auckland: Pasifika Press Ltd, 2000.

[2] Lay, Graeme, Tony Murrow & Malama Meleisea, *Samoa: Pacific Pride*, Auckland: Pasifika Press Ltd, 2000.

式中，儿童都是重要的参与者。日常生活中，儿童需要做家务，承担他们的种种责任。萨摩亚人认为，这是在为他们今后的成年生活和婚姻做准备。每逢萨摩亚儿童节"白色星期天"（White Sunday）——一个庆祝童年的教会节日，年轻人会受到大家庭的特殊优待和悉心照顾，孩子们穿上他们最好的衣服，享受专为他们准备的精致宴会。

近年来，尽管许多大家庭的成员移民到遥远的奥克兰、悉尼或洛杉矶等地，但大多数萨摩亚人还能说出夫妻双方的家人们来自哪里及现居何处，在婚礼、葬礼和其他重要的家庭节日他们也会收到通知，这些均起到维系家庭纽带的作用。

因此，大家庭是一种复合的、影响深远的力量。家庭经济结构的一个重要方面体现在移居国外的萨摩亚人给国内大家庭的捐款数量上。长期以来，海外汇款都是萨摩亚财政稳定性的一个来源。这些捐款是对他们不能直接贡献于大家庭的日常生活所做的补偿。今天，许多居住在西方国家的萨摩亚人越来越感受到更加个体化而非家族式取向的经济结构的冲击。①

（二）马他伊制度

马他伊是广义家庭单位的首领，他们的角色非常复杂，在村落里同时承担家族、民事、政治等多种职责。在萨摩亚诸岛上，一共有362个努乌（萨摩亚语为 nu'u，即村落），总共有1.8万个马他伊（萨摩亚语为 matai，即酋长）。②

马他伊包括两种类型——高级马他伊（ali'i）和发言马他伊（tulafale），这种区分在萨摩亚是一直存在的。高级马他伊仍然通过继承获得他们的头衔，形成各种各样的贵族阶层。发言马他伊则通过履行重要的行

---

① Lay, Graeme, Tony Murrow & Malama Meleisea, *Samoa: Pacific Pride*, Auckland: Pasifika Press Ltd, 2000.

② Kamu, Lalomilo, *The Samoan Culture and the Christian Gospel*, Suva, Fiji: Donna Lou Kamu, 1996, Reprinted in Samoa 2014.

政管理职责，以及作为发言人的卓越表现来获取相似的社会地位。发言马他伊的职务象征是 fue，即一根用编绳做成的蝇拂，当他（她）发表正式讲话时，手中要拿着这把蝇拂，或者手持一根象征权威的牧杖（to'oto'o）。①

马他伊制度是一个兼具社会性、政治性、宗教性的制度。② 马他伊是作为一个整体的大家庭（aiga potopoto）授予一个人的头衔（suafa）。马他伊一般是男性，有时候也可以是女性，只要整个大家庭都同意这个人作为家族的首领。新马他伊的任命是一件极其慎重的事情，需要经过深思熟虑的计划，并与所有相关人员进行深入沟通。尤其是对会议召集人而言，任命新马他伊需要大量的时间和耐心，以便争取尽可能多的家族成员参与其中。新马他伊的任命被认为是至关重要的大家庭会议场合，因为大家庭的未来就取决于人们能否选举出最合适的人选来担任这个职位。

选举新马他伊的日期确定之后，一般要提前数周通知所有家族成员在指定时间到现任马他伊的住处集合。全体家族成员集合后，需要按照惯例举行特定的仪式，如祈祷、卡瓦欢迎仪式、聚餐等。之后，会议召集人致开幕词，宣布会议开始，说明选举程序，同时强调选举新马他伊是所有在场成员的责任。如果是死亡的原因导致马他伊职位空缺，会议召集人会带领家族成员追忆前任马他伊在照顾整个家族方面的美德和出色表现。通常，在酝酿和讨论新任马他伊人选的时候，候选人必须符合下列要求："对所有为他服务的人表现出同情和善意；维护家族的尊严和荣誉；为村落里的酋长们和发言人们所欣赏并接受。"在发言的结尾，会议召集人通常会提出一个候选人的名字，然后人们开始进行充分、自由、坦率甚至激烈的讨论。每一个参与讨论的人，无论男女，也不管有没有头衔，都有权利提出自己的建议或意见，对候选人表示赞同或反对。在任命新马他伊之前，达成共识非常重要。有时候，为了达成一致意见，整个过程可能要延

---

① Lay, Graeme, Tony Murrow & Malama Meleisea, *Samoa: Pacific Pride*, Auckland: Pasifika Press Ltd, 2000.
② Kamu, Lalomilo, *The Samoan Culture and the Christian Gospel*, Suva, Fiji: Donna Lou Kamu, 1996, Reprinted in Samoa 2014.

续数周甚至更久。如果实在无法取得共识，在现代政府体制下，作为最后的手段，家族可以提请土地和头衔法庭（Land and Titles Court）选出新的马他伊。大多数家族都不愿意诉诸法庭来解决，因为这样会在家族内部造成未来的分歧而非团结。[1]

传统上，马他伊被认为是整个家族的大家长（father）。人们认为，是上帝将整个家族的精神生活和物质生活委托于马他伊。一旦被任命为马他伊，他就成为家族的首领，必须恰当地履行家族首领的职责，照顾所有的家族成员，无论他们在家族中扮演何种角色，也不管他们在选举前的讨论中发表过何种意见。作为马他伊，他有义务维护家族的名誉和声望。他的具体职责包括：分配家族的土地供家族成员使用，协调各种家族活动等。马他伊还负责执行村落法律，惩罚违反社会行为准则的家庭成员。较重的违法行为通常包括杀人或其他暴力行为、拒绝服从家族命令、通奸或醉酒等。轻微犯罪的惩罚形式通常是繁重的义务劳动，严重违反家庭礼仪则会受到极端的羞辱。国家也会执行通行于西方世界的法律和惩罚。有时候，萨摩亚的传统法律也会和西方法律体系相冲突，但一般来说，大多数违法行为都是在村落层面处理的。[2]

作为大家庭的领袖，马他伊被授予大家庭内部的传统权威。每个大家庭至少有一个马他伊作为首领。马他伊通过家族选举和继承相结合的方式被任命，在村落议事会议上代表整个大家庭的利益。人们期望马他伊为大家庭而努力争取，使所有家庭成员获得最大的利益。马他伊受到极大的尊敬，对他们说话时应当以其头衔相称，根据地位的高低，马他伊的头衔敬称包括 Afioga, Susuga 和 Tofa。高级酋长妻子的头衔是 Masiofo。马他伊的头衔是与大量的演讲、庆典活动和礼物赠送相伴而生的。近年来，也有批评认为，现有的马他伊头衔数量有过多之嫌。经过 1990 年公民投票之后，

---

[1] Kamu, Lalomilo, *The Samoan Culture and the Christian Gospel*, Suva, Fiji: Donna Lou Kamu, 1996, Reprinted in Samoa 2014.

[2] Lay, Graeme, Tony Murrow & Malama Meleisea, *Samoa: Pacific Pride*, Auckland: Pasifika Press Ltd, 2000.

拥有投票权的选民范围被扩大到所有的成年萨摩亚公民，但是只有马他伊才能竞选国会议员的规定依然保留着。[①]

（三）基督教的影响

19世纪早期以来，西方基督教传教士一直是促进萨摩亚社会生活变迁的最重要动因之一。他们使萨摩亚人从对太阳、大地、天空和海洋的多神信仰，皈依到唯一上帝信仰。1830年，来自伦敦传教士协会的约翰·威廉姆斯牧师来到萨瓦伊岛，与8名来自塔希提（Tahiti）和拉罗汤加（Rarotonga）的教师一起传播基督教福音，基督教从此开始对萨摩亚人的生活产生深远的影响。如今，在萨瓦伊和乌波卢两大主岛上，人们都可以看到约翰·威廉姆斯的纪念碑。萨摩亚人是一个虔诚的宗教民族，在每个村落都能见到不同教派的教堂，他们花费大量的时间来从事教会活动。星期天是他们做礼拜的日子，也是和家人在一起的日子，人们不会进行任何体力劳动。对于许多萨摩亚人而言，基督教和"萨摩亚方式"是相互交织、难解难分的。今天，萨摩亚国徽上印着这样的箴言："萨摩亚是建立在上帝基础之上的（萨摩亚语为Fa'avae i le Atua Sāmoa，意为Samoa is founded on God）。"

基督教是被"萨摩亚方式"所接纳的少数西方影响力之一，对萨摩亚社会产生了显著而深远的影响。虽然萨摩亚人仍然通过讲故事和唱歌的方式与他们的古老信仰保持着联系，但是基督教在萨摩亚人的日常生活中也占据了重要位置。例如，基督教的分享精神与传统的礼物赠送文化正好契合，而传统的尊严（mana）观念如今已与上帝赐予的恩典成了同义词。牧师（faife'au）是任何一个萨摩亚社区的重要成员。他拥有类似于马他伊及其妻子的权威，负责组织各种教会活动，并以基督教会的方式对儿童进行

[①] Lay, Graeme, Tony Murrow & Malama Meleisea, *Samoa: Pacific Pride*, Auckland: Pasifika Press Ltd, 2000.

教育。①

（四）村落（nu'u）

对于萨摩亚社会而言，如果把大家庭比作地核，那么村落就好比包围着它的地幔。在萨摩亚，总共有362个村落，居住着将近80%的人口。萨摩亚人对自己村落和大家庭的忠诚，是一种近乎神圣的责任。每个村落都有其独特的历史和它精心维护的身份。②

大多数萨摩亚村落坐落在海边，风景秀丽，具有明显的传统特色。闪闪发光的白色珊瑚砂围绕着萨摩亚传统房屋法雷（fale），树上盛开着赤素馨花（frangipani），还有高大的芒果树、耸立的椰树，沿着小路则排列着漆成白色的石头和各种颜色的巴豆植物。壮观的教堂也是村落景观不可或缺的一大特色。这些村落受西方文化的影响极小，在乌波卢岛上远离首都阿皮亚的东海岸和南海岸最为常见，而特色最突出的村落则位于萨瓦伊岛的东海岸。

虽然每个村落的构造有所不同，但有一些元素是所有村落共有的。村落中央的露天空地（malae）是整个村落的共有财产，也是举行特别活动以及部落会议的场所。法雷坐落在空地周围，是萨摩亚的传统家庭住宅。法雷呈椭圆形，建在混凝土或珊瑚岩地基之上，屋顶上覆盖着编织好的棕榈树叶。法雷的四周是开放式的，由数根柱子支撑着屋顶，凉爽的微风可以自由地穿过法雷，用椰树叶（pandanus）编织的卷帘悬挂在法雷四周，可以放下来挡雨。因此，法雷既独具风格，又非常实用。法雷里面很少放家具，人们睡在露兜树叶编织的垫子上，到了白天就把垫子卷起来，衣服通常放在木箱子（pusa）里。即便是完全按照传统风格建设的法雷里，也

---

① Lay, Graeme, Tony Murrow & Malama Meleisea, *Samoa: Pacific Pride*, Auckland: Pasifika Press Ltd, 2000.

② Lay, Graeme, Tony Murrow & Malama Meleisea, *Samoa: Pacific Pride*, Auckland: Pasifika Press Ltd, 2000.

可能会放上一台录像机或电视机。做饭一般在户外，或者在靠近主屋的较小的"厨房法雷"（kitchen fale）里。如今，尽管法雷的形状仍然是椭圆形的，但已常用现代建筑材料来建造屋顶，如将尼龙布片挂在四周用来遮雨。许多村落现在既有传统法雷，也有欧洲白人风格（Palagi-style）的房屋。这些非传统房屋是用混凝土砖块或风雨板建造的，有铁质的屋顶和百叶窗。

在萨摩亚，土地所有权是一个棘手的难题。因为虽然大家庭被视为他们所居住的法雷的"拥有者"，但是拥有种植园和林地的大家庭成员却可能四散居住在太平洋上的许多城市里，甚至远至奥克兰、洛杉矶等大城市。土地也可能归本地村落集体所有。关于土地所有权的冲突可能非常激烈甚至旷日持久。萨摩亚专门成立了土地与头衔法庭来解决这些纠纷。

村落的经济结构是家庭经济结构的一种延伸，虽然同样是资源共享，但却以一种更为正式化的方式运作。[1] 一个大家庭或某个个人通过提高其分享能力或给予能力，就能在更大的社区范围内提升其地位，这在萨摩亚社会所有层面的关系中都是显而易见的，无论是个人与大家庭之间、大家庭与村落之间、村落与所在政区之间，还是11个古老政区与政府之间。然而，这样一种复杂的系统可能会将繁重的经济和社会负担强加在村落成员身上。[2] 因为萨摩亚文化高度重视荣誉，所以为了社区里的地位而竞争，会给大家庭或个人带来过多的压力。赠送礼物也是萨摩亚生活中不可缺少的一个部分。虽然近年来萨摩亚社会和经济都发生了变化，但是正式和非正式的礼品赠送仍保持着传统萨摩亚手工艺品的高标准，比如精织垫和树皮布（siapo）。用来制作手工艺品的原材料依然是纯天然的，来源于森林里的树木和灌木，此外还有骨头和贝壳。

---

[1] Lay, Graeme, Tony Murrow & Malama Meleisea, *Samoa: Pacific Pride*, Auckland: Pasifika Press Ltd, 2000.

[2] Lay, Graeme, Tony Murrow & Malama Meleisea, *Samoa: Pacific Pride*, Auckland: Pasifika Press Ltd, 2000.

（五）村落议事会议（fono）

村落议事会议由大家庭的所有马他伊组成，议事会成员们按照等级分别就坐。与村落生活有关的所有重要决策都要在村落议事会议上做出，即使是最有权势的酋长，也必须获得村落里其他马他伊的全力支持才能做出更改。①

在所有村落里，用来举行村落议事会的议事大厅（fale talimalo）都是最突出的建筑。议事大厅通常位于村落的中心位置，而且要超过其他建筑物的一般高度。② 村落里的妇女们负责议事大厅的维护，使之保持干净整洁，并用五颜六色的花朵和植物装饰大厅的四周。在举行村落议事会议之前，村落里的成年男性成员负责用棕榈树叶包裹大厅的柱子。

（六）村落成员及其分工

没有头衔的村落成员又分为四种。村落里的妻子们被称为 faletua matausi；学龄儿童被称为 tamaiti；没有头衔的男性被合称为 'aumaga；未婚、寡居或独居的女性组成的群体叫 aualuma（也被称为妇女委员会）。后两类社会单元是村落里的主要劳动力。③ 'aumaga 是村落的军队、园艺部和厨师班；aualuma 不但负责制作精织垫和树皮布，还提供食物，并在客人来访村落时做好幕后工作，同时为社区的医疗和教育活动提供支持。种植作物或村落议事会议这些大事都由马他伊来管理和主持，而 'aumaga 和 aualuma 则

---

① Lay, Graeme, Tony Murrow & Malama Meleisea, *Samoa: Pacific Pride*, Auckland: Pasifika Press Ltd, 2000.
② Lay, Graeme, Tony Murrow & Malama Meleisea, *Samoa: Pacific Pride*, Auckland: Pasifika Press Ltd, 2000.
③ Lay, Graeme, Tony Murrow & Malama Meleisea, *Samoa: Pacific Pride*, Auckland: Pasifika Press Ltd, 2000.

要为这些大事的顺利进行提供必要的服务。

萨摩亚文化中还有一些特殊的家庭角色，法法菲尼（fa'afafine）就是其中之一。他（她）们虽然生理上是男性，但却与大家庭里的女人们穿同样的衣服，承担相似的任务。传统上，他（她）们是大家庭里负责照顾老人、小孩和病人的角色。[①] 整个波利尼西亚群岛都有类似的角色。在现代社会，由于受到西方性别观念的影响，法法菲尼的地位变得更加复杂，特别是在新西兰、澳大利亚、美国这些受益格鲁—撒克逊文化影响较深的国家，有大量的萨摩亚人居住在那里。西萨摩亚和美属萨摩亚每年都会举行法法菲尼选美大赛，这在当地是一项广受欢迎的活动。

（七）仪式和集会

传统萨摩亚婚礼通过互换礼物来使两个大家庭之间的联盟正式化。新郎的家庭提供食物、金钱以及其他男性行业（被称为'oloa）的产品。这些物品被用来交换新娘家庭提供的物品，如精美的垫子（fine mats）、拉瓦拉瓦裙（lava lava）和树皮布等——所有这些都是女性行业（被称为toga）的产品。这种仪式清晰地确定了男性和女性在萨摩亚社会中各自不同的角色。[②]

此外，萨摩亚的生活中还充满了各种其他仪式和集会，每一次都需要有娱乐活动和各层面人员的共同参与。其中，卡瓦仪式和传统晚会是较具代表性的两种。

为了确立其他村落或政区访客的地位和名望，村落会举行一系列复杂的正式欢迎活动（fa'alupega），这样一来，就能在外来者同大家庭和村落

[①] Lay, Graeme, Tony Murrow & Malama Meleisea, *Samoa: Pacific Pride*, Auckland: Pasifika Press Ltd, 2000.

[②] Lay, Graeme, Tony Murrow & Malama Meleisea, *Samoa: Pacific Pride*, Auckland: Pasifika Press Ltd, 2000.

之间建立一种正式关系。这些正式的欢迎活动通常会伴随着一种卡瓦仪式。① 卡瓦（萨摩亚语为'ava，有时也称kava）是萨摩亚的一种传统饮料，在重要的场合都要用到，比如马他伊集会或国会议员开会的时候。就像萨摩亚文化的许多其他方面一样，卡瓦仪式是对客人身份和地位的一种认可。

卡瓦饮料是把卡瓦胡椒（piper methysticum，也称麻醉椒）的根须研碎之后制作而成的。其制作方法是：把卡瓦胡椒的根须粉末与水混合后，再用木槿（fau）内层树皮做的纤维布过滤，然后倒进半个椰壳里供客人饮用。这种颜色如泥巴一样的液体并不含酒精，但喝的时候嘴唇会稍感发麻，如果大量饮用，人会昏昏欲睡。按照萨摩亚的传统，由塔乌普（taupou）来负责制作卡瓦，并主持卡瓦仪式。塔乌普是一位由高级马他伊选定作为社区代表的未婚少女。在发言马他伊的指挥下，客人因各自的身份等级高低而依次被献上卡瓦饮料。②

萨摩亚传统晚会（fiafia night）是村落之间的庆祝集会，男人和女人都要身穿精美的服装，表演传统歌曲和舞蹈、发表演讲等。有时候，社区成员会组成一个访问团（on malaga），从一个村庄到另一个村庄巡回访问。在这种访问过程中，人们会举行宴会，讨论政治和社会问题，商量安排婚事，并为村落提供一个机会通过板球（kilikiti）比赛和大艇（fautasi）比赛来展示其高超的运动技术。③ 晚会上最常见的舞蹈是充满活力的莎莎舞（sasa）。莎莎舞者伴随着木鼓的敲击声起舞，有一个主要的表演者，她的服装和头饰上往往佩有小镜子和染色的羽毛。优雅的萨摩亚传统舞蹈希瓦（siva）是一种关于故事传说的独舞，表演的女舞者用流畅、传神的手部动

---

① Lay, Graeme, Tony Murrow & Malama Meleisea, *Samoa: Pacific Pride*, Auckland: Pasifika Press Ltd, 2000.
② Lay, Graeme, Tony Murrow & Malama Meleisea, *Samoa: Pacific Pride*, Auckland: Pasifika Press Ltd, 2000.
③ Lay, Graeme, Tony Murrow & Malama Meleisea, *Samoa: Pacific Pride*, Auckland: Pasifika Press Ltd, 2000.

作来讲述一个故事。① 而由男性表演的拍手舞（fa'ataupati），动作快速而有力，充满阳刚之气。男性舞者身穿传统的拉瓦拉瓦裙（lavalava），女性舞者身穿普拉塔希（puletasi）。我们今天看到的萨摩亚舞蹈是传统和现代相结合的产物，其风格和动作与临近的太平洋地区其他波利尼西亚国家的舞蹈有很大区别。

火把舞通常是晚会的高潮节目，是一种充满力量的展示男性勇气和运动精神的舞蹈。表演时，男舞者手拿熊熊燃烧的火把投掷、接住、快速旋转。穿着少量衣服的舞者跟随着裂缝鼓的节奏跳动，在漆黑的舞台上用火焰绘出图案，火焰绕过脖颈，滑过腿部和胳膊，在全身上下游走。据说，只有惧怕火焰的男人才会在表演这一惊人技艺时被烧到。② 当晚会进行到最后一支舞的时候，萨摩亚人通常会邀请客人加入，并且非常乐于教客人学习一些传统舞蹈动作。

音乐和舞蹈是萨摩亚文化极其重要的组成部分。萨摩亚人是充满热情的音乐爱好者和天赋极高的歌者，无论是在传统庆典还是公交车上，人们都可以听到大声而动听的音乐。

（八）语言和礼仪

萨摩亚人在商务沟通中通常使用英语，尤其是在首都阿皮亚，英语被广泛使用。尽管如此，萨摩亚的民族语言是萨摩亚语（Gagana Sāmoa/Samoan）。除了萨摩亚之外，新西兰和澳大利亚等国家也开设有萨摩亚语课程。

语言是区分在社区里的地位和角色的另一种方式。萨摩亚语是波利尼西亚语的一种，有两种语体形式：普通语或日常语（tautala leaga）以及由马他

---

① Lay, Graeme, Tony Murrow & Malama Meleisea, *Samoa: Pacific Pride*, Auckland: Pasifika Press Ltd, 2000.
② Lay, Graeme, Tony Murrow & Malama Meleisea, *Samoa: Pacific Pride*, Auckland: Pasifika Press Ltd, 2000.

伊使用的"高贵语"(tautala lelei)。一个普通人跟马他伊说话的时候，必须遵守许多礼仪。萨摩亚语中也频繁使用一些谚语式的表达，这些表达方式往往能够提供某种语境，具有某些附加意义。①

村落生活所遵守的礼仪形式与"萨摩亚方式"具有密切的联系，也与一个半世纪之前开始盛行于萨摩亚的基督教信仰紧密相关。萨摩亚传统文化非常重视欢迎访客，尽管如此，访客在进入村落和家庭住宅，以及使用和接触当地资源的时候，仍要注意遵守当地的行为规范。这些行为规范大多是普遍礼节。许多礼节是几个世纪以来萨摩亚传统的组成部分，尤其是那些涉及说话和就坐的礼节。在大多数村落里，人们均严格遵守一项礼仪，即"祷告时刻"(sa hour)，这是一天中的神圣时刻，通常在早上和下午各有一次。在这两个各持续约一小时的时间段里，人们念祷词、听祷告，此时进行其他任何活动都会被认为是极其不敬的。②

(九) 萨摩亚的传统艺术

1. 文身 (tatau)

文身是一种代表着萨摩亚精神和文化遗产的传统艺术形式。文身经常被看作萨摩亚男性的成人仪式，人们将复杂的刺青(pe'a)图案纹在身体上，一般从腰部一直到膝盖。它是身体和精神成熟的一个标志，也是对遵守"萨摩亚方式"的一种承诺。文身的整个过程可能需要花费两个星期的时间，被文身者必须在旁人的陪护和帮助下才能完成。如果在文身过程中半途而废的话，被文身者会被认为使整个家族蒙羞了。如今，文身不仅是萨摩亚男性的专利，女性也可以文身，萨摩亚语把女性的文身称为"malu"。

---

① Lay, Graeme, Tony Murrow & Malama Meleisea, *Samoa: Pacific Pride*, Auckland: Pasifika Press Ltd, 2000.

② Lay, Graeme, Tony Murrow & Malama Meleisea, *Samoa: Pacific Pride*, Auckland: Pasifika Press Ltd, 2000.

但是，传统 malu 通常只覆盖在大腿部位，所以根据萨摩亚礼仪，人们一般不太可能看到女性的文身图案。

2. 树皮布

树皮布是一种由妇女制作的手工艺品，通常用构树（u'a）的内层树皮制作而成。人们将这种纤维性树皮拍打成条状，然后粘合起来，并印上传统装饰图案。树皮布主要用于装饰或作为礼物。在婚礼、葬礼等传统仪式上，树皮布是一个重要的文化元素。印有萨摩亚传统花纹的树皮布是最具萨摩亚特色的纪念品之一。历史上，树皮布还被用来作为服装的材料，或者作为一种货币形式。[1]

独具特色的是，当面对其他国家的文化特别是西方文化时，萨摩亚人对传统艺术进行了重大改造。[2] 虽然萨摩亚的传统视觉艺术仅限于文身及树皮布的图案，但是今天的萨摩亚艺术家也很热衷于绘画这一艺术形式。

3. 编织艺术

萨摩亚有一种精心编织而成的垫子，萨摩亚语中称为"'ie toga"（fine mats）。这种精织垫由露兜树叶的细纤维紧紧编织而成。萨摩亚妇女会花费大量时间制作精织垫，这是一项非常辛苦费力的工作。首先把长长的叶子割下，然后剪成条状，在海水里浸泡，洗净后放在地上晒干。这个软化处理的过程完成以后，卷曲的叶子被切成细丝，再织成垫子。根据质量的好坏，这些垫子各有不同的用途。[3] 在婚礼和葬礼，或者家族成员荣升马他伊等特殊的日子里，精织垫都可以作为敬献的礼物。这些垫子是美的代表、奉献的象

---

[1] Lay, Graeme, Tony Murrow & Malama Meleisea, *Samoa: Pacific Pride*, Auckland: Pasifika Press Ltd, 2000.

[2] Lay, Graeme, Tony Murrow & Malama Meleisea, *Samoa: Pacific Pride*, Auckland: Pasifika Press Ltd, 2000.

[3] Lay, Graeme, Tony Murrow & Malama Meleisea, *Samoa: Pacific Pride*, Auckland: Pasifika Press Ltd, 2000.

征，而且可以使用许多年。而日常生活中的实用物件，如篮子和地垫等，一般是用棕榈树叶编织而成的。村落里的妇女还要制作铺在法雷地板上的垫子，以供睡觉时使用。

4. 大工匠（tufuga）与其他传统工艺

萨摩亚有一类特殊的大工匠，被称为 tufuga，他们负责监督树皮布、法雷等集体性作品的制造。男性大工匠制造有舷外支架的独木舟（paopao），监督法雷的建造，施行草药疗法或精神疗法，雕刻装饰性的梳子、演说者（orator）的权杖，制造传统武器等。[1] 例如，卡瓦盆（tanoa）是最常见的萨摩亚雕刻制品，是用来装卡瓦饮料的容器。大工匠以纹理细密的太平洋铁树（ifilele）的坚硬木块为原料，手工制作成卡瓦盆的形状。

四、关于当代萨摩亚社会观念的几种视角

（一）对"萨摩亚方式"的固守仍是主流社会观念

萨摩亚人当中有一种广泛持有的观点，认为他们对"萨摩亚方式"（萨摩亚文化和传统习俗）的固守保护了萨摩亚社会，使之免受外部力量的影响，并将继续如此。[2] 这种观点依据的是这样一个事实，当我们把萨摩亚的社会变迁程度同其他太平洋国家的社会变迁程度相比较，会发现萨摩亚比其他社会的变化要小得多。[3] 这种观点还认为，在"萨摩亚方式"

---

[1] Lay, Graeme, Tony Murrow & Malama Meleisea, *Samoa: Pacific Pride*, Auckland: Pasifika Press Ltd, 2000.

[2] Macpherson, Cluny & La'avasa Macpherson, *The Warm Winds of Change: Globalisation in Contemporary Samoa*, Auckland: Auckland University Press, 2009.

[3] Le Tagaloa, A. F, The Samoan Culture and Government, in R. G. Crocombe, U. Ne'emia, A. Ravuvu and W. Vom Busch (eds), *Culture and Democracy in the South Pacific*, Suva, Fiji: Institute of Pacific Studies, University of the South Pacific, 1992, pp. 117 – 137.

和"马他伊制度"中可能存在一种保护性因素,其一直以来使得萨摩亚社会能够审慎地做出反应,以缓解外部力量和影响力的冲击。

自从1962年独立以来,萨摩亚经历了影响深远、引人注目的政治稳定,这可以部分地归因于萨摩亚文化的基本元素得到保留。有些萨摩亚学者,如人类学学者瓦阿非常重视"文化"作为一种维持社会和政治稳定的力量,他认为:"……萨摩亚文化是独特的,因为它是数千年的语言和文化发展的体现……它代表了一种知识和实践的坚硬内核,这就是萨摩亚人能够生存到第三个千年的主要原因。所以,它是一种将会被持续保存和热情守护的财富……我们在今天的萨摩亚身上看到的是一种复兴的文化系统,它保证萨摩亚社会尽管承受了教育方面的冲击和其他社会、政治、经济和宗教方面的变化,但在本质上仍是保守的。"[1]

大众对这种"文化知识和实践的坚硬内核"的固守既是这种文化保守主义的证据,也是其基础。[2] 正如瓦阿所断言的那样,这种文化保守主义为萨摩亚提供了抵御传统文化所面临的侵袭的意志。他认为,这种抵御的意志来自于对社会体制的义务,保守主义在这些体制中得到体现和表达,并"以对大家庭和村落的传统地域、教会及牧师、马他伊和大家庭、本族语言、各种各样的仪式的依赖为特征"。[3]

瓦阿主张,大众对这种"文化知识和实践的坚硬内核"的固守,还为萨摩亚抵御这些体制面临的挑战提供了手段。当面临挑战的时候,社会得到加强而非削弱,因为这些体制把注意力集中到萨摩亚文化的核心,并增强了萨摩亚人对这些体制的连带感和责任感。[4] 这种分析倾向于聚焦那些

---

[1] Va'a, U. F, The Fa'asamoa, in A. So'o (ed.), *Samoa National Human Development Report 2006*, Apia: Institute of Samoan Studies / United Nations Development Programme, 2006, pp. 113 – 135.

[2] Macpherson, Cluny & La'avasa Macpherson, *The Warm Winds of Change: Globalisation in Contemporary Samoa*, Auckland: Auckland University Press, 2009.

[3] Va'a, U. F, The Fa'asamoa, in A. So'o (ed.), *Samoa National Human Development Report 2006*, Apia: Institute of Samoan Studies / United Nations Development Programme, 2006, pp. 113 – 135.

[4] Va'a, U. F, The Fa'asamoa, in A. So'o (ed.), *Samoa National Human Development Report 2006*, Apia: Institute of Samoan Studies / United Nations Development Programme, 2006, pp. 113 – 135.

似乎保持不变的萨摩亚社会元素，以及减缓社会变迁的社会体制和组织形式。因此，瓦阿指出："是的，总是有特立独行的个人扮演'异端'的角色，他或她反对'萨摩亚方式'所代表的一切。但是，这样的个人是特例而非普遍现象。而且，如果这样一个人设法在某个萨摩亚社区生活，他或她最终将发现自己会陷入各种各样的困境，这仅仅是因为他们不能够适应所在社区的文化生活。在萨摩亚，有许多这种人的例子，他们试图撼动体制的根基，却通常以失败告终，而且结局经常是悲剧性的。"[1]

（二）外部力量对萨摩亚文化保守主义的冲击

"萨摩亚方式"和"马他伊制度"在不同的时代一直承受着来自外部力量的压力，但很多分析却认为，这些压力已经被萨摩亚人对这些体制复合体（institutional complexes）的固守所吸纳或控制。[2] 因此，勒—塔伽洛阿提出："因为'马他伊制度'是理想的社会组织方式，即一种文化内部最合适的社群组织形式，它应对社会变化和新观念冲击的能力在许多不同的领域很明显是成功的。"[3]

勒—塔伽洛阿接着提出，"马他伊制度"容许萨摩亚社会在19世纪吸收了基督教，以抵制君主制政体的理念，在19世纪，君主制曾被提倡作为萨摩亚政体的一个替代物。"马他伊制度"还容许萨摩亚社会在20世纪20年代接受了医疗卫生服务进入萨摩亚社区。但是，在"马他伊制度"的核心地带（即村落议事会议）以及社群组织划分（tamaitai, aumaga, faletua ma tausi）方面，对于"马他伊制度"的应对能力、生存能力及继续维持

---

[1] Va'a, U. F, The Fa'asamoa, in A. So'o (ed.), *Samoa National Human Development Report 2006*, Apia: Institute of Samoan Studies / United Nations Development Programme, 2006, pp. 113–135.

[2] Macpherson, Cluny & La'avasa Macpherson, *The Warm Winds of Change: Globalisation in Contemporary Samoa*, Auckland: Auckland University Press, 2009.

[3] Le Tagaloa, A. F, The Samoan Culture and Government, in R. G. Crocombe, U. Ne'emia, A. Ravuvu and W. Vom Busch (eds), *Culture and Democracy in the South Pacific*, Suva, Fiji: Institute of Pacific Studies, University of the South Pacific, 1992, pp. 117–137.

每个村落、政区与岛屿和平的能力，人们的信心依然坚定而持久。①

然而，在当代萨摩亚社会，外部压力的影响正在逐渐加强，对萨摩亚的文化保守主义造成了冲击，关于萨摩亚社会动态变化的研究受到关注。麦克弗森指出，相对而言，萨摩亚社会一直保留着"马他伊制度"和"萨摩亚方式"的重要元素，而且人们也可能追踪到在关键理念和体制方面的延续性。②但是，他们的研究却集中考察并指出全球外部力量影响下萨摩亚社会动态性的证据。

（三）对萨摩亚社会变化能力的认识

与强调萨摩亚文化抵御能力的主流观点不同，有些学者开始重视对萨摩亚社会变化能力的研究。麦克弗森认为，那种侧重强调萨摩亚社会延续性的研究路径并未充分认识和描述真实存在的变化，仔细阅读一下萨摩亚的历史就会发现，这些变化是确实发生了的。③此外，片面强调萨摩亚社会中那些看起来持续不变的因素，导致其支持者低估了社会的动态性，这种动态性明显地表现在萨摩亚社会对其在全球力量影响下所面临挑战的应对中。

麦克弗森还指出，那些把萨摩亚社会描绘成是完全固守传统和延续性的研究，并未真实地反映他们在村落里的经验，在那里人们其实一直在思考和谈论变化。④他们还认为，人们一直以来对萨摩亚文化恢复力及其抵

---

① Le Tagaloa, A. F, The Samoan Culture and Government, in R. G. Crocombe, U. Ne'emia, A. Ravuvu and W. Vom Busch (eds), *Culture and Democracy in the South Pacific*, Suva, Fiji: Institute of Pacific Studies, University of the South Pacific, 1992, pp. 117 – 137.

② Macpherson, Cluny & La'avasa Macpherson, *The Warm Winds of Change: Globalisation in Contemporary Samoa*, Auckland: Auckland University Press, 2009.

③ Macpherson, Cluny & La'avasa Macpherson, *The Warm Winds of Change: Globalisation in Contemporary Samoa*, Auckland: Auckland University Press, 2009.

④ Macpherson, Cluny & La'avasa Macpherson, *The Warm Winds of Change: Globalisation in Contemporary Samoa*, Auckland: Auckland University Press, 2009.

抗外部挑战能力的信心，导致他们推迟了关于如何回应社会发展进程的讨论，这些进程正在引起重要的变化，值得认真思考和讨论。

五、当代萨摩亚社会观念变化的几个影响因素

在当代萨摩亚社会，虽然"萨摩亚方式"的影响力无处不在，但是文化保守主义仍然占据着社会观念的主流。有些学者已经注意到，当代萨摩亚的社会观念正在发生变化，引起这些变化的主要因素包括人口流动、意识形态和技术创新等。例如，麦克弗森试图表明，在至少180年的时间里，其中的每一个因素一直在改变着家庭和村落的社会结构、经济结构和政治结构。① 他们还提出，许多萨摩亚人选择忽视重要历史社会转变的证据，而对社会变迁的性质和范围持一种似乎较为肤浅的看法。但是，他们考察了这三种力量正在以何种方式影响着当代萨摩亚社会和社会结构。他们认为，当代萨摩亚正面临着这样三种强大的新型力量，并正处于这样一个时期，那些迄今为止一直在试图"掌控"（manage）社会变迁的传统精英们，似乎已不太能够，也不太愿意就如何掌控这些变化达成一致。

（一）人口流动的加剧与"中心"影响力的下降

随着越来越多的萨摩亚人移居海外，人口流动已对萨摩亚的社会结构和社会观念产生重要的影响。麦克弗森认为，人口迁移已经创造出新的、分散的萨摩亚家庭和村落的多节点形式，家庭和村落变得比以往任何时候

---

① Macpherson, Cluny & La'avasa Macpherson, *The Warm Winds of Change: Globalisation in Contemporary Samoa*, Auckland: Auckland University Press, 2009.

都更加离散、更为复杂,并且这一趋势很可能会继续下去。[1] 在这个过程中,家庭和村落两者内部的影响力也变得有些分散。虽然位于萨摩亚本土的家庭和村落可能仍是这些多节点家庭和村落的物理的、象征的和情感的"中心",但是这个"中心"已不再能够要求其移民成员们的绝对忠诚和支持,因为他们不依靠"中心"的资源来获取收入,他们的持续参与实际上是出于自愿的。因此,我们可以认为,"中心"对家庭和村落的影响力很可能会持续下降。

(二) 意识形态的冲击与精英阶层的异质化

在全球化潮流的影响下,萨摩亚社会传统的集体主义意识形态受到一定程度的冲击,传统精英阶层呈现出异质化趋势。麦克弗森认为,虽然一直以来不同意识形态的影响是不可忽视的、强有力的并且形成了合力,但萨摩亚的传统精英阶层仍有能力"掌控"这些意识形态被吸收进萨摩亚社会的过程,并以各种方式减轻了它们的冲击。[2] 直到近年来,精英在宗教和世俗两个领域的影响力确保了社会变化是平缓的、渐增的,而且确保了它对于萨摩亚社会是有益的,特别是有益于保障传统精英阶层的持久影响力。然而,在当代萨摩亚,出于种种原因,精英阶层以这种方式继续掌控社会变化的能力可能是有限的。

随着时间的推移,跻身精英之列的标准已经发生改变,家庭和村落精英的成员身份已不再像从前那样同质化。在过去,这些成员倾向于在有争议的问题上团结一致,但如今人们的意见更加多样化,而且有些成员可能不情愿遵循某个行动方案,只是因为"传统上"一直是这样做的。如今,在社会人口学意义上更加多样化的群体内部,一旦发生关于行动方案的争

---

[1] Macpherson, Cluny & La'avasa Macpherson, *The Warm Winds of Change: Globalisation in Contemporary Samoa*, Auckland: Auckland University Press, 2009.

[2] Macpherson, Cluny & La'avasa Macpherson, *The Warm Winds of Change: Globalisation in Contemporary Samoa*, Auckland: Auckland University Press, 2009.

论,这些曾经团结一致的精英就可能会进一步分化。

当家庭和村落成员们接受了与其团结精神所依赖的集体主义意识形态背道而驰的新思想时,这种紧张局面可能因来自家庭和村落内部的挑战而加剧。此外,这些持不同意见者可以援引强大的宪法权利来表达他们的相反意见,并期望国家的法院和政府会保护和实施他们的意见,即使这样做可能使国家陷入与传统精英阶层及其控制的政治组织的冲突中。因此,传统家庭和村落精英的权力既可能越来越多地受到来自内部成员的挑战,又可能受到来自外部政府的挑战,政府有权限制他们的权威和权力,并且已在许多领域表现出这样一种倾向。每当精英做出的决定成功地受到挑战时,其权威和权力就显得更加缺乏保障。[1]

(三) 新技术的广泛使用带来社会公平观念的契机

长期以来,不断出现的新技术不但改变了萨摩亚的社会生活,更重要的是,新技术的广泛使用同时也为当代萨摩亚的社会公平观念提供了契机。在萨摩亚历史上的大部分时间里,强大而团结的宗教和世俗精英们都有能力"掌控"技术创新,通过种种方法限制它们对萨摩亚社会和社会组织的冲击。有些技术可以在保障精英阶层权力和影响力的前提下受到驾驭,这些技术趋向于被接受,而那些可能会削弱这种权力的技术则遭到排斥。麦克弗森认为,毫无疑问,过去对技术变革的掌控保证了萨摩亚社会在一定程度上的稳定性和连续性,这对萨摩亚社会非常有用。[2] 尽管如此,对于这种情况在当代萨摩亚是否同样奏效,人们心中确实存在疑问。

人们有可能认为,越来越异质化的精英阶层已不太可能像以往那样,就关于技术的问题达成单一的观点。他们所面临的一套技术,就其本质来

---

[1] Macpherson, Cluny & La'avasa Macpherson, *The Warm Winds of Change: Globalisation in Contemporary Samoa*, Auckland: Auckland University Press, 2009.

[2] Macpherson, Cluny & La'avasa Macpherson, *The Warm Winds of Change: Globalisation in Contemporary Samoa*, Auckland: Auckland University Press, 2009.

讲，比其他较早的技术更难以用过去的方式来加以掌控。如今，远程通信和互联网技术的成本正在下降，且变得更加便利地为更多人所使用。这些有助于形成一个愈加见多识广的群体，他们能够从家庭和村落内部接触到新技术和一个充满新思想的世界。那些可以利用这些渠道的人能够把社区和世界相连接，而且可能日益意识到他们的生活和机遇受制于精英阶层的程度。他们也可能逐渐意识到，在别的地方，这些限制是受到质疑甚至是非法的。因此，虽然世俗和宗教精英可能有能力控制家庭和村落内部的话语，而且似乎看起来对公共领域有控制能力，但在私人领域，新技术可能正在悄无声息地、缓慢地削弱他们的控制。

为了阻止这一趋势可能造成的权威丧失，精英阶层可能不得不让出他们的一些权力，以保留些许权威。例如，他们可能不得不接受一种更加平等主义的社会组织形式，其目的在于促进更大程度上的社会公平。拒绝这样做就是挑起对抗，这种对抗可能会造成相当大的破坏，而且很难取得胜利。

人口、意识形态和技术的日益变动目前正在汇聚，其汇聚的方式将对萨摩亚的社会制度和社会组织提出比以往任何时候都要大的挑战。麦克弗森指出，人们可能忍不住预测，这些变革之风即将汇聚，并造成一场可能比以往任何时候更具破坏性的"完美风暴"。[1] 但他们认为，这似乎不太可能，因为具有讽刺意味的是，许多人似乎如此愿意忽视已发生的重要变化的证据，这可能正好证明萨摩亚社会具有足够的流动性和动态性，可以容许急剧变革的发生，而在此过程中却不致摧毁萨摩亚特有的社会观念。

参考文献

[1] Irwin, Geoffrey, "Voyaging and Settlement", in K. R. Howe (ed.), *Vaka Moana: Voyages of the Ancestors*, Auckland: Auckland Museum/David

---

① Macpherson, Cluny & La'avasa Macpherson, *The Warm Winds of Change: Globalisation in Contemporary Samoa*, Auckland: Auckland University Press, 2009.

Bateman, 2006.

[2] Macpherson, Cluny & La'avasa Macpherson, *The Warm Winds of Change: Globalisation in Contemporary Samoa*, Auckland: Auckland University Press, 2009.

[3] Kamu, Lalomilo, *The Samoan Culture and the Christian Gospel*, Suva, Fiji: Donna Lou Kamu, 1996, Reprinted in Samoa 2014.

[4] Lay, Graeme, Tony Murrow & Malama Meleisea, *Samoa: Pacific Pride*, Auckland: Pasifika Press Ltd, 2000.

[5] Le Tagaloa, A. F, The Samoan Culture and Government, in R. G. Crocombe, U. Ne'emia, A. Ravuvu and W. Vom Busch (eds), *Culture and Democracy in the South Pacific*, Suva, Fiji: Institute of Pacific Studies, University of the South Pacific, 1992.

[6] Va'a, U. F, The Fa'asamoa, in A. So'o (ed.), *Samoa National Human Development Report 2006*, Apia: Institute of Samoan Studies / United Nations Development Programme, 2006.

[7] 倪学德:《萨摩亚（列国志：新版）》，社会科学文献出版社 2015 年版。

[8] 萨摩亚统计局网站，http://www.sbs.gov.ws。

[9] 萨摩亚旅游局网站，https://www.samoa.tra。

[10] 萨摩亚政府网站，http://www.samoagovt.ws/。

斐济：中国与太平洋岛国旅游合作的桥头堡

岳晶晶[*]

旅游业是多数太平洋岛国的重要经济支柱和主要外汇收入来源，对于这些国家来说，国际旅游合作具有重要的经济和政治延伸意义。[①] 随着"一带一路"合作的不断深入，为推动中国与"21世纪海上丝绸之路"沿线国家和地区的合作打开新局面，有必要对中国与太平洋岛国旅游合作展开有针对性的研究。斐济共和国作为重要的太平洋岛国，旅游资源丰富，交通条件便利，是这一地区旅游业最发达的国家。斐济全国有约4万人在旅游部门工作，占就业人数的15%。旅游收入已成为斐济最大的外汇收入来源，占国内生产总值的比重达30%。据南太平洋旅游组织统计，太平洋岛国2013年接待国际游客约170万人，旅游收入25亿美元。其中斐济接待游客60万人，约占太平洋岛国接待游客总量的35%；斐济旅游收入约10亿美元，占太平洋岛国旅游收入的40%。[②] 因此，斐济在中国与太平洋岛国旅游合作过程中占据举足轻重的地位。

---

[*] 岳晶晶，北京语言大学英语学院讲师。
[①] 刘建峰、王桂玉："中国与太平洋岛国旅游合作研究"，《太平洋学报》2014年11月，第22卷，第11期。
[②] 中国驻萨摩亚大使馆经商参赞处："来南太岛国的游客人数逐年增加"，2014年6月17日，http://ws.mofcom.gov.cn/article/jmxw/201406/20140600627336.shtml。

一、斐济的旅游资源

（一）概况

斐济共和国位于西南太平洋之上，瓦努阿图以东，汤加以西，全国由333个岛屿组成，陆地面积约为1.83万平方公里，专属海洋经济区面积为129万平方公里。斐济自然环境优美，气候宜人，民风淳朴，被誉为"遇见幸福的地方"。

历史上，斐济曾多次遭到汤加的入侵，斐济最大的岛屿维提岛（Viti Levu）在汤加语中就被称为Fiji，这一叫法后被欧洲航海者记录并传播，演变成斐济的国名。太平洋岛国和地区由1万多个岛屿组成，分属美拉尼西亚、密克罗尼西亚和波利尼西亚三大岛群，斐济群岛则是美拉尼西亚群岛的重要组成部分。组成斐济国土的333个岛屿多为火山岛和珊瑚岛，其中最大的三个岛是维提岛、瓦努阿岛和塔韦乌尼岛。

作为斐济的第一大岛，维提岛占据了全国陆地面积的一半以上，经济发达且人口集中，是首都苏瓦市和楠迪国际机场的所在地。维提岛见证了斐济旅游业的开端，苏瓦市在20世纪20年代为满足过境旅客的需求，曾经建设了最早的一批旅馆。而1940年楠迪国际机场的修建，进一步推动了斐济旅游业的发展，斐济因其优越的地理位置，在1960年成为檀香山飞往奥克兰和悉尼国际航线的中途加油站。

瓦努阿岛和塔韦乌尼岛位于主岛的东北部，两岛之间仅隔一道索莫索莫海峡，并称"北方二岛"，是世界闻名的潜水圣地。第二大岛瓦努阿岛地形地貌复杂，同时拥有黑色的火山岩、白色的沙滩、高耸的台地和陡峭的峡谷，以及热泉和众多海底景观。这座岛屿的自然旅游资源与维提岛相比，开发程度较低，更适合想有些冒险经历的旅游者。塔岛作为斐济第三大岛，被誉为"花园之岛"，是斐济最美的岛屿。除了美丽幽静的沙滩和与世隔绝的瀑布，这座岛屿还覆盖着郁郁葱葱的原始雨林，有着丰富的物产以及野生动物资源，是生态旅游的理想之地。其中不得不提的还有穿岛而过的180度国际日期变更线，这是斐济最负盛名的人文景观。

除"北方二岛"外，斐济丰富的旅游资源还分布在其他两个区域。其中之一就是由位于主岛维提岛西部的国际空港楠迪镇，距楠迪只有10公里的丹娜努岛，以及西北的玛玛努卡群岛和亚萨瓦群岛组成的这一片区域。丹娜努岛通过一条堤道与主岛相连，是一座最不像岛的小岛，也是南太平洋上最大的综合性度假胜地，除了拥有豪华酒店和购物中心以外，还可满足国际会议的需求，并且建有可供世界顶级赛事使用的18洞高尔夫球场地。同样受欢迎的玛玛努卡群岛不仅是距离楠迪国际机场最近的群岛，同时也是最上镜的岛屿，波姬小丝主演的《蓝色珊瑚礁》以及汤姆·汉克斯主演的《荒岛余生》都是在这里取景拍摄的。玛玛努卡群岛还是进行各种水上运动的理想地点，有20个小岛可供选择，可满足不同需求，最适合家庭出游。北面带状的亚萨瓦群岛构成斐济共和国的西部边界，岛上山峰耸立，在20世纪50年代之前，普通游客是不允许上岛的，只能坐游轮观光。得益于政府的生态旅游计划，亚萨瓦群岛目前建了少量旅店，是远离现代文明喧嚣的世外桃源。

另一片区域是维提岛西南的新加托卡镇与首都苏瓦以西50公里处的太平洋港之间的沿海地区，也就是被人们称为"珊瑚海岸"的地区以及南部岛屿。珊瑚海岸有绵延80公里的优质白沙滩以及幽静的海湾，近海的珊瑚礁号称仅次于澳大利亚大堡礁的世界第二大不断延伸的珊瑚礁。珊瑚海岸地区是许多当地村落的聚居地，也是深入了解斐济传统文化的最佳去处。南部的卡达雾群岛有号称全球第四大的大星盘堡礁，适合潜水，整座群岛只有一座小镇和仅有的几条道路，充满原始的自然景观。[①]

除此以外，以"多岛之国"著称的斐济还有分布在东部广阔海域上的

---

① http://www.fiji.travel/cn/destinations.

崂群岛等丰富的旅游资源有待充分开发。

(二) 特点

斐济作为典型的太平洋岛国，旅游资源丰富且具有原生态特色，能够开展多种多样的旅游活动，可满足不同人群的多种需求，提供独特的旅行体验。2015年春节期间，在斐济取景拍摄的《爸爸去哪儿》大电影2，让许多中国观众实实在在地领略到斐济的自然环境和文化风俗，可谓一部精心制作的斐济旅游宣传片。几个家庭乘坐由香港地区直飞斐济的航班抵达后，自驾前往集结地。细心的观众可能会发现，斐济和许多英联邦国家一样实行车辆右驾左行。爸爸们迅速接受任务，分别乘坐小型飞机跳伞降落到无人岛，并乘坐快艇进入深潜水域与鲨鱼共舞，非常刺激。孩子们则乘坐当地小学的校车进入村庄，来到村民的家中体验当地的生活。斐济居民多信仰基督教，就餐前简单的祈祷仪式引起了孩子们的好奇。村子里，芒果树随处可见，用拖鞋就可以将果实打下来。不过，村庄里居住条件简陋，一般都睡在地板上，用水也不方便，甚至会停电。在无人岛上过夜一定是最特别的体验，只能睡在沙滩上用破船遮风挡雨，肚子饿了就爬到树上摘椰子吃，或者在岸边抓螃蟹果腹。

斐济的魅力当然在于那里的海水、沙滩、椰林、热带雨林、潟湖、珊瑚岸礁、火山、峡谷、瀑布、溶洞以及海洋生物，但也在于当地土著的部落遗风、生活习俗以及殖民时期的遗迹等人文旅游资源。如果游客对斐济产生了兴趣，而且愿意在这里多待上一段时间，一定是因为这段旅程带给了他们丰富而独特的体验，这也体现出斐济旅游业发展的成熟之处。

二、斐济旅游业的发展进程

然而,斐济旅游业的发展也不是一帆风顺的,二战以前斐济政府并不重视发展旅游业,加上南太平洋岛国地理位置孤立、交通运输条件落后,每年的旅游者仅有8000人左右。在上文介绍斐济的旅游资源时,笔者曾提到1940年主岛楠迪国际机场的修建对斐济旅游业的发展起到关键作用,这是因为斐济位于南太平洋中心地带,已经成为南太平洋的交通枢纽。

这之后的20年是斐济旅游产业走向现代化的重要时间段,其间建造了许多免税购物商店、旅馆和旅游设施。旅游业也从主岛的楠迪市和珊瑚海岸地区迅速扩展到近海岸的岛屿。而一些有详细旅行计划或有特殊兴趣的旅行者已经倾向于到更远的有独特风格的岛屿上去。1952年斐济成立了旅游局,这也表明斐济旅游业已具备一定规模。1961年,斐济的国际旅客人数为14722人次,这一迅猛发展的势头一直持续到1970年10月斐济独立以后,而到1973年,其全年游客已达18.6万人。

20世纪70年代末到80年代初,由于受到石油危机、国内经济下行以及东南亚旅游市场快速发展的多重冲击,斐济的旅游业面临困境。20世纪80年代以来,美国经济一直不景气,导致斐济重要客源市场疲软,再加上旅游旺季到斐济的航空费用和到澳大利亚相比并不具有价格优势,因而新西兰到斐济的游客大为减少,只有澳大利亚人和规模相对较小的日本及欧洲旅游团体前往斐济。1987年的两次军事政变一度冲击了南太平洋地区,并引起其他地区国家的关注和不安,苏瓦和维提岛其他地区的一些商店关闭,还发生了罢工、示威以及民族冲突。这期间赴斐济旅游的人数陡然下降,导致2000人失业,旅馆建设也陷入困境。为了扭转政变带来的不利局面,斐济旅游局推出"斐济旅游业发展计划(1989—1991)"。20世纪80年代末,斐济旅游业形势有所好转,游客突破25万人次,而刺激政策制定的目标是力争每年 11% 的增长率，到 1995 年旅游人数达到 50 万人次。①

虽然离预期的目标还有一定差距，但到了 20 世纪 90 年代末，赴斐济旅游的人数已越来越具规模。根据斐济移民部的统计，1999 年的入境人数接近 41 万人次。2000 年的军事政变让斐济政局再次陷入危机，斐济族人和印度族人的矛盾始终没有得到解决。动荡的局势以及许多不确定因素令游客望而却步，前往斐济的游客人数减少了 60%—70%，一些旅馆甚至开始解雇工人。②

斐济旅游业的发展虽一波三折，但总体发展迅速，前景乐观。2006 年，斐济再次发生军事政变，但对旅游业的影响在较短时间内得到消除，而游客数量在 2010 年之后突破了 60 万人次，在刚刚过去的 2018 年更是突破了 84 万人次。

三、斐济旅游业管理体制及有关最新政策

经过多年的发展，斐济已经拥有较完善的旅游管理和服务系统。其中，在政府层面由斐济工业、贸易和旅游部负责旅游综合管理及制定旅游政策；斐济旅游局作为半官方机构，专门负责旅游营销与推广；而斐济旅游协会等众多非官方机构则主要为游客提供旅游咨询服务。斐济还设有旅游警察，专门负责旅游区安保工作。③

为了强化旅游业在斐济国民经济中的重要地位，斐济政府在 2017 年最新制定的"国家发展五年/二十年计划"中把"将斐济打造为世界级旅游目的地"设定为行业发展目标，力争在 2021 年实现旅游收入达到 22 亿美元的水平。斐济旅游发展计划（2017—2021 年）也为实现这一目标确立了

---

① 缪立云："岛国斐济旅游业的新发展"，《世界各地》1993 年 11 月，http://www.cnki.net。
② 吕桂霞：《斐济》，社会科学文献出版社 2015 年版，第 173 页。
③ 中国驻斐济使馆经商参赞处："斐济旅游资源丰富 发展趋势可观"，http://www.cnki.net。

一些优先发展的领域，其中包括：
- 促进对斐济旅游品牌的需求；
- 增加斐济旅游产品的价值；
- 为国内外投资提供便利；
- 加强与旅游业相关的基础设施的投资；
- 加强与旅游产业的联系；
- 确保旅游业的可持续性发展；
- 建立有益于旅游业发展的全新升级的法律框架；
- 加强风险管理；
- 评估斐济旅游产业的表现。

在计划执行的五年间，斐济旅游业将继续开发和拓展定制旅游项目，比如运动旅行、游轮旅行、婚礼和蜜月旅行、保健旅行、冒险旅行，以及主办会议和娱乐活动等。斐济政府不断争取主办橄榄球、高尔夫球、帆船等国际赛事以及各类正式会议。这些举措不仅有利于在旅游淡季吸引客源，而且可以在节约市场营销成本的情况下进一步在海外市场推销斐济旅游。

斐济政府也与私营部门合作，尝试一起开设大型的影视工作室，为外国拍摄团队提供可租用的专业设备，培养本土的表演和制作人才，继续为在斐济进行影视制作提供退税等有吸引力的优惠政策。这样也可以加强斐济作为旅游目的地的吸引力。

除了对大型旅馆及相关旅游设施的建设提供支持外，行业内的微型、小型以及中型企业（MSMEs）也会继续获得支持。其他定制旅游项目，如观赏海豚、观鲸、乡村游、竹筏漂流、高空滑索、浮潜和独木舟，以及生态旅游项目和斐济文化遗产地的推介，都会给上述企业及当地社区发展带来好处。同时，中小企业中央协调局也会给这些企业提供培训、指导、孵化等业务发展支持服务。

相关政策将为农产品和渔业产品与旅游产业建立市场联系提供便利，如大力发展面向高端市场的定制产品的生产，包括纯天然身体护理产品、草药和香料、当地果汁、糖果糕饼、手工艺品及包装加工好的有机产品。零售业的发展也会继续获得支持，力争为游客带来特别的购物体验并推动"斐济制造—购买斐济"的活动。

城市中心将继续建设城市花园、公园、海滨步道、文化遗迹雕塑、艺术设施以及博物馆，以吸引更多的游客访问城市及周边郊区。这一举措也会为近些年兴起的邮轮旅行带来机遇。而要进一步支持这一类旅游形式，还需要对码头以及防波堤等进行现代化改造与升级。

斐济政府会继续向斐济旅游协会授予市场销售许可，同时进一步利用斐济太平洋地区交通中心的地位，参与推动打造太平洋地区成为旅游目的地的计划，从而使斐济以及整个地区都从中获益。

另外，斐济统计局会每两年推出一份"旅游卫星账目"（TSA），以准确估计斐济旅游产业给经济发展带来的贡献，同时明确有哪些需要政府干预的领域，从而获得进一步发展。[1]

四、斐济旅游业重视开拓和发展中国市场

斐济旅游业的传统客源主要来自澳大利亚和新西兰，以及美国、欧盟和日本等地，而近些年中国已成为斐济游客数量增长最快的市场。2012年赴斐济的中国游客是2万人，2013年提升到2.6万，2017年中国成为斐济第四大旅游客源国，仅位居澳大利亚、新西兰及美国之后，全年游客数量接近5万人次。

这其中除了中国国民经济发展迅速，形成巨大的旅游新兴市场这一因素外，也与1995年以来斐济提出"面向亚洲2000年"，以及着力发展"向北看"战略不无关系，即在保持同澳大利亚、新西兰等邻国传统关系

---

[1] "斐济国家发展五年/二十年计划"，https://www.fiji.gov.fj。

的同时，积极发展同亚洲各国的关系，尤其重视发展同中国的关系。中国同斐济于 1975 年 11 月 5 日建交，在南太平洋岛国中，斐济是第一个与中国建立外交关系的国家。

2004 年 4 月，中国正式加入由 12 个国家和地区组成的南太平洋旅游组织，成为该组织接纳的第一个区域外大国，该组织总部即设在斐济苏瓦。2004 年 10 月，中斐签署《关于中国旅游团队赴斐济旅游实施方案的谅解备忘录》，斐济成为中国公民出国旅游目的地。2005 年 5 月，中国公民组团赴斐济旅游方案正式实施。2007 年 9 月 10 日起，斐济给予中国公民免签签证待遇。2015 年 3 月，中国和斐济两国政府签订《互免签证谅解备忘录》。

2015 年 2 月，斐济旅游部部长法亚兹·科亚在接受环球网采访时明确表示，中国是目前斐济旅客数量增长最快的市场，斐济旅游部门将宣传重心放在中国市场，希望吸引更多的中国游客来斐济旅游。2017 年 11 月发布的斐济旅游五年发展计划中针对提高人力资源能力以及服务水平的具体办法中，就提到鼓励斐济旅游从业人员提高使用汉语普通话以及其他亚洲语言的能力，以拓展亚洲市场，而斐济旅游推广的官方网站目前也已推出中文页面。另外，针对拓展海外国际市场和打造斐济旅游形象的政策，也强调要大力在新兴旅游市场推广斐济作为旅游目的地。

中国等新兴旅游市场对增强斐济旅游业的价值以及进一步开发斐济旅游业的潜力具有重大意义。作为代表斐济政府的国家旅游组织，斐济旅游局 2018 年在中国上海设立地区办事处，除首席代表外，该办事处还任命了大中华区同业合作总监一职，旨在不断扩充在中国的团队力量。为了进一步提升斐济在中国市场的知名度，将斐济打造成中国游客首选的高端热带海岛旅游目的地，斐济旅游局大中华区办事处于 2018 年公开招标在华公关与社交媒体业务代理公司。自 2018 年 11 月 1 日起，亚奥营销策划被正式委任，将为斐济旅游局提供中国市场公关策划、媒介及新媒体传播服务。

五、斐济与中国在旅游业发展进程中的合作及前景展望

早期，中国与太平洋岛国之间的旅游合作主要由南太平洋旅游组织等协调参与，比如定期组织太平洋岛国旅游部长团参加由中国国家旅游局主办的中国国际旅游交易会，组织岛国和岛国论坛共同参加 2010 年上海世博会以及 2013 年南太平洋旅游路演等活动。

斐济旅游局近年来注重在市场推广方面与中国进行直接的合作，从而加速布局中国市场。2018 年 8 月，斐济旅游局携手斐济航空与中国十家旅行社合作开启同业合作推广，此次合作推出的一系列旅游产品是基于中国游客消费习惯特别打造的，是斐济旅游局在设立中国办事处之后的又一战略布局。同年秋季和 2019 年春季，斐济旅游局连续组织大中华区路演，数家来自斐济的旅游运营商前后亮相上海、北京、成都、广州、西安、深圳、香港等主要城市和地区，为 350 家中国旅行社与旅游批发商带来最新的产品和斐济旅游体验，促进了两国间的商务合作，拓展了相关业务。

斐济是中国南太平洋地区建交岛国中第二大贸易伙伴，中国也已成为斐济增长最快的投资来源国。在加强与太平洋岛国的经贸合作方面，中国政府一直鼓励中国企业在岛国进行旅游投资与业务合作，推动中方企业在岛国旅游开发领域发挥建设性作用。斐济政府也十分重视吸引对旅游业的投资，近年曾出台多项优惠政策。例如投资酒店或度假村可享受以下优惠税收政策中的任何一个：一是投资津贴，即核定投资成本的 55% 可以冲抵收入所得税；对投资项目不设完工期限，但项目所需进口物资不减免关税。二是短期投资政策，即 700 万斐元以上的投资前十年免缴收入所得税，

项目所需进口物资免除关税,但需于 2018 年 12 月 31 日前完工。① 在基础设施建设领域,中国援建的医院和公租房、水电站、公路升级改造工程、新修货运码头等项目,不仅促进了斐济的经济增长,改善了人民的生活,也为当地旅游业进一步发展创造了必要的条件。值得一提的是,2009 年时任国家副主席的习近平同志路过斐济,看到当地食用菌需求量很大,曾建议在当地推广菌草技术,目前菌草示范及技术合作中心的建设正在稳步推进。福建农林大学菌草技术发明人林占熺后来撰写的《中国援助斐济菌草技术示范中心考察报告》中提到斐济市场目前消费的菌类 100% 依靠进口,而菌类市场价格十分昂贵,其每年要进口 50 万斐元以上的菌类。近些年,该国支柱产业旅游业每年以近 20% 的速度在增加,众多宾馆和民众的消费量越来越大,只要价格适中,菌类消费量势必大量增加。② 从中可见,许多看似与旅游业无关的合作项目都会间接为斐济旅游业的发展助力。中斐双方都致力于创新合作方式,多种投融资并举,挖掘旅游业合作中新的增长点。

交通不便向来是中国游客到太平洋岛国旅游的最大障碍,中国内地游客一直经由香港、首尔或悉尼中转前往斐济。2011 年斐济航空开通香港至楠迪直飞航线,后逐渐加密,目前每周运营 4 班到 5 班。2015 年 2 月中国内地开通第一条斐济直航航线——由上海至楠迪的直航包机。同年 5 月 31 日、6 月 1 日,南航曾短暂运营广州到斐济的直飞旅游包机航线。中国内地城市春节包机到斐济旅游已渐成常态,部分航空公司也在考虑开通内地城市到楠迪的直航。根据民航资源网的信息,2017 年 11 月中国民用航空局与斐济民航代表团举行双边航空会谈,就加强中斐民航关系深入交换了意见。双方介绍了各自民航发展情况和国际航空运输政策,交流了开辟远程国际航线的相关政策和举措,并就持续磋商双边航权安排、不断加强双

---

① 中国驻斐济使馆经商参赞处:"斐济旅游资源丰富 发展趋势可观",http://www.cnki.net。
② 奕含:"从无到有,中国援助让南太平洋岛国吃上了自家产的蘑菇",观察者网,2018 年 6 月 7 日,https://www.guancha.cn/economy/2018_06_07_459350.shtml。

方在民航各领域的交流与合作达成共识。目前存在的困难主要在于，根据中国与斐济航空运输协定，两国间航线表主要涉及城市为北京与楠迪，运力、班次、机型和班期时刻应由缔约双方航空当局商定。中国航空公司若开通斐济航线，仅可从北京出发，且最多每周3班。尽管中国每年赴太平洋岛国人员都在稳步增长，但就绝对数量而言，中国赴太平洋岛国人员规模依然偏小，2012年赴太平洋岛国旅游人数为7万人次，而同年赴泰国旅游人数为278万人次，赴马尔代夫为20万人次。[①] 若中国与斐济航空运输协定中增加指定航点，中国的航空公司只有在南方的航空枢纽开通直飞航线，借助国内航线的旅客输送，才有可能长期经营。而目前来看，香港航线的大部分乘客均为内地乘客，若斐济航空公司开通中国内地南方航线，很可能会影响香港航线运营。斐济航空多数股权仍归国有，且相较之下国际竞争力有限，所以在与其他国家签订运输协定时，斐济一般仍有较多限制，以此在发展旅游业和保护本国航空公司利益之间取得平衡。[②]

六、斐济在中国发展与太平洋岛国旅游合作过程中的龙头作用

斐济是南太平洋岛国中发展程度较高的国家，是太平洋岛国论坛以及南太岛国旅游组织等地区多边机构所在地，在南太地区具有重要影响力。斐济地处南太平洋岛国的中心，其作为交通枢纽，产生的市场辐射作用不可忽视。中国游客到太平洋岛国旅游，除巴布亚新几内亚外，只有斐济与中国香港开通直航，而且经斐济转机前往其他岛国不需要办理过境签证。

---

① 韩硕、孙广勇："中国成东南亚旅游主力军"，《人民日报（海外版）》2013年1月29日，第2版。
② 罗之瑜："CADAS：斐济，中国大陆直飞的又一个国家？"，民航资源网，2017年11月5日，http://news.carnoc.com/list/424/424113.html。

"中国游客在太平洋岛国区域内的流向主要以斐济为基点向外围延伸，其他岛国基本属于附属旅游目的地。"① 中国目前已成为斐济的第四大客源市场，且作为新兴市场仍在继续发展当中，为斐济周边其他太平洋岛国旅游业的发展带来了较好的机遇。斐济政府也将"进一步利用斐济作为太平洋地区交通中心的地位，参与推动打造整个太平洋地区成为旅游目的地"纳入最新的旅游发展计划，希望斐济以及太平洋地区都能从中获益。2019年4月，在萨摩亚举办的2019"中国—太平洋岛国旅游年"开幕活动上，中国文化和旅游部宣布将与南太岛国及南太平洋旅游组织合作，开展旅游调研、旅游人力资源培训、在线旅游推广等一系列务实合作，进一步扩大双方人员往来。

斐济在中国发展与太平洋岛国旅游合作过程中扮演了重要的角色，这都归功于斐济政府积极推进改革，着力发展经济，争取可持续性发展。斐济将继续作为地区中心，辐射周边，并形成规模性的影响力。

参考文献

[1] 刘建峰、王桂玉："中国与太平洋岛国旅游合作研究"，《太平洋学报》2014年11月，第22卷，第11期。

[2] 中国驻萨摩亚大使馆经商参赞处："来南太岛国的游客人数逐年增加"，2014年6月17日，http://ws.mofcom.gov.cn/article/jmxw/201406/20140600627336.shtml。

[3] 缪立云："岛国斐济旅游业的新发展"，《世界各地》1993年11月，http://www.cnki.net。

[4] 吕桂霞：《斐济》，社会科学文献出版社2015年版。

[5] 中国驻斐济使馆经商参赞处："斐济旅游资源丰富 发展趋势可观"，http://www.cnki.net。

---

① 刘建峰、王桂玉："中国与太平洋岛国旅游合作研究"，《太平洋学报》2014年11月，第22卷，第11期。

［6］奕含："从无到有，中国援助让南太平洋岛国吃上了自家产的蘑菇"，观察者网，2018年6月7日，https://www.guancha.cn/economy/2018_06_07_459350.shtml。

［7］韩硕、孙广勇："中国成东南亚旅游主力军"，《人民日报（海外版）》2013年1月29日，第2版。

［8］罗之瑜："CADAS：斐济，中国大陆直飞的又一个国家?"，民航资源网，2017年11月5日，http://news.carnoc.com/list/424/424113.html。

巴布亚新几内亚语言政策演变研究

李志刚[*]

语言本身具有文化价值及政治、经济、心理价值。作为文化的载体，它是民族精神的外在表现，对于传承民族文化，建构民族认同与国家认同具有重要影响。同时，语言作为一种交际工具，对于促进族群、国际间信息交流也具有特殊作用。

语言政策是指人类社会群体在言语交际过程中根据对某种或某些语言所采取的立场、观点而制定的相关法律、条例、规定、措施等。其目的表面上是解决和语言有关的问题，但最终是为了实现政治、经济等方面的国家利益。在任何一个社会里，语言与教育都是高度政治化的问题。国家总是不断地根据社会发展和国家利益的需要动态地调整自己的语言政策。

巴布亚新几内亚是世界上使用语言最多的国家，有853种语言，占世界语言的12%，其语言数量是欧洲各国语言总和的近三倍。巴布亚新几内亚是一个兼具生物多样性与语言多样性的国家，是研究语言生态学的极佳典范。巴布亚新几内亚政府针对其丰富的语言制定了一系列相关的语言政策，以保护本土语言。中国可以从中获得启示，为国内的语言保护制定相关保护措施。同时，中国的语言资源保护始终是在与世界文明的交流互鉴

---

[*] 李志刚，北京语言大学英语学院讲师。

中进行的,我们既要珍视全人类的语言资源,也要重视外语学习,以加强同各国的交流与合作,为构建人类命运共同体奠定文化基础。

一、国情概况

巴布亚新几内亚独立国(Independent State of Papua New Guinea)简称巴布亚新几内亚,是位于太平洋西南部的一个岛屿国家,拥有新几内亚岛东半部及附近俾斯麦群岛、布干维尔岛等共约600个大小岛屿,是太平洋岛国地区面积最大、人口最多、最具发展潜力的国家,也是大洋洲第二大国、英联邦成员国。国名由巴布亚和新几内亚两部分组成,得名于岛名。该国西邻印度尼西亚的巴布亚省,南部和东部分别与澳大利亚和所罗门群岛隔海相望。

2018年,巴布亚新几内亚的人口为842万。巴布亚新几内亚也是世界上人口密度最低的国家之一,每平方公里18人。城市人口占15%,农村人口占85%。

巴布亚新几内亚是典型的单一民族国家,人口的98%是美拉尼西亚民族,其余为密克罗尼西亚人、波利尼西亚人、白人和华人等,其中华人约有5000人。

从政治地理概念上讲,巴布亚新几内亚人分为两支:巴布亚人和新几内亚人。巴布亚人是指巴布亚新几内亚本土南部及东南部各省居民,约占全国总人口的35%。新几内亚人包括巴布亚新几内亚本土北部和沿海各岛屿居民。

巴布亚新几内亚有将近1000个部族,许多部族至今仍过着原始部落生活,一些偏远的部落与外界的联系很少。

巴布亚新几内亚教育体制分中央、省、地三级。自从执行免费义务教育制以来,巴布亚新几内亚中小学数量和在校人数急剧增加,全国现有已登记中小学10466所,在校学生约180万人。现有6所大学,主要有莫尔斯比港巴布亚新几内亚大学和莱城巴布亚新几内亚科技大学，学生约7780人。另有21所私营城乡国际学校，在校学生6000余人。

二、语言状况简述

巴布亚新几内亚拥有地球上最高的语言密度，面积为46.284万平方公里的国土上拥有853种语言。换句话说，其每542平方公里就有一种语言。在某些地区，密度甚至更大，每200平方公里就有一种语言。这种语言密度是世界上其他任何地方都无法比拟的。

造成巴布亚新几内亚极端语言多样性的因素主要有三个。第一个是时间因素。巴布亚人在这个地区居住了大约4万年，这使得语言变化和多样化的自然过程有充足的时间。美国语言学家威廉·弗利是悉尼大学教授、巴布亚语和南岛语专家。根据弗利的巴布亚语言多样化模型，假设最初的情况是单个社区说一种语言，一种语言每1000年分裂成两种语言，仅此一项，巴布亚新几内亚就会在4万年内产生1012种语言，这个保守的估计还不包括语言接触、语言混合和语言灭绝。[1]

巴布亚新几内亚语言多样性的第二个主要原因是地形地貌。山脉长期以来就与较高程度的语言多样性及密度相关，例如尼泊尔和高加索，它们均属于语言密度高的多山地区。其他地形地貌特征还包括众多的岛屿、崎岖不平的海岸线、密布的沼泽地和热带雨林，它们都构成社会互动的真正障碍，因此有利于形成语言的多样性。巴布亚新几内亚的大部分领土是森林覆盖的陡峭山脉、湍急的河流、几乎难以穿越的热带雨林和无尽的沼泽地。

但决定语言密度的不仅是时间和自然地理，社会结构、文化态度和语言多样性之间也存在很大的相关性。例如，大型民族国家通常与较少数量

---

[1] William A. Foley, *The Papua Languages of New Guinea*, Cambridge: Cambridge University Press, 1986.

的语言相关,而部落社会则支持许多较小语言的存在。巴布亚新几内亚部族繁多,且很多是原始部落,不为外界所知,但每个部族都有自己独特的语言,也为自己的语言感到自豪。在巴布亚新几内亚,语言通常被视为社区独特身份的象征或标记。比如巴布亚新几内亚有一种风俗习惯被称作"one talk"制度。这种制度可以被视为一种不成文的社会契约。它是基于互惠原则的"亲属义务"(kinobligation)。在这一制度下,使用同一种语言并且是同族同乡而现在生活在城市的人会互相帮助。[1][2]

因此,充足的时间、困难的地形、部落社会和文化对语言的态度造成巴布亚新几内亚语言上的巨大差异。

在巴布亚新几内亚的853种语言中,只有一种是非本土语言,840种是现存的本土语言,其他12种土著语言已经消亡。还有许多语言,使用人数非常少且已濒临消亡。巴布亚新几内亚使用最广泛的土著语言是恩加语(Enga),在巴布亚新几内亚中部的高地上有大约16.5万恩加语使用者;其次是梅尔帕语(Melpa,西部高地省13万人)和胡利语(Huli,7万人,其中大部分在南部高地省)。此外,巴布亚新几内亚的大多数土著语言的使用者数量不足1000人,通常以一个村庄或几个小村庄为中心,有些语言的使用者还不到100人。

表10—1 巴布亚新几内亚使用人数最少的土著语言

语言	使用者人数	使用者区域
Bo	85	桑道恩省(Sandaun)
Likum	80	马努斯省(Manus)
Hoia Hoia	80	西部省(Western)

---

[1] Sean Patrick Hopwood, *The Linguistic Diversity in Papua New Guinea*, Day Translations Website, Retrieved January 18, 2019, from https://www.daytranslations.com/blog/2018/05/the-linguistic-diversity-in-papua-new-guinea-11444/, 2018, May 7.

[2] Manoranjan Mohanty, Informal Social Protection and Social Development in Pacific Island Countries: Role of NGs and Civil Society. *Asia-Pacific Development Journal*. 18(2), pp. 25-26, 2011.

续表

语言	使用者人数	使用者区域
Ak	75	桑道恩省（Sandaun）
Karawa	63	桑道恩省（Sandaun）
Arawum	60	马当省（Madang）
Atemble	60	马当省（Madang）
Ari	50	西部省（Western）
Bagupi	50	马当省（Madang）
Bepour	50	马当省（Madang）
Bilakura	30	马当省（Madang）
Gweda	26	米尔恩湾省（Milne Bay）
Gorovu	15	东塞皮克省（East Sepik）
Abom	15	西部省（Western）
Kawacha	12	莫雷贝省（Morobe）
Kamasa	7	莫雷贝省（Morobe）
Abaga	5	东高地省（Eastern Highlands）
Guramalum	3	新爱尔兰省（New Ireland）
Laua	1	中央省（Central）

资料来源：Simons, Gary F, and Charles D. Fenning (eds.), *Ethnologue: Languages of the World, Twenty-first Edition. Dallas, Texas: SIL International*, Online Version, http://www.ethnologue.com, 2018.

这些最小的语言均前途渺茫。例如，Likum，Atemble 和 Bagupi 被列为"绝对濒临灭绝"（即儿童不再在家中把这些语言作为"母语"学习）；Bepour 和 Gorovu 被称为"严重濒危"（即这些语言是祖父母和老一辈人会说，而父母一代可能能听懂，但父母不会对孩子或在他们之间使用这些语言）；Bilakura，Kamasa，Abaga 和 Laua 被列为"极度濒危"（即这些语言最年轻的使用者是祖父母或更年长者，而且这些人也很少使用这些语言）。

巴布亚新几内亚独立后通过了四种官方语言：英语（English）、皮钦语

（Tok Pisin）、希里莫图语（Hiri Motu）和手语（Sign Language）。皮钦语是商业和政府活动中最常用的语言。全国大多数机构至少使用两种官方语言。官方语言用于促进国家的团结和加强沟通。

英语是巴布亚新几内亚的官方语言之一，约有10万人在使用。在殖民时期，澳大利亚人将英语引入该国。英语主要由在该国工作的移民和外籍人士使用。大多数政府部门之间的交流和出版物通常使用英语。英语也是教育系统使用的主要语言。随着时间的推移，英语逐渐演化成皮钦语和希里莫图语。这些都成为巴布亚新几内亚最流行的语言。

巴布亚皮钦语又叫新美拉尼西亚语、托克皮辛语，是一种从英语演变而来的克里奥尔语。它是巴布亚新几内亚四种官方语言之一，也是该国使用最广泛的语言。15世纪，中国商人就活跃于南洋一带，但巴布亚新几内亚能追溯的最早的中国人叫李谭德。1870年至1880年，李谭德来到该国寻找商机。随后，大量中国人涌入巴布亚新几内亚。为便于与土著人交流，李谭德等中国人便使用临时抱佛脚学的洋泾浜英语。当地土著人也很快适应了这一语言，由此形成今日皮钦语的雏形。当地皮钦语都带有浓郁的中式英语色彩。现在该国大约有500万人可以在某种程度上使用皮钦语，尽管并非所有人都能流利地使用皮钦语。大约有100万人使用皮钦语作为他们的第一语言，特别是在城市家庭。这种语言也在慢慢地排挤在该国使用的其他语言。皮钦语经常被用于议会辩论和一些公众宣传活动。在初等教育的早期阶段，该国的一些学校使用皮钦语和英语来提高学生的早期识字能力。

希里莫图语也是巴布亚新几内亚认可的官方语言之一，但很少有人将其作为第一语言，大约有12万人把它作为自己的第二语言。希里莫图语属于美拉尼西亚语族，也是莫图语的简化版本。虽然它起源于莫图语，但希里莫图语的使用者不一定了解莫图语，反之亦然。最初当地警察常用此语，所以其又被称为警察莫图语。该语言被细分为两种方言：南岛语和巴布亚语。这两种方言都来自莫图语。从1964年开始，巴布亚语成为官方出版物的使用语言，并在全盛时期被广泛使用。然而，自20世纪70年代早期以来，由于英语和皮钦语日益普及，希里莫图语的使用逐渐减少。

第四种官方语言是巴布亚新几内亚手语，但最初其仅在当地聋哑人中使用。20世纪90年代，澳大利亚手语传入该国，与当地手语结合在一起，充实了手语内容。在巴布亚新几内亚操不同语言的人混居的地方，当沟通出现困难时，有人就试着用手语沟通，结果效果还不错，于是手语就成为他们之间沟通的语言。2015年5月，手语被列为巴布亚新几内亚第四种官方语言，全国约有3万人经常使用手语。

三、语言政策演变

巴布亚新几内亚历史复杂。新几内亚岛及其邻近岛屿一直是亚洲东南部人民向太平洋地区航海或迁移的一个重要跳板。1511年，葡萄牙人发现了新几内亚岛。1545年，葡萄牙人奥尔蒂斯·德雷特斯到达该岛北部，见当地居民肤色和头发与西非几内亚湾沿岸的黑人十分相似，且两地自然景色和气候也大致相仿，故为其取名为新几内亚。从此，这里就被称为巴布亚新几内亚。1884年，英国、德国瓜分伊里安岛东半部和附近岛屿。18世纪下半叶，荷兰、英国、德国殖民者接踵而至。1906年，英属新几内亚交由澳大利亚管理，改称澳属巴布亚领地。1914年，德属部分在第一次世界大战中被澳军占领。1920年12月17日国际联盟委托澳大利亚托管德属新几内亚，1942年巴布亚新内亚被日本占领，1946年联合国大会决议委托澳大利亚托管巴布亚新几内亚。1949年，澳将原英属和德属两部分合并为一个行政单位，称为"巴布亚新几内亚领地"。1973年12月1日，巴布亚新几内亚实行内部自治。1975年9月16日，巴布亚新几内亚脱离澳大利亚宣布独立，成为英联邦成员国。

从20世纪60年代至今，巴布亚新几内亚的基础教育语言政策发生了重大转变。20世纪60年代是殖民时期，当时的教育倾向于吸引学生远离他们的本土文化，西方文化在这个国家受到热烈欢迎和高度推崇。巴布亚新几内亚获得独立后，西方的影响力开始下降，但仍然处于主导地位。在20世纪70年代，巴布亚新几内亚出现了语言政策的激烈争论。在20世纪80年代，语言政策试图鼓励学校使用本土语言教学。在20世纪90年代，本土语言正式成为教学用语。最近，本土语言教育受到限制，而英语的作用得到重视并被提倡作为教学语言。巴布亚新几内亚语言政策的演变始于一种关注西方价值观的教育哲学，并将教育制度和英语语言作为使巴布亚新几内亚成为一个在现代世界中具有政治独立性的国家的手段。①

（一）20世纪60年代

在20世纪60年代，巴布亚新几内亚的教育处于西化状态，这是西方文化导入的时期。在巴布亚新几内亚成为澳大利亚殖民地之后，这个国家最基础的教育受到传教的极大影响。最初教育的主要目的是为宗教服务，特别是教导当地居民阅读《圣经》和理解传教士。在传教和布道过程中，英语发挥了重要作用。传教士曾试图用本土语言完成传教工作，一开始确实有效，但是后来为了得到政府的支持和资助，他们开始改用英语布道。通过这种方式，传教士不仅传播了宗教，而且发展了基础教育，并巩固了英语在语言政策中的地位。由此，儿童获得了知识并变得有文化，扫盲率大大提高，巴布亚新几内亚也启动了西化进程。

西方教育模式被引入这个国家，试图将当地人西化。英语是各级教育系统的主要媒介。在此期间，高等教育系统进入巴布亚新几内亚，巴布亚新几内亚大学（UPNG）成立，这是西化过程中的一个成功步骤。在巴布亚新几内亚大学，英语更加受到重视，已成为教育媒介的唯一语言。

在这个时代结束时发生的两件事，标志着外国西化教育体系高潮的到

---

① Robert Litteral, *Language Development in Papua New Guinea*, SIL International Website, Retrieved January 18, 2019, from http: //www. sil. org/resources/publications/entry/7832, 1999.

来并对巴布亚新几内亚基础教育的未来产生重大意义。冈瑟尔是一位年长的外籍殖民地管理员，于1969年写了一篇题为《更多英语，更多老师》的文章。他说，巴布亚新几内亚教育系统需要的不是本土语言，而是更多的英语。① 相比之下，1969年，一位年轻的小学教师欧内斯特·基拉郎在一次由外籍人士主导的教育会议上提出一种新的教育方法问题。他的问题是，"为什么我们不能在基础教育早期阶段用本土语言教孩子们呢？"②

以上所有都反映了巴布亚新几内亚殖民时期的语言政策。西方文化的影响是如此之大和如此深刻，以至于当地的文化和语言几乎没有发挥自身的作用。在此期间，政治是影响巴布亚新几内亚语言政策的主要因素。由于殖民统治，巴布亚新几内亚在制定语言政策方面几乎没有任何选择，所有政策都由澳大利亚政府制定。

（二）20世纪70年代

在20世纪70年代，巴布亚新几内亚从澳大利亚当局获得独立，教育政策的制定保持了以政府为主导的"自上而下"模式，但从澳大利亚政府转移到巴布亚新几内亚新政府。此时，虽然英语仍然保持其在教育中的主导地位，但已有了较大变化。

在这个阶段，西化进程逐渐缓和，而本地化进程则稳步推进。1972年，英语预科课程被取消。"1976—1980年五年教育计划草案"中包括了基础教育中的本土语言教育，但该草案被全国执行委员会否决。因为在独立后不久，大多数教育制度都遵循殖民时期的教育模式，英语仍然是公民正规教育中的主要用语，但允许本土语言发挥辅助作用，协助英语教学，以帮助解释一些模糊和不容易理解的概念与术语。这是语言政策转变的合理开端。在实践中，巴布亚皮钦语被广泛用于新几内亚许多农村小学的低

---

① Gunther, John, *More English, More Teachers,* New Guinea 4, 1969, pp. 43–53.
② Kilalang, Ernest, Personal Communication, 1969.

年级。

在此期间，巴布亚新几内亚对语言政策进行了广泛的学术讨论。1973年，在巴布亚新几内亚大学举行的巴布亚皮钦语国际学术会议上，推荐使用本土语言和皮钦语，特别是使用巴布亚皮钦语进行教育。第八届韦盖尼（Waigani）教育研讨会上，许多与会者鼓励使用本土语言。汤姆·达顿教授在巴布亚新几内亚大学担任语言教授的就职演讲中，建议将巴布亚皮钦语作为巴布亚新几内亚的国语。

20世纪70年代后期，对巴布亚新几内亚北部地区的调查显示，许多当地父母对年轻一代的社会隔阂表示了极大关注。父母认为由于英语教育政策，年轻人在社会交往中感到格格不入，很难融入自己的文化和社区，有交流障碍。这些受访者意识到年轻一代与上一代之间的异化和差距，因此他们希望建立这样一个教育体系：为了继承、传播和加强当地文化和语言，为了保持本土语言的活力，以及帮助年轻人在学业上取得令人满意的成绩，新的语言政策需要将本土语言纳入教育体系中。

1979年，北所罗门省政府决定在1980年引入乡村土语学校（Viles Tok Ples Skul）系统。这一决定通过在非正规教育系统中发展早期本土语言教育，回避了正规教育中的国家语言政策。这是语言政策决策从集中到分散的、自下而上的过程的开始。这将在未来不到十年的时间内改变国家语言政策。

（三）20世纪80年代

进入20世纪80年代后，巴布亚新几内亚的语言政策制定模式从"自上而下"转为"自下而上"。这一时期的语言政策变得更加适应本地化。在教育方面，本土语言的地位得到加强，地方当局比以往更加热情地转向本土语言教育。许多语言政策制定者是当地社区的领导者或重要人物，旨在教育儿童学习当地语言和文化，以保护他们自己的语言免于濒危。

正如之前所讨论的那样，巴布亚新几内亚的父母非常关心他们的孩子与当地社区的社会隔阂和文化异化。父母将这种现象归咎于殖民时期遗留下来的英语教育，希望看到一个令人满意的新的教育体系，既能促进学术发展，又能继承自己的语言和文化。因此，这一时期的新语言政策强调了本土语言学习和使用的重要性，以满足当地父母的期望。

支持本土语言教育的非正式网络遍布全国各地，甚至有些官员也表示支持这种教育系统。巴布亚新几内亚的一些省份（North Solomons 1980, East New Britain 1983, Enga 1985）和语言社区（Angor 1981, Gadsup 1983, Misima 和 Barai 1984）就建立了所谓的本土语言幼儿园或乡村土语学校。

在此期间，大量支持本土语言教育的活动蓬勃发展。其中最杰出的贡献之一是夏季语言学研究所（the Summer Institute of Linguistics, SIL）。在巴布亚新几内亚的本土语言保护过程中，夏季语言学研究所在各方面都发挥了重大作用。夏季语言学研究所不仅帮助当地人民学习和使用本土语言，更重要的是还组织了一系列巴布亚新几内亚本土语言研讨会，为学者们提供了对当地语言进行深入研究的机会，撰写了一些研究地方语言的论文，为后来的研究者提供了宝贵的资料。在夏季语言学研究所提供的资金和支持下，巴布亚新几内亚出版了自己的本土语言出版物。

最终，本土语言教育网络的政治影响力达到顶峰。基层本土语言教育网络的发展成为影响中央政府语言政策制定的典范。1986年，教育哲学委员会建议在前三年的基础教育中使用本土语言，但被议会拒绝了，这也是议会拒绝的唯一建议。然而，在1988年，议会将1989年国家教育部预算中的资金纳入一个关于本土语言教育和扫盲的部分，还成立了一个全国扫盲委员会，其首要任务是制定一项由教育部长批准的国家语言和扫盲政策。该政策鼓励各省、社区和非政府组织参与本土语言教育，同时鼓励建设本土语言预科学校和保持社区学校的本土语言教育。1989年晚些时候，议会批准了一项扫盲计划，该计划规定儿童应该学会用自己的母语进行阅读和写作，并对本土语言的初始读写能力给予最高级别的认可。

本土语言教育政策提出一系列巩固本土语言的方法，要求孩子们在开始上小学之前应该去本土语言学校学习。幼年时期的孩子对语言学习很敏感,进入使用本土语言的幼儿园可以帮助他们更熟练地掌握自己的语言。进入一年级后,本土语言可用于一些课程,以协助解释一些困难的概念。在中等教育和高等教育中,大量的母语活动和课程可以保证青少年经常性使用本土语言。当地社区甚至为离开学校或未能接受教育的人提供本土语言培训和课程。总之,这个时期,巴布亚新几内亚的本土语言课程及其推广活动得到蓬勃发展。

可以看出,巴布亚新几内亚20世纪80年代的语言政策发生了巨大的转变,从专注于基于英语的语言政策转向一种强调本土语言的政策。这一阶段的语言政策逐渐失去殖民时期的模式,转变为本土保护和语言多样性保护。地方当局意识到以前的语言政策过于关注英语,这是殖民时期的主导语言,也是语言帝国主义的标志。其结果是,本土语言由于使用者越来越少,开始逐渐走向灭绝,这严重损害了语言和文化的多样性。巴布亚新几内亚人开始意识到,本土语言是当地文化和习俗的载体。因此,在这十年中,为了保护国家遗产——语言、习俗和文化,巴布亚新几内亚付出了巨大努力,为国家的本土语言保护和推广开创了新的图景。语言政策改革在这一过程中取得了成功。

(四) 20世纪90年代

在20世纪90年代,巴布亚新几内亚开展了教育改革,将本土语言教育纳入正规教育体系。这一阶段的本土语言教育不仅局限于某一领域,而且得到新的发展,朝着基于文化的新的教育体系迈进。

从20世纪90年代开始,本土语言的推广使得本土语言在遍布全国各地的教育系统中得到广泛使用,公民本土语言口头表达能力大大增强,政府越来越鼓励使用母语。由于巴布亚新几内亚小学一年级数学教材中没有语言讲解,只有一些插图,因而教师有机会使用任何语言教授课程。

1989年,教育部颁布了语言和扫盲政策。这是一种多语言政策,其核心是鼓励识字,学习本土语言,然后将识字能力应用到学习其中一种国家语言——巴布亚皮钦语或希里莫图语以及英语上,从而满足个人不断发展的需求。本土语言被认为是学习英语的桥梁。

该政策的实施分为三个层次:国家、省和社区。国家政府的职责主要是提供资金、高水平培训、计划补贴和进行研究。省级职责包括进行管理,提供资金、教师培训以及教材生产和研究。社区负责选择语言,以及推荐接受培训的人。由于人力和财力资源有限,国家政府只向那些履行职责的省和社区提供援助。尽管非政府组织在本土语言教育发展中发挥了重要作用,但该政策声明并未明确其责任。

遵守该政策是自愿的,而非强制性的。政策声明在制定其策略时使用了"鼓励"一词。鼓励的策略是:

- 儿童在一年级之前需就读本土语言预科学校;
- 如果没有本土语言预科学校,一年级需有本土语言读写能力;
- 一年级的衔接课程中有本土语言预科课程和英语课程;
- 在一年级至六年级的非核心科目中使用本土语言(核心科目是英语、数学、科学和社会研究);
- 本土语言的教学一直到六年级;
- 中等和高等教育的本土语言教学活动;
- 成人和失学青年的本土语言识字和基础教育。

1991年,巴布亚新几内亚对教育系统进行了一次评估,然后对教育结构进行了重组改革,目的是增加儿童的入学机会。重组后,学生将接受九年的初级教育。这包括三年的基础教育,最初用当地社区语言教授,然后是六年的小学教育。重新组建为三年级到八年级的小学结构。中学将提供从九年级到十二年级的四年制教育(见图10—1和图10—2)。改革方案如下:

- 在正规教育系统中加入本土语言预科学校,以改善和增加初级教育的可及性。
- 引入一个新的以村庄为基础的小学系统。
- 在二年级开设英语口语课程,继续使用本土语言教学。

- 将小学教育扩展到八年级，小学低年级为三年级到五年级，小学高年级为六年级到八年级。
- 将全面的中等教育扩展到每个省，而不是之前只有四所国立高中的限制；初中是九年级和十年级，高中为十一年级和十二年级。

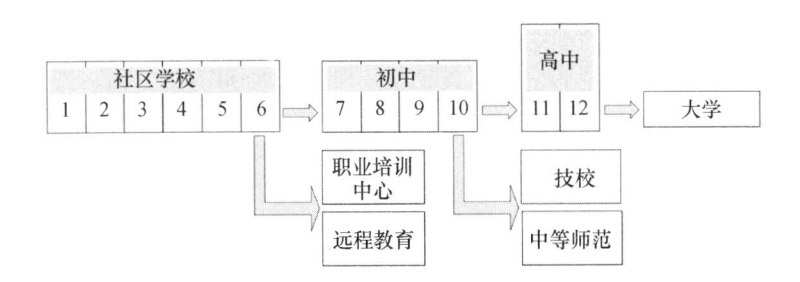

图 10—1　改革前的教育结构

资料来源：PNG Universa Basil Education Plan 2010 - 2019 Papua New Gninea, Department of Education. Universal Basic Education Plan 2010 - 2019. Retievved January 18. 2019 from http: //www. education. gov. pg/quick/inks/documents/ube-plan-2010 - 2019. pdf, December. 2009.

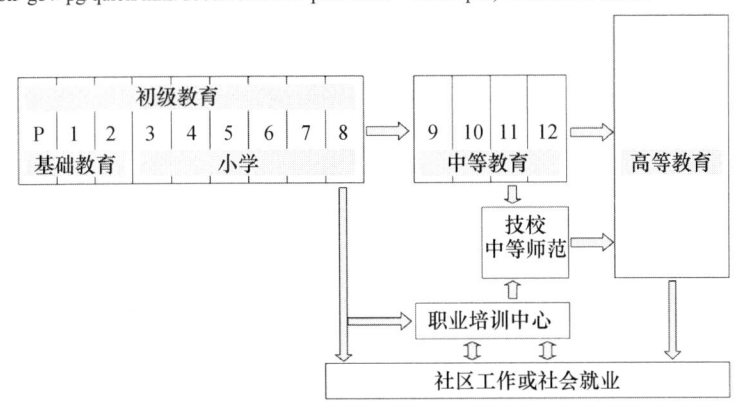

图 10—2　改革后的教育结构

资料来源：PNG Universa Basil Education Plan 2010 - 2019 Papua New Gninea, Department of Education. Universal Basic Education Plan 2010 - 2019. Retievved January 18. 2019 from http: //www. education. gov. pg/quick/inks/documents/ube-plan-2010 - 2019. pdf, December. 2009.

1999年9月8日，巴布亚新几内亚教育部发布38/99号通告，提出新的语言政策。通告建议，在基础教育阶段，即从预科到二年级的三年时间，学校教学语言为学生的本土语言或当地社区通用语。二年级下半年开设英语口语课程。在小学三年级到五年级实行双语教育，逐渐从本土语言过渡到英语。在小学高年级，即六年级到八年级，课堂活动将以英语为主要教学语言，但仍然为学生提供学习和使用本土语言的机会。中学的所有课程将以英语为教学语言。虽然鼓励学生学习和使用英语，但各级学校不能劝阻学生使用本土语言。①

从20世纪60年代强调英语而忽视本土语言教学的语言政策，到90年代在基础教育中大力发展本土语言的语言政策，巴布亚新几内亚的语言政策在30年内发生了巨大的变化。

（五）2013年至今

20世纪90年代至今，巴布亚新几内亚语言政策再次发生巨大变化。

2008年教育部的一项研究表明，全国约有30%的学校没有实施小学（预科加两年）和初等教育（三年级到八年级）的新结构。大多数学生在六岁（预科年龄）之后开始接受小学教育。

2012年12月4日，新总理彼得·查尔斯·派尔·奥尼尔在议会谈到学生家长对巴布亚新几内亚教育体系的不满。许多学生家长、教师和学者都抱怨小学本土语言教育不利于学生的英语学习，学生的英语水平很差。新总理宣布，截至2013年12月14日，全国所有小学将转换为英语教学语言系统。该政策彻底改变了20世纪90年代的语言政策，使英语再次成为基础教育的媒介，并要求将英语从小学预科阶段就开始作为一门必修课程来学习。这意味着入学的学生从六岁开始就学习英语，而且从小学起所有

---

① Peter M. Baki, *Secretary's Circular No. 38/99*, Department of Education in Papua New Guinea, 1999.

课程内容都用英语授课，而本土语言只是在讲解难以理解的概念时起到辅助作用。同时，政府仍然支持保护本土语言，并将其纳入小学教育体系。

在巴布亚新几内亚，英语是官方语言和商业用语。对英语的无知可能会导致公民福利的丧失，甚至给国家的发展造成困难。因此，20世纪90年代倡导在小学教育中推广本土语言的语言政策不再适用，同时制定了一种新的语言政策，鼓励英语在基础教育中取代本土语言并作为媒介。这一时期的政策制定者也意识到在基础教育中保留本土语言的重要性和必要性，这就是本土语言应该作为学校的一门课程教学的原因。这项新政策在巴布亚新几内亚与西方世界的联系中发挥了有益作用，使巴布亚新几内亚获得更多的经济和政治利益，同时保护了其语言和文化。[①]

通过以上讨论可看出，巴布亚新几内亚语言政策分为五个阶段。20世纪60年代，语言政策完全西化，只推广英语，完全接受进入巴布亚新几内亚的西方文化。当巴布亚新几内亚在20世纪70年代获得独立时，西化步伐有所减缓，而本地化加快了，但是英语仍然很受重视，本土语言的推广还是受到限制。转向20世纪80年代，巴布亚新几内亚民族意识大大加强，对自身文化的保护开始蓬勃发展。大学、非政府组织和社区都致力于使本土语言更加繁荣。这是本土教育适应阶段。非政府组织主办的本土语言活动受到公民的欢迎，达到本土语言教育推广的顶峰。20世纪90年代，地方当局和社区联合将当地文化和语言纳入正规教育体系，形成具有巴布亚新几内亚特色的双语教育体系，加强了母语在教育中的地位，这被称为本土语言的发展阶段。而在最近几年，语言政策再次发生巨变。一项呼吁在基础教育中让英语占主导地位的新政策取代了以前的政策。随着英语在教育中占据主导地位，本土语言成为帮助解释教学和学习中的一些概念的工具。五个阶段的语言政策表明，该国的英语地位不可动摇，未来仍将繁荣，因为它为国家和公民带来了巨大的经济和政治利益。

---

① Robert Litteral, *Changes in Mother Tongue Education Policy in Papua New Guinea*, *Language & Linguistic in Melanesia*, Vol. 33, No. 2, 2015.

四、影响语言政策变化的因素

巴布亚新几内亚语言政策的演变受到一系列因素,主要是经济、政治和英语全球化等的影响。缺乏独立性使得巴布亚新几内亚不得不遵循西方模式,无论其语言政策如何变化,英语在巴布亚新几内亚都至关重要。巴布亚新几内亚从未真正将英语排除在国家发展之外,因为英语作为其与西方世界联系的交际工具,为年轻人带来了发展机会和社会地位。

(一)英语全球化

随着英语在世界各地的广泛传播,它不可避免地成为世界上使用最广泛的语言,如今已有60多个国家采用英语作为官方语言,英语已在世界上占据主导地位。作为一种商业语言,英语被广泛应用于商业、科技、媒体和娱乐领域。在最重要的会议中,使用的语言也是英语。

现代人不懂英语,就很难与外界沟通,很难充当全球经济的参与者,分享高科技和现代文明带来的好处。因此,几乎所有国家都非常重视英语教学。英语已成为从小学到大学的必修课程,越来越多的孩子在很小的时候就开始学习英语。

巴布亚新几内亚作为英语国家的前殖民地,有很长一段时期受到英语语言和文化的强烈影响。尽管巴布亚新几内亚本土语言丰富,但由于宗主国对这个前殖民地有着巨大影响,其未能将自己的本土语言真正带入繁荣之境。通过英语全球化,西方语言模式、文化和价值观深深地烙印在这个国家。

（二）政治因素

政治因素是一个国家制定各级政策的主要因素，政治格局决定了意识形态的措施和方向。

巴布亚新几内亚是英联邦国家的成员，英国女王伊丽莎白二世是其国家元首，女王根据总理提名任命总督为其代表。从这个意义上讲，巴布亚新几内亚与西方世界紧密相连。巴布亚新几内亚遵循英语国家的政治模式。巴布亚新几内亚的政治制度是君主立宪制下的议会民主制，其形式是三权分立。

政治格局使巴布亚新几内亚根据西方大国制定相关政策。语言教育和语言政策也是服务于国家职能的一种方式，肯定会受到政治方面的影响。

巴布亚新几内亚是一个欠发达国家，国家发展在很大程度上取决于外国的支持。如果巴布亚新几内亚希望得到西方国家的更多支持和帮助，那么以英语为主导的语言政策可以帮助巴布亚新几内亚与西方大国建立起亲密关系，如此才能为其国内建设赢得外国支持。

（三）经济因素

经济因素始终是影响一个国家政策最重要的因素。可以说，与西方紧密的经济联系极大地影响了巴布亚新几内亚政府的语言政策。

巴布亚新几内亚拥有丰富的黄金、铜、石油、天然气和其他矿物质等自然资源，但其工业部门——不包括采矿业——仅占 GDP 的 9%，对出口贡献很小。巴布亚新几内亚经济高度依赖制成品进口，只小规模生产一些日用品，如啤酒、肥皂、服装、纸制品、火柴、冰淇淋、罐头肉、果汁和家具等。国内市场小、工资相对较高、运输成本高是巴布亚新几内亚工业发展的制约因素。

现在，巴布亚新几内亚鼓励出口和吸引外国投资。外交政策必须与经济发展紧密相连。巴布亚新几内亚正在寻求与南太平洋国家，如澳大利亚、新西兰的互动与合作，而这些国家也是英联邦国家。另外，巴布亚新几内亚也寻求与中国、日本和东南亚国家的合作，以发展多边贸易关系。1996年巴布亚新几内亚加入世贸组织，参与其他南太平洋国家的合作。巴布亚新几内亚还是亚太经济合作组织的成员。与欧盟签订的条约规定，巴布亚新几内亚出口的产品进入欧盟市场是免税的，出口到美国和日本的产品享受关税折扣。澳大利亚是巴布亚新几内亚最重要的出口市场，其次是日本、中国和欧盟。美国从巴布亚新几内亚进口适量的黄金、铜矿石、可可、咖啡和其他农产品。巴布亚新几内亚的石油、采矿机械和飞机主要从美国进口。作为英联邦的成员，巴布亚新几内亚与英国建立了密切的联系。英国每年向巴布亚新几内亚提供10万美元，协助其进行国内建设。

澳大利亚由于地理位置和对巴布亚新几内亚的殖民历史，始终是巴布亚新几内亚最亲密的朋友，在其外交政策中排名第一位。两国于2008年发表了致力于建设新的发展伙伴关系的《莫尔斯比港宣言》，规定了五个主要合作领域，即初级教育、卫生、交通、基础设施和政府机构改革。从经济角度来看，巴布亚新几内亚一直是澳大利亚援助的最大接受国。自20世纪70年代独立以来，巴布亚新几内亚已从澳大利亚获得数十亿澳元的援助。此外，澳大利亚政府还帮助巴布亚新几内亚建设道路和基础设施，以改善其交通状况。两国签署了《澳大利亚—巴布亚新几内亚公司协议》，规定巴布亚新几内亚出口到澳大利亚的产品是免税和无限制的。澳大利亚是巴布亚新几内亚最亲密的商业伙伴，对其的投资占海外投资的2/3。在军事方面，巴布亚新几内亚和澳大利亚开展军事合作的历史悠久且基础扎实，澳大利亚向巴布亚新几内亚提供军事训练和技术咨询，两国还进行联合军事演习。2018年11月1日，澳大利亚与巴布亚新几内亚就重建马努斯岛的朗布伦海军基地达成协议。在教育方面，澳大利亚协助巴布亚新几内亚完善小学教育，为其提供教科书。

与澳大利亚和其他英联邦国家的紧密联系使巴布亚新几内亚不可能不重视英语学习，反而加强了对英语的学习。经济因素成为巴布亚新几内亚语言政策在推动英语主导地位方面的推动力，英语学习的蓬勃发展为国家经济和国际地位带来了更多益处，因此经济因素成为巴布亚新几内亚语言政策在提升英语主导地位方面的推动力。

从上面讨论的内容来看，一个国家的语言政策显然受到一系列因素的影响，经济和权利往往排在第一位。在利益的驱动下，政府和人民将调整他们在学习或推广某种语言方面的选择，以便建立更紧密的联系，从而获得更多的权利。巴布亚新几内亚为了获得援助和资金支持，制定了相关的语言政策，以便与西方大国密切合作。

总的来说，英语全球化从文化多样性的角度给主导文化带来了一定的冲击。文化是全人类的宝贵财富，因此在学习通用语言和追求利益的同时考虑本土文化的保护就显得至关重要，也有利于继承祖先留给我们的灿烂文化传统。2019年1月18日，联合国教科文组织正式公布保护语言多样性的《岳麓宣言》，号召国际社会、各国、各地区、政府和非政府组织等就保护和促进世界语言多样性达成共识。同时，联合国宣布2019年为国际本土语言年，旨在提高人们对有可能消失的语言的困境的认识。

巴布亚新几内亚的语言政策为中国提供了一些宝贵的经验。中国也是当今世界语言资源最丰富的国家之一，拥有汉藏、阿尔泰、南岛、南亚和印欧五大语系的共130多种语言，方言土语更是难以计数。普通话在当今中国社会被广泛推广并用作教育媒介。但随着现代化和城镇化进程的推进，中国少数民族语言和汉语方言正在以前所未有的速度发生变化，一些语言和方言趋于濒危或面临消亡。2015年，中国教育部和国家语委启动"中国语言资源保护工程"，这标志着中国政府已从国家层面开展语言资源保护工作。同时，中文是中国文化的载体，是文化软实力的象征，政府应该强调加强对母语的学习和研究，例如设立更多与中文推广有关的课程。与此同时，中国也处于英语全球化的前沿。中国目前有近4亿人在学习和使用英语，许多学生花在英语上的时间比中文更多。英语作为通用语，现已成为世界范围内的主导语言，因此制定相关外语政策以促进英语学习，具有从经济到文化互动等方面的好处。中国应将中文和英文放在正确的位置，制定"二者兼顾，主体多样"的语言政策，并从这种语言政策中受益。中国必须面对全球化的挑战，站在全球化的高度来制定国家关于重大语言战略问题的相关政策。正如习近平主席多次强调的，既要不忘本来，也要吸收外来，面向未来，坚持交流互鉴、开放包容，积极参与世界文化的对话交流。

参考文献

[1] William A. Foley, *The Papua Languages of New Guinea*, Cambridge: Cambridge University Press, 1986.

[2] Sean Patrick Hopwood, *The Linguistic Diversity in Papua New Guinea*, Day Translations Website, Retrieved January 18, 2019, from https://www.daytranslations.com/blog/2018/05/the-linguistic-diversity-in-papua-new-guinea-11444/, 2018, May 7.

[3] Simons, Gary F, and Charles D. Fenning (eds.), *Ethnologue: Languages of the World, Twenty-first Edition. Dallas, Texas: SIL International*, Online version: http://www.ethnologue.com, 2018.

[4] Robert Litteral, *Language Development in Papua New Guinea*, SIL International Website, Retrieved January 18, 2019, from http://www.sil.org/resources/publications/entry/7832, 1999.

[5] Gunther, John, *More English, More Teachers*, New Guinea 4, 1969.

[6] Kilalang, Ernest, *Personal Communication*, 1969.

[7] Robert Litteral, Changes in Mother Tongue Education Policy in Papua New Guinea, *Language & Linguistic in Melanesia*, Vol. 33, No. 2, 2015.

[8] Peter M. Baki, *Secretary's Circular No. 38/99*, Department of Education in Papua New Guinea, 1999.

[9] Manoranjan Mohanty, Informal Social Protection and Social Development in Pacific Island Countries: Role of NGs and Civil Society. *Asia-Pacific Development Journal*. 18（2），2011.

[10] PNG Universa Basil Education Plan 2010 – 2019 Papua New

Gninea, Department of Education. Universal Basic Education Plan 2010 - 2019. Retiveved January 18. 2019 from http: //www. education. gov. pg/quick/inks/documents/ube-plan-2010 -2019. pdf, December. 2009.

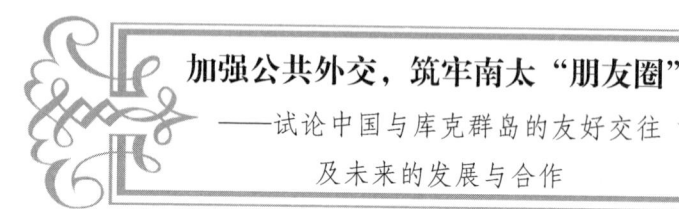

加强公共外交，筑牢南太"朋友圈"
——试论中国与库克群岛的友好交往及未来的发展与合作

粟向军[*]　谭占海[**]　张程越[***]

改革开放40多年来，在中国共产党的英明领导下，中国致力于国家发展，取得了举世瞩目的成就。与此同时，国际形势也在发生深刻的变化：苏东剧变、冷战结束、全球经济危机爆发、俄罗斯吞并克里米亚、英国全民公投选择脱欧……面对持续变化的国际格局，中国国家经济的快速平稳增长及社会繁荣发展受到全世界的高度关注。随着中国的综合国力日渐强盛，国际社会也越来越想了解中国，而更加开放的中国同样需要走向世界。然而，在对外交往中，由于这样或那样的原因，一些国家对中国的崛起始终怀有忌惮之心，甚至千方百计地诋毁中国的国家形象，制造并散布中国发展"崩溃论""威胁论"等言论，企图遏制中国的进一步发展。

中国的经济腾飞及社会发展是中国人民努力奋斗的成果，同时中国的持续繁荣也将对全世界的和平发展做出贡献并带来更多的发展机遇。过去

---

[*] 粟向军，遵义医科大学外国语学院副教授。
[**] 谭占海，遵义医科大学外国语学院教授。
[***] 张程越，遵义医科大学外国语学院助教。

几十年，中国始终致力于经济建设，经济保持高速发展，经济增长的速度一直维持在10%左右，即便是近年来受到经济发展缓行压力的影响，也仍然保持在6%以上。而相比之下，超级大国美国的经济增长速度近几十年来从未超过4%。毫无疑问，中国作为世界经济增长的引擎，一直是推动世界经济发展的一股不可或缺的强大动力。2010年中国经济的GDP总量超越日本，中国跃升为世界第二大经济体，但人均GDP同美、日等发达国家相比仍有较大差距，中国未来的经济发展必将给国际社会带来更多的发展机遇，因为中国的发展离不开世界，世界的发展也需要中国。

中国自古有言"国虽大，好战必亡"，有几千年文明史的中华民族一直是爱好和平的民族。在国家交往中，中国历来坚定不移地奉行和平共处、合作发展、互利共赢的外交原则，同时也旗帜鲜明地反对国强必霸的霸权主义行为。中国国家主席习近平2014年11月在访问澳大利亚的演讲中阐述中国和平发展道路和亚太政策时强调，中国是个"大块头"，但坚持和平发展的决心不动摇。事实上，中国在发展的道路上，无论国家大小和贫富，始终坚持和平发展、合作共赢的国际主张。在发展与非洲、拉丁美洲，尤其是南太平洋地区国家的对外关系时，中国这个"大块头"的言行举止、所作所为就是其始终不渝践行和平发展国际承诺的有力证明。

当前，中国作为世界上最大的发展中国家，在努力实现民族复兴的伟大征程上，无论是其国家安全、经济发展还是祖国统一，都需要一个和平与安定的外部环境，为早日实现强国梦赢得最大的国际支持。因此，中国不仅需要发展同大国和邻国的友好关系，而且要加强同世界其他国家的发展与合作，特别是要重视与南太平洋地区国家的友好往来。南太平洋岛国虽偏安一隅、国小人稀，但对于增强中国国际形象和影响力以及推进中华民族伟大复兴梦想的实现，具有十分重要的战略意义。

一、南太平洋岛国概况

南太平洋地区幅员辽阔，约占地球海域面积的1/6。西起澳大利亚和巴布亚新几内亚，东抵南美洲，横跨长度为1.7万公里；北起赤道，南达南极洲，纵贯距离为7000公里。在这片大约3000万平方公里的浩瀚太平洋面上，坐落着除澳大利亚和新西兰以外大大小小共27个国家和地区，其中包括巴布亚新几内亚、斐济、萨摩亚、汤加、瓦努阿图、瑙鲁、帕劳、纽埃、库克群岛（the Cook Islands）等，这些国家和地区由1万多个大小岛屿组成，这些岛屿分属美拉尼西亚、密克罗尼西亚、波利尼西亚三大群岛，陆地总面积仅为55万平方公里，海洋专属经济区总面积约为1800万平方公里，总人口为1000万。① 其中，巴布亚新几内亚面积最大，陆地面积为46万平方公里，人口800多万。最小的国家瑙鲁，陆地面积仅21平方公里，人口1万多。这些太平洋岛国国小人稀，是名副其实的袖珍国，却宛如一颗颗璀璨的珍珠，镶嵌在浩瀚蔚蓝的洋面上。

南太平洋岛国曾经是美、英、法等发达国家的殖民地或附属国，但从20世纪60年代起逐渐走向独立，目前共有14个独立国家，分别是斐济、萨摩亚、汤加、巴布亚新几内亚（简称"巴新"）、基里巴斯、瓦努阿图、密克罗尼西亚、所罗门群岛、瑙鲁、图瓦卢、马绍尔群岛、帕劳、库克群岛和纽埃。其中，库克群岛和纽埃属于自治国，其余为主权国家。在这14个南太平洋岛国中，有8个已与中国建交，包括斐济、萨摩亚、巴新、瓦努阿图、密克罗尼西亚、库克群岛、汤加和纽埃。南太平洋岛国曾被视作

---

① Yang, Jian. *The Pacific Islands in China's Grand Strategy: Small States, Big Games.* NY: Palgrave Macmillan, 2011. 王作成：《库克群岛》，社会科学文献出版社2017年版。贾岛："开启中国同太平洋岛国关系新时代"，新华网，2018年11月13日，http://www.xinhuanet.com//world/2018-11/13/c_129992852.htm.

美、澳、新等国的"湖泊""后院",冷战时代成为美苏两霸互相争夺的地区。该地区长期偏安一隅,"存在感"不强,但与中国关系匪浅。随着中国的国际影响力日渐增长,南太平洋地区逐渐成为中国参与世界外交活动的新前哨。

南太平洋岛国大多位于赤道以南,属于热带海洋性气候,年平均气温为摄氏25—28度。南太岛国自然风光秀丽,环境优美,蓝天碧海,椰林银滩,是人们度假旅游的人间天堂,同时拥有丰富的自然资源。除了得天独厚的旅游资源外,南太平洋岛国还拥有丰富的水产和矿产资源。南太平洋岛国的金枪鱼产量占世界总产量的一半以上。此外,海底天然气、铜矿、镍矿、金矿等矿藏也储量丰富。

由于南太平洋岛国体量小,抵抗气候变化、自然灾害的能力差,加之经济结构单一,资源管理水平薄弱,人口增长速度快,这些国家在发展的道路上面临许多严重的经济、社会等方面的问题。[①] 经济上,南太平洋岛国主要依靠旅游业、渔业和出口热带水果,粮食等大部分生活资料不能自给自足,经济发展长期严重依赖外援。冷战之前,南太平洋岛国主要靠宗主国如澳大利亚、新西兰、美国等国的经济援助,之后的经济援助主要来自美国、澳大利亚、中国、日本和新西兰。冷战结束后,南太平洋岛国一度受美国等大国战略重点转移的影响,得到的外援减少,经济受到打击。虽然南太平洋岛国的渔业、林业和矿业资源较丰富,但长期的殖民统治导致岛国经济结构不合理,农业基础薄弱,工业落后,自然资源过度开采,海洋生态环境遭到严重破坏。因无力保护自己的经济专属区,一些国家的远洋捕捞船队任意闯入,大肆捕捞,给岛国的海洋生态和国家经济造成一定的损失。另外,近些年南太平洋岛国的人口增长速度是其经济增长的数倍,造成失业人数增多,犯罪等社会治安问题频发。此外,由于地处太平洋活动板块,生态系统脆弱,加之受地球气候变暖等因素影响,南太平洋

---

① 白毓麟:"发展变化中的南太平洋群岛",《现代国际关系》1983年第3期,第48—52页。孙明晖:"南太平洋岛国近况",《国际资料信息》1995年第12期,第24—25页。

岛国极易遭到地震、海啸、山洪、飓风、暴雨、火山喷发等自然灾难的侵害。① 图瓦卢、基里巴斯等小国最高点离海平面仅两三米，全球气候变暖、海平面上升将可能导致整个国家消失。② 鉴于南太平洋岛国特殊的地理位置和气候条件，各岛国要解决自身在经济开发、海洋资源和环境保护、应对气候变化等各方面遇到的难题，不仅自身需要努力，从某种意义上讲，更需依赖大国的充分尊重和支持，以及理解与合作。

二、中国与南太平洋岛国的交往

中国加强同南太平洋岛国的国家关系是中国经济发展、综合国力增强的具体体现，同时也是国际形势发展演变的必然结果。建国70周年来，中国积极发展同南太平洋各岛国的友好合作关系，经贸往来与人文交流日益频繁，中国在南太平洋地区的国际存在感也越来越强。事实上，中国同南太平洋岛国的友好合作关系由来已久。纵观中国与南太平洋岛国的整个外交历程，双方的友好往来大致经历了以下几个时期：

一是中华人民共和国成立到20世纪70年代，这一时期中华人民共和国成立不久，国际交往并不是很多，与南太平洋岛国的外交关系主要表现为双方在政治意识形态上的认同与精神上的支持。其间，南太平洋地区非殖民化运动兴起，萨摩亚等国逐渐走向民族独立，中国在支持民族独立、反对世界霸权上给予了这些第三世界国家坚定的国际支持。

二是从19世纪70年代到90年代，即冷战后期，国际形势发生了巨大变化：1971年联合国恢复了中华人民共和国的合法席位，台湾地区为寻求政治上的认同，将目光投向太平洋地区，和一些国家"建立"

---

① 胡振宇、周余义："'一带一路'区域研究之南太：太平洋岛国，掀起你的盖头来"，中国网，2017年5月15日，http://opinion.china.com.cn/opinion_30_165230.html。
② 郭春梅："南太平洋的'大国博弈'"，《世界知识》2012年第20期，第32—33页。

了所谓的"邦交关系"（目前，仍有基里巴斯、瑙鲁、所罗门群岛、马绍尔群岛、图瓦卢和帕劳6个南太平洋岛国与台湾地区"建交"）；19世纪60年代末中苏关系破裂后，中国成为美国认为的可以拉拢的对象，中美关系开始解冻，随着1972年美国总统尼克松访华，以美国为首的西方国家逐渐与中国建立外交关系；1978年，中国政府根据当时的国内外形势及自身国家发展的需要，做出改革开放、发展经济的重大国家决策。因此，无论是为了国家安全、经济发展还是国家统一，中国同世界各国的交往日渐增多，其中就包括发展同太平洋地区国家的关系。这段时间，中国先后正式同斐济（1975年）、萨摩亚（1975年）、巴布亚新几内亚（1976年）、瓦努阿图（1982年）和密克罗尼西亚（1989年）五个太平洋岛国建立了外交关系。为了表明中国奉行独立自主、和平共处的外交政策，1985年中国国家领导人访问了南太平洋岛国西萨摩亚、斐济和巴布亚新几内亚，并明确提出中国同南太平洋岛国开展外交的三原则：[①]（1）充分尊重太平洋岛国的国内外政策；（2）充分尊重太平洋岛国之间现有的密切关系；（3）充分尊重太平洋岛国与第三方已经签订的各项条约。中国与南太岛国之间高层互访的序幕由此拉开。

　　三是19世纪90年代末至今，这一时期，随着苏联解体，冷战宣告结束，美国对南太平洋地区的关注随之减弱。[②] 与此同时，中国的综合国力迅速提升，并进一步加强了同南太平洋岛国的合作与发展。由于国际关系格局发生了深刻变化，南太平洋岛国的形势也随之悄然改变。19世纪90年代末，中国经济快速增长，中国在南太平洋地区的影响力明显增强，中国与南太平洋建交岛国在经济贸易、教育医疗、文化体育等方面开展了更

[①] Henderson, John & Benjamin, Reilly, Dragon in Paradise: China's Rising Star in Oceania. *The National Interest (Summer 2003)*, (72): 94 – 104. Yang, Jian, *The Pacific Islands in China's Grand Strategy: Small States, Big Games*. NY: Palgrave Macmillan, 2011. 张颖："中国在南太平洋地区的战略选择：视角、动因与路径"，《当代世界与社会主义》2016年第6期，第131—139页。

[②] D'arcy, Paul, The Chinese Pacifics: A Brief Historical Review, *The Journal of Pacific History*, 2014, (4): 396 – 420.

加广泛和深入的合作。自从1989年"南太平洋岛国论坛"组织邀请中国成为南太平洋岛国论坛对话伙伴之后，中国与南太平洋岛国的外交不断加强，双边高层互访日益频繁。1991年，中国在南太平洋地区仅有4名外交官，而澳大利亚和新西兰各有10名外交官，美国有6名外交官。如今，该地区的中国外交官人数最多。中国国家领导人曾先后到访南太平洋的斐济、萨摩亚、巴布亚新几内亚等国。同期，南太国家领导人斐济总理姆拜尼马拉马、巴布亚新几内亚总理奥尼尔、瓦努阿图总理纳图曼、萨摩亚总理图伊拉埃帕等来华访问。此外，新任南太平洋岛国政府元首海外首访之地通常也选择中国北京，而非澳大利亚堪培拉、美国华盛顿和新西兰惠灵顿。[1] 经济上，中国也给南太平洋岛国提供了各种一揽子经济援助，旨在促进贸易增长、修建基础设施、配备政府和军事资产及开发自然资源。2005年10月，在第17届太平洋岛国论坛的会后对话会上，中国倡议建立"中国—太平洋岛国经济发展合作论坛"，得到太平洋岛国的广泛响应。2006年4月，"中太论坛"首届部长级会议在斐济召开，中国同8个建交南太平洋岛国共同签署《中国—太平洋岛国经济发展合作行动纲领》，为全面深化双方的经贸合作描绘了蓝图。"中太论坛"建立后，中国与太平洋岛国的贸易额年均增幅高达27.2%，直接投资年均增长63.9%，在文化、教育、卫生等领域的合作也蓬勃发展。2008年全球爆发金融危机，以美国为首的西方发达国家经济受到较大影响，相比之下，中国经济持续平稳发展并于2010年GDP总量超越日本，成为世界第二大经济大国。受全球经济气候的影响，南太平洋地区的传统势力，如美国、澳大利亚等国为节省财政开支，减少了对南太平洋地区的投入，相反中国、日本、俄罗斯等国在南太平洋地区的影响力逐渐扩大。因此，为"收复失地"，2012年美国国务卿希拉里·克林顿率团高调参加"太平洋岛国论坛"，成为奥巴马政府实施"亚太再平衡"战略的重要行动之一。

---

[1] Yang, Jian, *The Pacific Islands in China's Grand Strategy: Small States, Big Games*, NY: Palgrave Macmillan, 2011.

21世纪以来,中国逐渐形成"以大国为关键、以与周边国家关系为首要、以与发展中国家关系为基础、以多边外交为新舞台的对外关系总格局"。[1] 尤其是2012年党的十八大召开以后,以习近平总书记为核心的党中央集体把握机遇,审时度势,运筹帷幄,结合国内外发展形势,总体布局,长远谋划,提出"一带一路"倡议,制定了"两个一百年"宏伟目标,并发出构建"人类命运共同体"的伟大号召,将中华民族复兴的伟大梦想与建设有中国特色社会主义国家的伟大事业向前推进一个新时代。在大国和平崛起的新时代背景下,中国信守大国承诺,坚决维护世界和平与发展,巩固地区稳定与繁荣,进一步深化了同南太平洋岛国的友好合作。近些年来,习近平主席先后两次对南太平洋岛国的访问充分说明了中国是一个负责任的大国,中国与太平洋岛国发展友好合作关系是中国外交工作的一项长期战略方针,也是中国将自己的发展与世界的命运紧密联系在一起的最有力证明。2014年11月习近平主席对斐济进行访问,并在斐济与8个南太平洋岛国领导人进行了集体会晤,增进了双边和多边的政治互信,确立了中国与太平洋岛国之间的战略伙伴关系。习主席在斐济媒体发表文章《永远做太平洋岛国人民的真诚朋友》,并强调太平洋岛国地区是"21世纪海上丝绸之路"的自然延伸。此外,习近平主席宣布了支持岛国经济社会发展的一揽子计划,包括将为最不发达国家97%税目的输华商品提供零关税待遇,今后5年为岛国提供2000个奖学金和5000个各类研修培训名额,在南南合作框架下为岛国应对气候变化提供支持等。这次访问进一步完善了中国大周边外交布局,中国与南太平洋岛国关系进入全面发展的新时代。时隔四年,2018年11月习近平主席出席亚太经合组织第26次领导人非正式会议,再次前往南太平洋地区访问,在巴新首都莫尔兹比港又一次集体会晤8个与中国建交的岛国,并在巴新媒体刊发署名文章《让中国同太平洋岛国关系扬帆再启航》,掀开了中国与岛国关系发展的新篇章。

---

[1] 丁鹏、崔玉中:"中国与南太平洋岛国合作述评",《山东理工大学学报》2017年第6期,第40—43页。

近一二十年来，中国与南太平洋岛国贸易总体规模不大，但增长迅速。南太平洋岛国和地区成为中国对外贸易增长最快的地区之一。① 这些年来，中国帮助南太平洋岛国援建了港口、道路、学校、医院等100多个成套项目，资助了1300多位岛国学生来华留学，培训了4000多名专业人才。中国在岛国实施的菌草、旱稻栽培以及水产品养殖等项目，增强了岛国的自主发展能力。中国海军"和平方舟"医院船于2018年7至8月访问岛国地区，为2万多名当地民众提供了优质的人道主义诊疗服务。中国面向岛国实施的小水电、示范生态农场、沼气技术等项目，助力岛国应对气候变化和实现可持续发展，受到岛国人民真诚欢迎。到2017年为止，中国已经成为南太平洋第二大援助国，仅次于澳大利亚。②

中国在国力日益强盛的同时，始终坚持给予岛国无附加条件的援助，并在互相尊重、合作共赢原则基础上不断改进援助方式、加强合作。通过几十年持续深入的接触，中国与南太平洋岛国的关系稳步推进，影响力不断提升。然而，随着国际局势发展变化及中国与太平洋岛国的交往合作日趋加深，该地区一些忌惮中国强大的"传统势力"频频通过它们操纵的媒体抹黑和诋毁中国的国家形象，以此表达它们对中国崛起的焦虑与恐慌。比如近年来，"太平洋成大国角力场""制衡中国在南太平洋影响"等论调频繁见诸外媒报端。2018年11月美国副总统彭斯在巴新莫尔兹比港召开的亚太经合组织第26次国家领导人非正式会议上发言，再次无端指责中国提供给南太平洋国家的援助是使其陷入债务的"经济陷阱"。对此，中国外交部发言人华春莹强烈谴责了美国把自己提供的援助说成是"馅饼"而别人提供的帮助说成是"陷阱"的无耻行为。截至目前，巴新、斐济和纽埃已经同中国签署了参与"一带一路"建设协议。

回顾中国同南太平洋岛国的友好交往历程，我们不难发现，中国向南

---

① 丁鹏、崔玉中："中国与南太平洋岛国合作述评"，《山东理工大学学报》2017年第6期，第40—43页。

② 奕含："中国对南太地区援助才到位1/5 但已是第二大援助国"，观察者网，2018年8月10日，http://mil.news.sina.com.cn/china/2018-08-10/doc-ihhnunsq8024129.shtml。

太平洋岛国提供的从不附加任何政治条件的大量援助,以及与它们开展的富有成效的合作,极大地促进了南太平洋岛国的经济社会发展,为当地人民带来了实实在在的好处,受到有关国家和人民的热烈欢迎,体现了中国作为大国的国际担当。2015年,在谈到中国同整个南太平洋地区的关系时,斐济外交部第一副部长伊萨拉·纳亚希指出:"有人说中国的崛起对于地区和平是一种威胁,我完全不同意这样的说法,因为中国为我们岛国提供了很多援助。中国是我们岛国人民的好朋友、好伙伴,中国积极发展同太平洋岛国的关系对我们来说当然是一件好事。目前,中国同各岛国之间的合作交往势头良好,像'中国—太平洋岛国经济发展合作论坛'就是个很好的例子。可以说,双方关系的提升为岛国带来了更多的机遇,无论是中国对岛国的援建,还是双方之间的经贸合作,对当地民众来说都十分重要,而且大家都在朝着共同的方向努力,双方间合作潜力十分巨大,我本人对此也充满了期待。"

中国同太平洋岛国都是发展中国家,双方因相似的历史境遇和共同的发展任务而走到一起。[①] 当前,国际格局正经历复杂变化,中国迅速崛起,成为维护世界稳定的中坚力量,中国的发展与强大带给世界的将是更多的发展机遇,中国加强同岛国的团结合作与友好往来是中国为构建人类命运共同体而做出的积极努力,中国坚持推动构建相互尊重、公平正义、合作共赢的新型国际关系为南南合作树立了典范。无论未来国际风云如何变幻,中国和岛国始终是相互信任和依靠的好朋友、好伙伴。

三、库克群岛简况及中库两国的友好往来

库克群岛位于南太平洋上,介于斐济与法属波利尼西亚之间,是由15

[①] 贾岛:"开启中国同太平洋岛国关系新时代",新华网,2018年11月13日,http://www.xinhuanet.com//world/2018-11/13/c_129992852.htm。

个小岛组成的群岛国家。库克群岛陆地总面积为240平方公里,海洋面积为200万平方公里,其陆地面积仅相当于华盛顿特区的1.3倍,是与中国建交的8个南太平洋岛国中土地面积最小的国家。截至2016年,库克群岛人口为1.7万余人,主要民族为毛利人(属波利尼西亚人种)。库克群岛人为新西兰公民,持有新西兰护照。库克群岛为准主权国家,在外部事务上,由新西兰监督其外交与国防方面的事务。1992年,联合国承认其外交独立性。库克群岛于1997年7月25日与中国建交。

库克群岛南部的8个岛多山,土质肥沃,盛产蔬菜和热带水果;北部星罗棋布的7个小岛,土质相对贫瘠,多产珊瑚。库克群岛的首都阿瓦鲁阿(Avarua)位于主岛拉罗汤加岛(Laluotonga)正北端,是全国政治和经济中心。拉罗汤加岛面积约67平方公里,人口约1万,是库克群岛面积最大、人口最多的岛屿,岛上建有国际机场,可起降波音747飞机。

库克群岛属于热带雨林气候,年均气温24℃,雨水较多,年均降水量达2000毫米。一年之中,3月至4月和9月至10月,温度和湿度最为适宜,届时天空晴朗,阳光明媚,是库克群岛旅游的最佳季节。库克群岛长年繁花似锦,雨林滴翠,盛产热带水果,有"花果之乡"的美誉。

库克群岛基本属自然经济,以旅游业、农业(热带水果)、捕鱼业和黑珍珠养殖业及离岸金融业为主。旅游业系库克群岛的经济支柱产业,也是解决国民就业的主要渠道。旅游业作为主要经济来源,占库克群岛GDP的一半以上。主要旅游点为拉罗汤加岛和艾图塔基岛。游客主要来自新西兰、欧盟、澳大利亚、美国、加拿大和法属波利尼西亚。其中,新西兰为最大客源国,2012年游客数量为12.1万。农业上,库克群岛主要盛产木瓜、芒果、香蕉、菠萝等热带水果,出口到新西兰、澳大利亚等国。其海洋资源丰富,黑珍珠养殖业发展较快,黑珍珠出口占出口总额的90%以上。工业上,库克群岛有水果加工及生产香皂、香水、旅游T恤的小型工厂,还有为旅游业制造和加工库克群岛纪念硬币、邮票、贝壳以及手工艺品的作坊。库克群岛海床锰结核资源丰富,开发潜力巨大。库克群岛的主要出口商品为鱼类、珍珠、木瓜等,主要进口商品为燃料和化学品、机器设备、工业制成品、食品和活畜。2012年,出口额为325.7万新西兰元,进口额为3496.3万新西兰元。2018年,主要出口市场为日本、中国、澳大利亚、新西兰,主要进口来源地为新西兰、美国、斐济、澳大利亚。2014年,GDP为2.972亿美元;2016年,人均GDP约1.95万美元。总体上看,14个太平洋岛国中,瑙鲁、帕劳、库克群岛和纽埃4国发展水平较高,其余10国人均生产总值均远低于1万美元。[①]

由于特殊的地理条件、有限的土地自然资源和熟练工的缺乏,库克群岛的财政收入主要依赖外援,其中60%的外援来自新西兰和澳大利亚。生活成本高、政局动荡不安、经济危机冲击以及自然灾害影响导致许多岛民生活困难,不得不移民海外。

自1997年中库两国正式建交以来,双方关系发展顺利,经贸合作与人文交流逐渐走向全面、深入。1998年,中国邀请库克群岛总理杰弗里·亨利访华。亨利总理成为第一个访问中国的库克群岛国家领导人,先后访问了北京、上海、西安和香港地区,受到时任国家总理朱镕基和国家副主席胡锦涛的接见,并与中国签订了双边贸易协定。1999年11月4日,中国援助库克群岛桥梁和市场平台工程项目正式移交,中国驻新西兰兼驻库克群岛大使陈文照和库克群岛驻新西兰高专署代表高专雅拉分别代表两国政府在移交证书上签字。1999年库克群岛歌舞团访华,先后赴北京、青岛、大连等10个城市演出。2000年4月10—12日,农业部长陈耀邦率团访问库克群岛,拜会了库克群岛女王代表阿佩纳拉·肖特、总理马奥阿特、副总理乔治以及库内阁全体成员,并与库外长兼农业部长温顿举行了会谈。2004年,中国开工援建库克群岛拉罗汤加法院,并规划修建警察总部大楼。2004年8月,库克群岛获得从中国接受游客的资格,成为中国公民出境旅游目的地国家。目前,中国已经成为库克群岛八大旅游客源国之一,也成为库克群岛最主要的贸易出口国之一。2004年4月,库克群岛总

[①] 胡振宇、周余义:"'一带一路'区域研究之南太:太平洋岛国,掀起你的盖头来",中国网,2017年5月15日,http://opinion.china.com.cn/opinion_30_165230.html。

理罗伯特·温顿来华访问，温家宝总理承诺援助库克群岛 1600 万元。2014年 11 月 22 日，中国国家主席习近平在斐济楠迪与库克群岛总理普那举行双边会晤，表示中方愿同库克群岛加强合作，争取在渔业、矿业等领域促成更多合作，推动中国在太平洋岛国地区开展的第一个三方合作项目——拉罗汤加岛供水工程早日完工。2015 年 10 月 8 日，南太平洋大学库克群岛校区孔子课堂揭牌，孔子课堂是库克群岛和中国加强合作的重要组成部分，成为库克群岛民众了解中华文化的重要平台，为两国搭建起理解的桥梁，推动了经济合作和民间交流。2015 年 10 月 27 日，中国驻太平洋岛国特使杜起文与库克群岛总理普那签署协议，中国将向库克群岛提供 680 万美元援建阿匹依·阿帕中学。同年，库克群岛等 8 个太平洋岛国组团赴东莞参加"海博会"，对"一带一路"倡议表示支持并看好未来合作的前景。2017 年 2 月，库克群岛拉罗汤加岛供水项目中方援建工程竣工交接仪式在库举行，中国商务部国际贸易谈判副代表张向晨、驻新西兰兼驻库克群岛大使王鲁彤、库克群岛总理普那、新西兰外交贸易部副秘书长金斯等出席。拉罗汤加岛供水工程是库克群岛自 1974 年国际机场建设后最大的单项基建工程，中国向该项目提供约 1.5 亿元人民币的政府优惠贷款，且该工程主要由中国派遣工程师和工人参与建设。库克群岛总理普那认为，这一项目为太平洋岛国地区经济合作和可持续发展开创了新的合作模式，对库、中、新三国乃至本地区而言意义重大。2018 年 5 月，中国援建库克群岛阿皮尼考学校移交仪式在库举行，驻新西兰兼驻库克群岛大使吴玺、库克群岛女王代表马斯特斯夫妇、总理普那夫妇、财政部长布朗、教育部秘书长柯克兰等出席。

过去 5 年，在与南太平洋地区的经济合作上，中国从澳大利亚、新西兰、日本、欧盟与美国中脱颖而出，成为对该地区贡献最突出的国家。[①]据中国海关总署统计，2017 年中国和太平洋岛国地区双边贸易额增至 82

[①] Brady, Anne-Marie, *Looking North, Looking South: China, Taiwan, and the South Pacific*, New Jersey: World Scientific Publishing Co. Pte. Ltd, 2010.

亿美元，比2012年几乎翻了一番。①

四、中库两国未来的合作前景

在中国综合国力日益强大起来的新时代背景下，中国将始终奉行和平共处的大周边外交政策，践行互利共赢、共同发展的"一带一路"理念，在互相尊重的基础上，继续深化同库克群岛的务实合作。在今后中库两国发展友好往来、交流合作的进程中，双方除了在旅游、海洋资源开发和应对气候变化等方面进一步加强合作外，还应该加大人文交流的力度。"国相交，贵在民相知、心相通。"从这个意义上讲，加强同库克群岛广大人民群众的文化友好往来，有利于岛国人民消除对中国崛起的错误认知，增进中库两国人民的相互了解。事实上，中国对库克群岛等南太平洋国家的不带任何附加政治条件的无私援助无疑会赢得被援助国人民的好感，但历史经验告诉人们，唯有"以心相交者才能成其久远"。自古以来，"得民心者，得天下"。库克群岛的太平洋岛国文化是一种典型的"混合文化"，既吸纳了西方的语言、宗教信仰，又保留了岛国传统文化和习俗。② 而这些都与中国的东方文化有很大的差异。因此，中库两国在交往中不可避免地存在着文化误解、抵触和交流障碍等方面的问题。例如，在2008年《库克群岛日报》上刊登的有关中国在库援建项目和中库两国关系的文章与评论中，有47篇持批评意见，仅有8篇是表示认同的。③ 可见，国家之间经贸合作的成功从根本上还取决于文化交流、民心相通。

---

① 于镭、赵少峰："'21世纪海上丝绸之路'开启中国同太平洋岛国关系新时代"，《当代世界》2019年第2期，第29—34页。

② 李德芳："中国对太平洋岛国的文化外交：目标、路径及效用评析"，《太平洋学报》2017年第9期，第57—69页。

③ Yang, Jian, *The Pacific Islands in China's Grand Strategy: Small States, Big Games*, NY: Palgrave Macmillan, 2011.

当前，中国在发展同库克群岛的国家关系上，一直坚持经贸合作与人文交流并举的外交策略，并在政治、经济、文化、医疗、教育和体育等多方面的交流合作上不断获得进展，但纵观中库两国的外交历程，我们发现还可从以下两方面加强同库克群岛的友好往来。

一方面，在继续加强高层交往的同时，应积极开展公共外交。中库建交20多年来，通过亚太经合组织、太平洋岛国论坛、中国—太平洋岛国经济发展合作论坛等国际组织开展双方的交流互动，中库两国领导人始终保持良好的高层交往。2018年11月，中国国家主席习近平在巴新召开的亚太经合组织第26次领导人非正式会议上会晤了库克群岛总理亨利·普那。虽然中库两国高层外交对话关系保持良好状态，但是以公众为对象的公共外交却相对薄弱。因此，在一些对中国崛起不怀好意的西方势力的煽动唆使下，库克群岛民众曾经对中国的援建项目表达过不满甚至是抵触情绪。这些来自民间的怀疑和不理解无疑会对中库两国的深入合作产生不利影响，也会损害中国在南太平洋地区乃至全球的国家形象。因此，在保持两国高层互访，为双方关系做好战略规划与顶层设计的同时，更应深入开展中库两国的公共外交，加强双方民众之间的友好交往。公共外交是一种面对外国公众，以文化传播为主要方式，以说明本国国情和本国政策为主要内容的国际活动。按照某位文化名人的理解，公共外交"是一种全民表达，是一种生活方式的沟通，是一种心平气和中对于差异的彼此认知"。公共外交的一个重要方面是向外国说明中国的国情，说明中国是一个什么样的国家，说明中国不是站在"十字路口"上，说明中国不走西方国家"国强必霸"的老路，说明中国虽然是个"大块头"，但爱好世界和平、维护世界和平。[1]"国之交在于民相亲。"在开展公共外交上，习近平主席的身体力行为此树立了典范。近些年来，习近平主席在紧张的外交访问行程中，常常专门抽时间会见老朋友，看望给他写信的小学生，撒播友好合作

---

[1] 王锐："赵启正畅论什么是公共外交 谈各国公共外交异同"，中国网，2010年9月11日，http://www.china.com.cn/international/txt/2010-09/11/content_20909477.htm。

的种子。公共外交以文化交流为基础,核心在于通过看得见的文化活动形式,传递看不见的文化价值观,以此赢得不同文化人们的理解与认同。因此,开展公共外交不仅是口头上宣讲中国文化、中国故事,而是以实际行动让中国故事上演、发生。换言之,公共外交侧重的是让外国民众参与其中,让他们更加直观地了解"原汁原味"的中国。

未来中国与库克群岛开展文化外交,应大力加强与库克群岛民众以文化互动为主的公共外交,如举办双方共同参与的长期文化交流项目、访问学者项目、留学生项目、孔子学院项目等。文化如水,润物无声,只要我们坚持不懈地加强两国民众间的文化友好往来,彼此的偏见和误解就会烟消云散。

另一方面,进一步扩大人文交流,加大长期文化教育合作力度,积极建设和发挥文化交流平台传播文化、沟通民心的作用。语言文化是跨文化交际的桥梁和纽带,学习语言、开展文化交流合作是开展国与国之间友好往来的民意基础,同时也是国家间民心互联互通的重要媒介。要让发展程度各异、历史文化宗教不同的各国人民产生共同话语、增强相互信任、加深彼此感情,语言学习与文化交流合作的作用至关重要。[①] 只有心相通,才能民相亲,然后才会有国与国之间的真诚交往。因此,要赢得库克群岛人民情感和文化上的认同,必须强调语言的铺路功能和文化先行的重要性。与库克群岛开展深入持久的友好合作,夯实民意基础和社会基础,必须加强对库克群岛语言文化的学习和研究,开展丰富多彩的文化交流活动,如文化年、电影周、艺术节、美食节、旅游推介会等,特别是要为库克群岛人民提供来华接受教育培训的机会,积极为民心相通培养使者,同时不断巩固和加强中国在库现有的文化交流平台建设,如孔子学院或孔子学堂、中国文化中心、中国文化之家等。其中,尤其要重视孔子学院或孔子学堂在开展汉语教学和传播中国文化中不可替代的重要作用。自 2004年中国首个孔子学院建立以来,截至 2016 年 12 月 31 日,中国已经在 140

---

① 李宇明:"'一带一路'需要语言铺路",《光明日报》2018 年 8 月 12 日。

个国家和地区建立了512所孔子学院和1073个孔子课堂。① 语言是了解一个国家最好的钥匙，孔子学院是世界认识中国的一个重要平台，不仅为世界各国人民学习汉语和了解中华文化发挥了积极作用，也为推进中国同世界各国人文交流，促进多元多彩的世界文明发展做出重要贡献。然而，直到2015年，中国才在库克群岛开设了一所孔子学堂。因此，今后应当增强库克群岛孔子学堂的师资力量，积极发挥其在中库文化交流合作中的影响力，使之成为中库两国之间传播文化、沟通心灵的坚强堡垒。

总而言之，中国的"一带一路"倡议，特别是"21世纪海上丝绸之路"南线建设，给世界尤其是像库克群岛这样的小国带来了发展机遇与选择。库克群岛渴望走上繁荣富强的发展之路，盼望获得国际社会的尊重，但由于自身的客观现实，无论是在国际政治领域还是世界经济体系中，其都处于边缘地带。中国政府提出的"一带一路"倡议和构建"人类命运共同体"理念给库克群岛带来了脱贫致富和国家发展的希望。随着中国经济的高速发展和经济实力的不断增长，中国明确表示欢迎南太平洋岛国搭乘中国快车，实现共同发展。在国际关系日益民主化的今天，中国作为最大的发展中国家，秉持正确的大国义利观，在相互尊重、合作共赢的基础上积极发展同世界各国的友好关系。正如习近平主席指出的，"中国一贯主张国家不分大小、强弱、贫富，都是国际社会平等一员，应该相互尊重、平等相待"。中国与库克群岛的友好交往具体践行了这一主张。从这个意义上讲，新时期中库两国的全面深入合作，对中国一贯奉行的和平共处外交理念的诠释，对中国在国际社会树立一个负责任的大国形象以及中国与其他太平洋岛国之间的务实合作，都将产生重要且深远的影响。"相知无远近，万里尚为邻。"爱好和平、维护发展的中国将永远做库克群岛人民的真诚朋友，同时也自信中国在太平洋地区的"朋友圈"必将越来越大。

---

① 李德芳：《中国对太平洋岛国的文化外交：目标、路径及效用评析》，《太平洋学报》2017年第9期，第57—69页。

参考文献

[1] Brady, Anne-Marie, *Looking North, Looking South: China, Taiwan, and the South Pacific*, New Jersey: World Scientific Publishing Co. Pte. Ltd, 2010.

[2] D'arcy, Paul, The Chinese Pacifics: A Brief Historical Review, *The Journal of Pacific History*, 2014 (4).

[3] Henderson, John & Benjamin, Reilly, Dragon in Paradise: China's Rising Star in Oceania, *The National Interest (Summer 2003)*, (72).

[4] Yang, Jian, *The Pacific Islands in China's Grand Strategy: Small States*, Big Games, NY: Palgrave Macmillan, 2011.

[5] 白毓麟:"发展变化中的南太平洋群岛",《现代国际关系》1983年第3期。

[6] 丁鹏、崔玉中:"中国与南太平洋岛国合作述评",《山东理工大学学报》2017年第6期。

[7] 于镭、赵少峰:"'21世纪海上丝绸之路'开启中国同太平洋岛国关系新时代",《当代世界》2019年第2期。

[9] 王锐:"赵启正畅论什么是公共外交 谈各国公共外交异同",中国网,2010年9月11日,http://www.china.com.cn/international/txt/2010-09/11/content_20909477.htm。

[10] 孙明晖:"南太平洋岛国近况",《国际资料信息》1995年第12期。

[11] 李宇明:"一带一路需要语言铺路",《光明日报》2018年8月12日。

[12] 李德芳:"中国对太平洋岛国的文化外交:目标、路径及效用评析",《太平洋学报》2017年第9期。

[13] 张颖:"中国在南太平洋地区的战略选择:视角、动因与路径",《当代世界与社会主义》2016年第6期。

[14] 胡振宇、周余义:"'一带一路'区域研究之南太:太平洋岛国,

掀起你的盖头来",中国网,2017 年 5 月 15 日,http: //opinion. china. com. cn/opinion_30_165230. html。

[15] 奕含:"中国对南太地区援助才到位 1/5 但已是第二大援助国",观察者网,2018 年 8 月 10 日,http: //mil. news. sina. com. cn/china/2018 - 08 - 10/doc-ihhnunsq8024129. shtml。

[16] 贾岛:"开启中国同太平洋岛国关系新时代",新华网,2018 年 11 月 13 日,http: //www. xinhuanet. com//world/2018 - 11/13/c_129992852. htm。

[17] 郭春梅:"南太平洋的'大国博弈'",《世界知识》2012 年第 20 期。